法律解读书系

罪刑法定与刑法解释

张明楷 著

图书在版编目(CIP)数据

罪刑法定与刑法解释/张明楷著.—北京:北京大学出版社,2009.12
(法律解读书系)
ISBN 978-7-301-16555-3

Ⅰ.罪… Ⅱ.张… Ⅲ.①刑罚-研究-中国 ②刑法-法律解释-中国 Ⅳ.D924

中国版本图书馆 CIP 数据核字(2010)第 000682 号

书　　　名:罪刑法定与刑法解释
著作责任者:张明楷　著
责　任　编　辑:白丽丽
标　准　书　号:ISBN 978-7-301-16555-3/D·2536
出　版　发　行:北京大学出版社
地　　　址:北京市海淀区成府路 205 号　100871
网　　　址:http://www.pup.cn
电　　　话:邮购部 62752015　发行部 62750672　编辑部 62752027
　　　　　　出版部 62754962
电　子　邮　箱:law@pup.pku.edu.cn
印　　刷　者:三河市博文印刷有限公司
经　　销　者:新华书店
　　　　　　650 毫米×980 毫米　16 开本　15 印张　216 千字
　　　　　　2009 年 12 月第 1 版　2021 年 3 月第 8 次印刷
定　　　价:45.00 元

未经许可,不得以任何方式复制或抄袭本书之部分或全部内容。
版权所有,侵权必究
举报电话:010-62752024　电子邮箱:fd@pup.pku.edu.cn

前　言

罪刑法定既是刑法铁则，又是宪法原则，当然也是刑法学的永恒课题。

一般认为，罪刑法定原则产生于法治国思想；法治在刑法领域表现为罪刑法定原则。但是，这并不意味着先有法治原则，后有罪刑法定原则；也非先有法治思想，后有罪刑法定主义；相反，罪刑法定主义推动了法治原则的形成。

德国法治国思想的源泉是启蒙思想家的见解；而启蒙思想家几乎无一例外地基于封建时代罪刑擅断、国民随时可能遭受不可预测的刑罚惩罚的事实，并为了避免这种现象、使人民获得自由而提出了种种假设与思想。罪刑擅断给国民造成的痛苦最为严厉，因此保障国民自由的前提，就是实行罪刑法定，禁止罪刑擅断。没有罪刑法定原则的形成，就不可能有现代意义的法治概念。

罪刑法定主义促进了英国现代法治的形成。戴雪所提出的首要法治原则，便是法无明文规定不为罪、法无明文规定不处罚。根据戴雪的观点，没有罪刑法定原则，就不可能有法治。

奉行罪刑法定主义几乎是19世纪所有文明国家的立国原则。实行罪刑法定主义是迈向法治国家的第一步，而且是最为重要、至为关键的一步。一个没有实行罪刑法定主义的国家，不可能是法治国家。

罪刑法定原则的形式侧面，旨在限制司法权，与形式法治相对应；罪刑法定原则的实质侧面，旨在限制立法权，与实质法治相一致；罪刑法定的形式侧面与实质侧面的统一,和形式法治与实质法治的统一相吻合。换言之,法治的任何含义、价值,都可以在罪刑法定原则的思想基础、具体内容中找到表现形式。

我国《宪法》第 5 条第 1 款规定:"中华人民共和国实行依法治国,建设社会主义法治国家。"《刑法》第 3 条后段确立了罪刑法定原则:"法律没有明文规定为犯罪行为的,不得定罪处刑。"贯彻罪刑法定原则,有利于建设法治国家;实行依法治国,有助于实现罪刑法定主义。

罪刑法定原则的法定化,不意味着罪刑法定原则的现实化。刑法解释如何贯彻罪刑法定原则,可谓刑法学的永恒话题。

罪刑法定原则禁止类推解释,但不禁止扩大解释。然而,类推解释与扩大解释的界线,既是相对的,也是模糊的。某种解释是否被罪刑法定原则所禁止,要通过权衡刑法条文的目的、行为的处罚必要性、国民的预测可能性、刑法条文的协调性、解释结论与用语核心含义的距离等诸多方面得出结论。在许多情况下,不是如何确定刑法用语含义的问题,而是怎样考量法条目的与案件事实,怎么平衡刑法的法益保护机能与人权保障机能的问题。

成文刑法是正义的文字表述,但并非仅凭文字就能发现刑法的全部真实含义。一个用语的通常意义,是在生活事实的不断出现中形成和发展的;刑法条文没有固定不变的含义,对成文刑法的解释不可能有终局性的结论,任何解释的合理性都是相对的。解释者应当正视刑法文本的开放性,懂得生活事实会不断地填充刑法的含义,不仅在法条文字中、而且在具体的生活事实中发现刑法的真实含义,从而使刑法具有生命力;不要将从具体生活事实中发现法条含义,视为类推解释。

为了从生活事实中发现法律的真实含义,解释者必须正确对待自己的先前理解。对刑法条文存在先前理解,对案件事实存在先前判断,并非异常现象。但是,解释者不可固守先前理解,而应当将自己的先前理解置于正义理念之下、相关条文之间、生活事实之中进行检验;也不要因为他人的解释结论不符合自己的先前理解,就将其归入类推解释。

刑法分则条文并非界定具体犯罪的定义,而是以抽象性、一般性的用语描述具体犯罪类型。刑法分则所描述的犯罪类型虽然有一个明显的核心,但没有固定的界线。即使立法者当初根本没有预想到的事实,经过解释也可能完全涵摄在刑法规范中,或者相反。所以,解释者不能按照所谓立法本意解释刑法;不要认为凡是将立法当初没有预想到的事实解释为犯罪,就是类推解释。

社会日新月异,世事白衣苍狗,使与时俱进的刑法已经进入频繁修改的时代,而不可能再像以往那样稳定。由于传媒发达、信息通畅,国民随时随地可以获知刑法的内容,频繁修改刑法也不会侵犯国民的预测可能性。解释者必须时时关注成文刑法的修改,处处留意法条真实含义的变化,对刑法作出同时代的解释;不能总是以旧刑法为根据,将依照修改后的刑法得出的解释结论视为类推解释。

定罪常常表现为推理的倒置。解释者面对案件时,往往先得出有罪或者无罪结论(也可谓一种假设),再寻找适用的刑法规范,并且使案件事实与刑法规范相对应。这是因为,三段论的大前提和小前提往往不表现为既定的因素,而是需要人们去认真探索、发现的。在探索的过程中,解释者习惯于从他直觉地认为公平的解决方案出发,寻找恰当的刑法规范,然后又回到案件的具体情况中来检验是否一致。因此,即使事先存在公平的解决方案,也必须寻找到适用的大前提,更不能认为推理的倒置违反罪刑法定原则。

对刑法的解释,总是从刑法用语的含义出发,得出符合刑法目的的解释结论。如果进行语义解释还不能得出符合刑法目的的结论,就要采取其他解释方法,直到得出符合刑法目的的解释结论为止。这是因为,正确的解释,必须永远同时符合刑法的文言与刑法的目的。符合刑法的文言,是实现刑法的人权保障机能的要求;符合刑法的目的,是实现刑法的法益保护机能的要求。换言之,为了保障人权,不能超出刑法用语可能具有的含义得出解释结论;为了保护法益,必须榨干法条含义,防止罪刑法定原则成为无力解释与懒得解释的借口。

罪刑法定所要禁止的是"法无明文规定也处罚"的观念与做法;某种解释是否属于类推解释的争论,往往具体表现为某种案件事实能否被某个分则条文所涵摄、是否与某种犯罪的构成要件相符合的分歧。所以,一方面,在解释刑法条文、判断案件事实时,必须牢记并遵守罪刑法定原则;另一方面,在遇到争议问题时,各方应就争议的焦点本身展开具体讨论,而不宜简单地、抽象地作出是否违反罪刑法定原则的判断。

例一:《刑法》第358条规定"组织他人卖淫或者强迫他人卖淫的"构成犯罪,该条第1款第4项将"强奸后迫使卖淫的"规定为法定刑升格条件之一。那么,对于女性使用暴力、胁迫方法强行与男子发生性交后迫使男子卖淫的案件,能否适用"强奸后迫使卖淫的"规定?持否定说的人,不能轻易认为肯定说违反了罪刑法定原则。这是因为,《刑法》第236条规定强奸罪的对象为女性,并不当然意味着刑法分则其他条文中所规定的"强奸"对象仅限于女性。既然强迫卖淫罪包括强迫男子卖淫,既然第358条第1款第4项并没有表述为"强奸妇女后迫使卖淫",就有可能认为,女性使用暴力、胁迫方法强行与男性发生性交后迫使男子卖淫的,也属于"强奸后迫使卖淫的"(不存在文理解释的障碍,只存在观念上的障碍)。持反对观点的人会认为,在刑法中"强奸"就是指强奸妇女,将强行与男子性交的行为认定为强奸违反了罪刑法定原则。其实,强奸妇女是仅就《刑法》第236条而言的(《刑法》第259条第2款属于注意规定,行为对象也仅限于现役军人的妻子);肯定说只是将强行与男子性交认定为《刑法》第358条的"强奸",而不是认定为第236条的"强奸"。随着性观念与生活事实的变化,"强奸"一词的内涵与外延也必然发生变化,这是不以人们的意志为转移的。

例二:根据《刑法》第269条的规定,只有"犯盗窃、诈骗、抢夺罪"的,才可能进而成立事后抢劫。那么,能否将部分普通抢劫评价为盗窃,使其也可以"转化为"事后抢劫?持否定说的人或许认为,《刑法》第269条并没有规定普通抢劫可以转化为事后抢劫,故肯定说违反了罪刑法定原则。其实,只要对相关案件进行比较,权衡定罪量刑是否协调,就可以得出肯定结论。例如,甲犯盗窃罪时(窃取现金5000元),为抗拒抓捕,而当场使用暴力,导致被害人重伤。甲的行为无疑符合《刑法》第269条的规定,成立事后抢劫;根据《刑法》第263条的规定,其适用的法定刑为"10年以上有期徒刑、无期徒刑或者死刑"。乙使用暴力抢劫他人现金5000元(暴力本身致人轻伤),为抗拒抓捕,而当场使用暴力,导致另一被害人重伤。倘若认为,不能将乙先前的普通抢劫评价为盗窃,因而不能对乙适用《刑法》第269条,就意味着乙的行为成立普通抢劫与故意伤害两个罪;数罪并罚的结局是,对乙可能判处的刑罚为3年以上20年以下有期徒刑。可是,任何人都不会认为,乙行为的法益侵害性与有责性轻于甲。既然如此,就不能使乙承担较甲更轻的刑事责任。人们习惯于说,乙的处罚轻于甲的处罚是法律问题,不是解释问题。但本书认为,这是解释问题而不是法律问题。只要妥当地理解盗窃的含义(放弃"秘密窃取"的要求吧!),只要认为盗窃与抢劫不是对立关系而是包容关系,亦即抢劫中包含了盗窃,就能将乙的行为评价为一个事后抢劫,进而适用"10年以上有期徒刑、无期徒刑或者死刑"的法定刑,从而实现刑法的公平正义。

类推解释以外的其他解释方法本身,一般不存在违反罪刑法定原则的问题。但是,类推解释之外的其他解释方法所得出的结论,并不必然是合理的,也可能背离罪刑法定原则。例如,没有人认为限制解释是违反罪刑法定原则的解释方法。但是,应当作出而不作出限制解释的做法,会损害国民的预测可能性,侵害国民的自由;对消极的构成要件要素以及有利于被告人的减免处罚规定作限制解释,也可能有悖罪刑法定原则。又如,当然解释首先是一种目的性推论,而不是演绎性推论;其次也包含了扩大解释与缩小解释的内容(包括扩大的当然解释与缩小的当然解释),而不是一种单纯的轻重比较。所以,不管是作出扩大的当然解释还是作出缩小的当然解释,都必须以实现法条的目的为宗旨;当然解释的结论也必须能为刑法用语所包含,否则会与罪刑法定原则相抵触。再如,在对各种解释结论存在争议时,目的解释是最终起决定性作用的解释。但是,强调目的解释往往只是强调刑法的法益保护目的。事实上,使解释结论符合法益保护目的,也是导致人们作出类推解释的重要原因。所以,只能在罪刑法定原则的前提下,实现刑法的法益保护目的。

国外有学者认为,罪刑法定原则仅与刑法分则解释有关,而与刑法总则无涉。这种观点难以得到本书的赞成。例如,对法定的正当化事由,虽有可能进行限制解释,却不能进行目的性限缩(反方向的类推解释)。当然,不能不承认的是,行为是否成立犯罪的疑问,大多不是有关犯罪成立理论的分歧,而是对于分则概念的争议。如何以罪刑法定原则为指导,对刑法分则规定的犯罪构成要件进行合理解释,同样是刑法学的永恒议题。"汽车"是否包括大型拖拉机,"猥亵"是否只能是性交之外的行为,"财物"是否包含财产性利益,"毁坏"是否要求造成财物物理性的毁损,"卖淫"是否仅限于向异性提供服务,如此等等,与采取何种犯罪论体系没有直接关联,而是取决于怎样理解刑法分则条文规定的"汽车"、"猥亵"、"财物"、"毁坏"、"卖淫"等概念。显然,解释者不可能完全按照国民的语言习惯解释刑法分则概念,而应穿梭于普通用语与规范概念之间,在罪刑法定原则指导下,从生活事实中发现分则概念的真实含义。

  解释者都会认为自己的解释是合理的、妥当的,同时也会意识到自己的解释不免受到批判。我由衷地欢迎、迫切地期待、坦诚地面对各位读者对本书全面、深刻的批判!

张明楷

2009 年 7 月 7 日于清华明理楼

目 录

第一章　罪刑法定与现代法治 …………………………………… (1)
　一、罪刑法定的渊源与现代法治的起源 ………………………… (1)
　二、罪刑法定的思想基础与现代法治的基础、核心 …………… (17)
　三、罪刑法定的形式侧面与形式法治 …………………………… (26)
　四、罪刑法定的实质侧面与实质法治 …………………………… (46)
　五、形式侧面、实质侧面的统一与形式法治、实质法治的互动 ……… (61)

第二章　罪刑法定与刑法解释 …………………………………… (74)
　一、罪刑法定与解释主体 ………………………………………… (74)
　二、罪刑法定与解释目标 ………………………………………… (85)
　三、罪刑法定与类推解释 ………………………………………… (94)
　四、罪刑法定与扩大解释 ………………………………………… (118)
　五、罪刑法定与其他解释 ………………………………………… (129)
　六、罪刑法定与判断方法 ………………………………………… (167)
　七、罪刑法定与阻却事由 ………………………………………… (172)

第三章　罪刑法定与分则概念 …………………………………… (175)
　一、汽车 …………………………………………………………… (175)
　二、印鉴 …………………………………………………………… (180)
　三、猥亵 …………………………………………………………… (184)
　四、同居 …………………………………………………………… (188)
　五、财物 …………………………………………………………… (195)
　六、毁坏 …………………………………………………………… (205)
　七、伪造 …………………………………………………………… (213)
　八、卖淫 …………………………………………………………… (217)
　九、淫秽物品 ……………………………………………………… (225)

第一章　罪刑法定与现代法治

我国现行《刑法》第 3 条后段明文规定了罪刑法定原则，即"法律没有明文规定为犯罪行为的，不得定罪处刑"。《宪法》第 5 条第 1 款规定："中华人民共和国实行依法治国，建设社会主义法治国家。"明确罪刑法定原则与现代法治的关系，既有利于依法治国，也有利于贯彻罪刑法定原则。

一、罪刑法定的渊源与现代法治的起源

（一）罪刑法定原则的法律渊源

刑法理论一般将罪刑法定原则的法律渊源追溯至 1215 年英王约翰签署的《大宪章》。《大宪章》第 39 条规定："对于任何自由人，不依同一身份的适当的裁判或国家的法律，不得逮捕、监禁、剥夺领地、剥夺法的保护或放逐出境，不得采取任何方法使之破产，不得施加暴力，不得使其入狱。"第 40 条规定："国王不得向任何人出售、拒绝或延搁其应享有之权利与公正裁判。"这些规定是当时的贵族、僧侣及市民为了抑制国王的专制、保护其既得利益而迫使英王制定的，它使英国人的人权在法律形式上得到了保护，奠定了罪刑法定主义的思想基础。此后，英国相继出现了一些宪法性文件，使上述规定的基本思想得以存续。如 1628 年的《权利请愿书》规定："国王非依法律的判决，不得逮捕、审讯任何自由人，不得作出没收的判决。"1688 年的《人身保护法》对保护人身自由以及关于审判

的"适当的法律程序"作出了规定。这些具有历史意义的表述都从不同角度巩固了罪刑法定主义思想。

以英国为代表的法治(或法的统治)与以德国为代表的法治国有无实质区别,不是本书讨论的问题。但能够肯定的是,英国法治模式的悠久历史传统,可以追溯至1215年的《大宪章》。虽然《大宪章》的目的"主要在于捍卫贵族的自由,但是,不了解贵族而只惧怕国王的后代人却把它看成是对人民自由的保障"[①]。前段引用的两个条文成为英国人民反抗国王司法特权的武器。至爱德华三世时期,议会先后颁布了6个法令,使《大宪章》第39条、第40条的规定与普通法更为紧密地结合在一起,促进了英国法治的成长。颁布于1331年的第一个法令规定,从此以后,任何人因违背《大宪章》或违背国王法律而被起诉,在审理之前不得作出剥夺其生命的判决,国王不得剥夺其土地、采邑或者其他财产。分别颁布于1352年、1354年的第二、第三个法令一致规定,如果不经其案发地点的良好守法的邻人通过适当的方式,比如通过起始令状等普通法程序,任何人不得仅仅根据一个人或少数人向国王提出的意见而被逮捕;如果未作适当的辩护,未按照普通法的程序经过审问,不得剥夺任何人的财产。如果判决违反这一规定,必须一律宣布无效并予以纠正。1363年颁布的第四、第五个法令,进一步确认了《大宪章》的规定,前者主要反对国王政府任意逮捕人民的专横行径,后者主要禁止违反普通法程序控告他人的做法。1368年颁布的第六个法令规定,根据国家的古代法律,若不经普通法的合法程序,不得控告任何人。通过上述六个法令,《大宪章》第39条、第40条中使用的"自由人"概念被置换成"所有人"、"任何人",原来含义模糊的"国家的法律"被明确为"普通法的合法程序"。于是,《大宪章》所宣告的法治原则与普通法实践结合起来,提高了普通法的权威,促进了英国法治传统的形成。[②] 我们也不难发现,上述6个法令的主要内容,都可以概括为罪刑法定主义;它们大多是重申《大宪章》第39条的

---

① 〔英〕W.I.詹宁斯:《法与宪法》,龚祥瑞、侯健译,生活·读书·新知三联书店1997年版,第33页。

② 参见程汉大主编:《英国法制史》,齐鲁书社2001年版,第222—223页。

内容。

1215 年的《大宪章》经过 1216 年和 1217 年的修订,得到继任国王亨利三世的承认,并在 1225 年正式成为英国法律。① 美国学者考文曾经针对 1225 年的《大宪章》指出:"《大宪章》任何一部分的重要性都无法与其二十九条相比。"② 而 1225 年《大宪章》第 29 条的规定是:"任何自由人,非经其具有同等身份的人依法审判或依照王国的法律规定,不得加以扣留、监禁、没收其财产、剥夺其自由权或自由习俗、褫夺其法律保护权、放逐或施以任何方式的侵害,不仅我们不能这么去做,而且我们也不能派人这么去做。"可见,1225 年《大宪章》的第 29 条与 1215 年《大宪章》第 39 条的内容都是罪刑法定原则。根据考文的观点,我们也可以这样表述:1215 年《大宪章》的任何一部分的重要性都无法与其第 39 条相比。

与法治一样,罪刑法定主义也是针对专制的。专制是一个人对其他人实施无限的专制统治。"纯粹的专制君主是根据其自由的无限制的意志及其偶然兴致或一时的情绪颁布命令和禁令的。某一天,他会因一个人偷了一匹马而判他死刑;而次日他却会宣判另一个偷马贼无罪,因为当该贼被带到他面前时告诉了他一个逗人发笑的故事。一个受宠的朝臣可能会突然被关进大狱,因为他在一次棋赛中战胜了一个帕夏(pasha,土耳其等国的高级官衔——译注)。一位有影响的作家会蒙受预见不到的厄运并被钉在火刑上烧死,只是因为他写了几句令统治者恼怒的话。这种纯粹的专制君主的行为是不可预见的,因为这些行为并不遵循理性模式,而且不受明文规定的规则或政策的调整。"③ 对于人民而言,专制意味着无法预见随时可能遭受的、由国家施予的痛苦。如果痛苦可以预见,人民会设法避免。因此,对于人民而言,废除专制意味着人民能够预见由国家施予的痛苦,进而能够避免这种痛苦。

刑罚是以剥夺性痛苦为内容的强制措施。专制政权一方面利用刑法

---

① 参见张千帆:《宪法学导论》,法律出版社 2003 年版,第 61 页。
② 〔美〕爱德华·S. 考文:《美国宪法的"高级法"背景》,强世功译,生活·读书·新知三联书店 1996 年版,第 26 页。
③ 〔美〕E. 博登海默:《法理学:法律哲学与法律方法》,邓正来译,中国政法大学出版社 1999 年版,第 231 页。

规定的刑罚,另一方面也在刑法之外滥施刑罚。虽然前一种做法能够使人民在一定范围内预见刑罚后果,但由于后一种现象的存在,使得人民的预见性降低甚至丧失。换言之,由于专制政权在没有法律根据时,也使用实际上属于刑罚的措施侵犯人民权利,所以,滥施刑罚便成为典型的暴君形象。在中世纪,滥用权力的最严重、最普遍的现象是滥施刑罚,具体表现为以下四个方面:一是干涉性,即刑法干涉到个人生活的所有领域,包括干涉个人的私生活;二是恣意性,即对何种行为处以何种刑罚,事前并无法律的明文规定,导致随意适用刑罚手段;三是身份性,即同样的行为由于行为人的身份不同,可以决定处罚的有无与轻重;四是残酷性,即刑罚方法大部分是死刑与身体刑。① 这四个特点用来描述英国中世纪的状况,也是完全合适的。如约翰国王滥用封建领主的权利,寻找各种借口,横征暴敛。例如,不管有无战争,他每年都征收高额的免役税,这实际上是以征税的名义没收个人财产;他强迫封臣的遗孀与女继承人服从他的婚姻安排,否则便处以沉重的罚款;他经常以莫须有的罪名,没收封臣土地,或者进行敲诈;为了慑服贵族,他还经常采用恐吓、酷刑、处死等残暴手段;他还株连无辜,导致没有犯罪的人被活活折磨而死。②

"人们奋斗所争取的一切,都同他们的利益有关。"③换言之,人们的奋斗要么是为了争取某种尚未得到的利益,要么是为了保护既得的利益。根据马斯洛提出的而且被公认的人类动机理论,人类的第一需要是生理需要,第二需要是安全需要。"如果生理需要相对充分地得到了满足,接着就会出现一整套新的需要,我们可以把它们大致归为安全需要类(安全、稳定、依赖、免受恐吓、焦躁和混乱的折磨,对体制、秩序、法律、界线的需要;对于保护者实力的要求,等等)。"④人民需要安全,如果一个国民不论在自己家庭中还是在家庭外,都无法相信自己是安全的、可以不受他人的攻击和国家的侵害,那么,对他奢谈公平、自由、自尊、自我实现等,都是

---

① 〔日〕平野龙一:《刑法总论 I》,有斐阁1972年版,第5页。
② 参见程汉大主编:《英国法制史》,齐鲁书社2001年版,第206—208页。
③ 《马克思恩格斯全集》第1卷,人民出版社1960年版,第82页。
④ 〔美〕马斯洛:《动机与人格》,许金声等译,华夏出版社1987年版,第44页。

没有任何意义的。而且,与他人的攻击相比,国家对人民造成的侵害不仅更为严重,而且更为普遍。所以,反对专制的首要任务,是使人民免受不可预测的刑罚惩罚。正因为如此,在17世纪的英国,"人们最经常强调的论点乃是:既已存在的法律如果没有规定,就不能进行惩罚;一切法规只具有前涉力(prospective operation),而不具有溯及既往之力(retrospective operation);所有的行政官员的自由裁量权都应当受到法律的严格限制。其间,贯穿始终的支配性观点便是'法律应当为王(the law should be king),或者一如当时的一部政论性小册子的书名所表述的那样,'法律即王'(Lex,Rex)"①。这便是罪刑法定主义的要求。罪刑法定主义使人民免受不可预测的最严厉的惩罚,因而免受不可预测的剥夺性痛苦。对于人民而言,这是反对专制政权的最首要、最重要的目的。人们一直将《大宪章》第39条和第40条视为法治的重要内容——罪刑法定与近代人权的法律渊源,而在生理需要相对满足之后,最基本的人权无疑是免受不可预测的刑罚惩罚,因为不可预测的刑罚惩罚对人权的侵犯程度远胜于其他侵犯人权的行为,所以,《大宪章》第39条的意义胜于第40条的意义,进而胜于其他内容。

哪里的压迫越残酷,哪里的反抗就越强烈。在法国,根据伏尔泰的说法,"世上的暴君很少比路易十一通过刽子手杀死的人更多,所施的酷刑更为独出心裁。根据当时的历史记载,路易十一在位时期,被公开或秘密处决的共有4000人。黑牢、铁笼、锁链,这些都是这个专制君主留下的见证物,至今还令人望而生畏"②。而在16世纪至18世纪的这段时间里,君主专制制度发展得最充分的是法国。路易十四颁布的《路易法典》使野蛮与独裁合法化:政府派出大批密探,监视人民的举动;国王或大臣可以随意出具秘密命令逮捕人民;囚犯不经审判却被监禁数年。③ 福柯在其《规训与惩罚》的开篇所描述的一幅处刑场面也能证实刑罚的残酷:

---

① 〔英〕弗里德利希·冯·哈耶克:《自由秩序原理》(上),邓正来译,生活·读书·新知三联书店1997年版,第212页。
② 〔法〕伏尔泰:《风俗论》(中),梁守锵等译,商务印书馆1997年版,第290页。
③ 参见〔美〕威尔·杜兰:《世界文明史·路易十四时代》卷上(8),幼狮文化公司译,东方出版社1999年版,第20页。

"1757年3月2日,达米安(Damiens)因谋刺国王而被处'在巴黎教堂大门前公开认罪',他应'乘坐囚车,身穿囚衣,手持两磅重的蜡烛','被送到格列夫广场。那里将搭起行刑台,用烧红的铁钳撕开他的胸膛和四肢上的肉,用硫黄烧焦他持着弑君凶器的右手,再将熔化的铅汁、沸滚的松香、蜡和硫黄浇入撕裂的伤口,然后四马分肢,最后焚尸扬灰'(《达米安案件》,372—374)。"①正因为如此,现代意义的罪刑法定原则的法律渊源是法国1789年的《人权宣言》、1791年的《法国宪法》及1810年的《法国刑法典》。《人权宣言》第8条规定:"在绝对必要的刑罚之外不能制定法律,不依据犯罪行为前制定且颁布并付诸实施的法律,不得处罚任何人。"这一规定确立了罪刑法定原则的基本方向。1791年的《法国宪法》融入了这一精神。1810年的《法国刑法典》第4条进一步规定:"没有在犯罪行为时以明文规定刑罚的法律,对任何人不得处以违警罪、轻罪和重罪。"②

"历史是一部打开了来教诲我们的大书,可以从人类过去的错误和苦痛中汲取未来智慧的材料。"③我们从历史中领悟到,反对专制的第一步是使人民免受不可预测的刑罚处罚;因此针对专制的法治的第一步,是实行罪刑法定原则。也正因为如此,戴雪所提出的法治原则的第一条便是罪刑法定主义:除非明确违反国家一般法院以惯常合法方式所确立的法律,任何人不受惩罚,其人身与财产不受侵害。④

(二)罪刑法定原则的思想渊源

刑法理论一般认为,罪刑法定原则的思想渊源为三权分立学说与心理强制说。⑤

罪刑法定原则的提出首先应归功于三权分立的学说。三权分立学说

---

① 〔法〕米歇尔·福科:《规训与惩罚》,刘北成、杨远婴译,生活·读书·新知三联书店1999年版,第3页。
② 受1810年《法国刑法典》的影响,德国、比利时、日本等大陆法系国家19世纪的刑法典,都规定了罪刑法定原则。
③ 〔英〕柏克:《法国革命史》,何兆武等译,商务印书馆1998年版,第184页。
④ 参见〔英〕戴雪:《英宪精义》,雷宾南译,中国法制出版社2001年版,第232页。
⑤ 参见〔日〕大塚仁:《刑法概说(总论)》,有斐阁1997年第3版,第56页。

由洛克首先提出,孟德斯鸠最终完成。洛克主张权力分立。表面上看,他将权力分为立法权、执行权与对外权,而对外权也是执行权,因而表现为两权之分,但他同时指出:"立法或最高权力机关不能揽有权力,以临时的专断来进行统治,而是必须以颁布过的经常有效的法律并由有资格的著名法官来执行司法和判断臣民的权利。"①所以,必须有专职的法官来执行法律。在孟德斯鸠看来,三权分立是建立法治原则的前提,只有划分国家权力,国民的生命、自由与财产才能得到保障,也才能建立法治原则。因为将立法、司法、行政三种权力分掌于不同的人、不同的国家机关手中,可以保障这三种权力相互制约,又可以保持权力的互相平衡,从而保障这三种权力在有条不紊的秩序下互相协调地运作。根据三权分立的学说,立法机关依照正当的立法程序制定法律,这种法律具有最大的权威性和最普遍的约束力;司法机关必须正确适用法律,作出合法的判决;行政机关必须认真执行司法机关作出的最后判决,不得非法变更。② 所以,对于什么行为是犯罪、对于犯罪应当处以何种刑罚,必须由立法机关事先作出规定,然后由司法机关根据事前的规定作出判决。这便是罪刑法定原则。

费尔巴哈(A. Feuerbach)根据其心理强制说,于 1801 年最先在自己的教科书中以拉丁文格言形式将罪刑法定主义表述为:"法无明文规定不为罪,法无明文规定不处罚。"(Nullum crimen sine lege, nulla poena lege.)心理强制说以人是理性动物、又有自私特性为基点。其基本内容为,一切犯罪的心理成因均在人的感性之中,人们对行为或者从行为所产生的快感的欲望驱使其实施犯罪行为;因此,为了抑制这种感性,就需要使人们知道,因实施犯罪行为而受刑罚处罚所形成的痛苦,大于因犯罪行为本身所产生的快感。为了确立犯罪与刑罚之间的必然联系,就要求法律规定犯罪行为的必然后果。换言之,如果在法律上规定有犯罪必有刑罚,人们就会基于愉快与不愉快的合理打算选择自己的行为,即为了避免刑罚所产生的大的不愉快,而选择因抑制犯罪行为所导致的小的不愉快。所以,

---

① 〔英〕洛克:《政府论》下篇,叶启芳、瞿菊农译,商务印书馆 1964 年版,第 84 页。
② 参见〔法〕孟德斯鸠:《论法的精神》上册,张雁深译,商务印书馆 1961 年版,第 153—166 页。

为了抑制人们的犯罪决意,必须事先以法律规定犯罪的必然效果——科处刑罚。① 换言之,具有理性的人都有就愉快避痛苦、计较利害轻重的本性,人在实施犯罪行为之前,总要考虑实施该犯罪行为将会获得多大的物质与精神上的利益(愉快),不实施该犯罪行为会带来多大的不利(也是一种痛苦),同时要考虑自己会因实施该犯罪行为而受到何种刑罚处罚(痛苦)。如果人们认为不实施犯罪行为所忍受的痛苦大于因实施犯罪行为所带来的受刑罚处罚的痛苦,那么,他就认为实施犯罪行为"合算",进而实施犯罪行为;反之,如果人们认为不实施犯罪行为"合算",就不会实施犯罪行为。因此,费尔巴哈认为,必须事先以法律明文规定犯罪的法律后果,使人们能够事先预测犯罪后所受到的刑罚处罚,从而预防犯罪。心理强制说与古典派经济学相对应:古典派经济学所预想的是,经济人基于利害计算而采取合理的行动,如果能够保障等价交换与个人的自由经济活动,整体的经济便能发展。费尔巴哈则认为,人们基于快乐痛苦的原则而行动,如果能保障个人的活动自由,给予与犯罪等价的刑罚,便能维持整个社会秩序。②

　　费尔巴哈认为,基于心理强制说实行罪刑法定主义,可以克服刑法的不安定性。18世纪后半期的德国刑事司法处于极不安定的状态。一方面,启蒙主义与启蒙后期的自然法思想的影响,已经在理论与立法上表现出来;另一方面,历来的普通法的理论与实务仍然存在。16世纪的《加洛林纳刑事法典》在18世纪作为帝国的法律仍然成为普通刑法的基础,但由于历史的制约,给当时的刑法造成了许多混乱。启蒙主义与启蒙后期的自然法思想使得《加洛林纳刑事法典》的宗教基础发生了动摇,尤其是其残酷的刑罚被人们所厌恶。法官为了避免残酷的刑罚,拒绝适用实定法,代之以作为自然法的理性法,于是法的安定性受到了明显损害。刑法的不安定性,同时意味着市民缺乏预测可能性,因而其自由便受到威胁。为了克服当时的刑事司法的不安定性,费尔巴哈提倡刑法改革,将犯罪的

---

① 参见〔日〕木村龟二编:《刑法学入门》,有斐阁1957年版,第52页。
② 同上书,第44—45页。

本质统一于对权利的侵害,并且证明每一个刑法条款后面都存在作为其保护对象的个人与国家的权利,从而实现刑事司法的安定性,保障了市民的自由。① 不难看出,费尔巴哈的心理强制说,隐含了预测可能性的思想。

作为罪刑法定主义思想渊源的三权分立说与心理强制说所隐含的预测可能性思想,也为近代法治的形成作出了重大贡献。近现代法治的倡导者们,都没有离开这两点。

三权分立学说与实践不只是为了实行罪刑法定原则,也是为了实行法治。通常的说法是,三权分立可以使权力相互制约、均衡,从而防止因权力集中、权力滥用产生腐败。即分权避免了权力集中,权力分立是实现制衡的前提和基础,没有分权就不可能形成制衡的局面。制衡则是分权的目的和结局,即通过分权而形成一个以权力制约权力的制衡格局,从而防止权力滥用。② 但是,为了防止权力集中与权力滥用,既没有将权力分为三类的必然性,也没有将权力分为立法权、行政权与司法权的必然性。换言之,也可以二权分立、四权分立、五权分立;还可以将权力分为统治权、管理权、军事权,等等。顾名思义,立法是制定法律,行政是执行法律,司法是裁定法的争端。如果探究三权分立的目的,不难发现它是为了实现法治。

法治通常与人治相对立。法治即法的统治,就所谓统治而言,在法的统治方法中,现实地进行支配的仍然是人,即制定法、执行法与裁定法的争端的都是人,这一点与人治没有区别。法治与人治的对立表现在:统治的主体是不是人?统治的方法是否恣意?是根据预先制定的合理的法进行统治,还是根据不同场合的不同统治者的恣意进行统治?不言而喻,法治意味着统治的主体是法而不是人,统治的方法不是恣意的,而是依据事先制定的明确的、合理的法进行的。因此,要实现法治,首先必须有预先制定的法(第一个目标);其次要确保统治是依法进行的(第二个目标)。

---

① 参见〔日〕内藤谦:《刑法中的法益概念的历史的展开(一)》,载《东京都立大学法学会杂志》第 6 卷第 2 号(1966 年),第 236 页以下。
② 参见赵宝云:《西方五国宪法通论》,中国人民公安大学出版社 1994 年版,第 62 页。

三权分立首先与第二个目标相联系,即为了更好地确保统治依法进行,最好的方法是将法的制定主体与执行主体相分离;而在发生法的纠纷时,最好的方法是让既非法的制定者、也非法的执行者的第三者进行裁判。所以,法的制定者、执行者与裁判者必须分离。三权分立同时也与第一个目标相联系。因为法的制定者与法的执行者、裁判者相分离,就使得法的制定者与具体的利害关系产生一定的距离,从而使其制定的法能够更好地代表一般人的利益。① 具体地说,当法的制定者不再是法的执行者、裁判者时,法的规则必然适用于制定法的人;一旦制定者知道法制定后适用于自己,他们便会尽量制定良法。换言之,三权分立具有这样一种重要的保障功能:法必须适用于那些制定法的人和执行法的人,即法在适用于人民的同时,也适用于立法者、执法者,法的禁止和限制都毫无例外地适用于所有的人,因此,立法者不会对自己合理希望做的事项也予以禁止或者限制。② 所以,三权分立的目的,不仅在于使统治依法进行,而且在于使法具有正当性、合理性。"美国政治家、第二届总统约翰·亚当斯(John Adams,1737—1826),将哈林顿关于法治的思想写进 1780 年马萨诸塞的宪法中,它规定该州实行三权分立,'旨在实现法治政府而非人治政府'。"③

在洛克那里,立法权对于人民的生命和财产不是、并且不可能是绝对地专断的,他们的权力以社会的公众福利为限。"政府所有的一切权力,既然只是为社会谋幸福,因而不应该是专断的和凭一时高兴的,而是应该根据既定的和公布的法律来行使;这样,一方面使人民可以知道他们的责任并在法律范围内得到安全和保障,另一方面,也使统治者被限制在他们的适当范围之内,不致为他们所拥有的权力所诱惑,利用他们本来不熟悉的或不愿承认的手段来行使权力,以达到上述目的。"④也就是说,只有实行立法权与执法权的分立,才能做到以法律进行统治,一方面可以使人民

---

① 参见〔日〕高桥和之:《立法、行政、司法的观念的再探讨》,载《法学家》1998 年第 5 号,第 40—41 页。
② 参见〔英〕弗里德利希·冯·哈耶克:《自由秩序原理》(上),邓正来译,生活·读书·新知三联书店 1997 年版,第 192—193 页。
③ 沈宗灵主编:《法理学》,北京大学出版社 2001 年版,第 146 页。
④ 〔英〕洛克:《政府论》下篇,叶启芳、瞿菊农译,商务印书馆 1964 年版,第 86 页。

具有预测可能性,另一方面也能够限制政府权力。

布莱克斯通主张三权分立。他指出:"司法权以独立且分立的方式为一些特定的人所掌握——尽管这些人是由国王任命的,但却不能由他随意撤换——构成了保护公众自由(public liberty)的一个重要因素;除非普通法的实施在某种程度上与立法权和行政权(the executive power)相分立,否则这种自由就不可能长期存在。如果司法权与立法权不分立,那么人民的生命、自由和财产就会陷于专断法官的控制之中,因为这些法官的判决将只受他们自己的意见的左右,而不会受到法律的基本原则的制约;尽管立法机构有可能会背离法律的基本原则,但法官则必须服从这些基本原则。"①布莱克斯通调和了自然法与制定法,他将人权分为绝对权与相对权,绝对权是人生来就具有的权利,相对权是作为社会成员所享有的权利,前者的总和是自然的自由。自由固然重要,但它苍白无力,不能抵制外来侵害,故需要组成国家来维护这种自由,人们委让一部分权利给国家,即保留自由权、安宁权、所有权等,让出其他权利。但如何保护个人保留的权利不受侵害呢?布莱克斯通认为,必须以制定法限制刑罚这种绝对权。既然是限制绝对权,就必须事先以法律的形式明文规定,让国民知晓。普通法可以通过长期的习惯与传统告知社会;制定法则必须通过文件或者印刷物向社会公布。由于制定法以向社会公布为前提,故事后法是必须禁止的。②布莱克斯通所作的重大贡献是将既不定形又不可知的普通法进行清晰连贯的陈述,使普通法具有合理的形式,使英国法日益变得在本质上不那么"神秘"和在形式上更加"实证主义"。③所以,与洛克等人从理念上推导出法治观念不同,布莱克斯通是从制定法来论述法治的,而其思想基础仍然是三权分立与国民的预测可能性原理。

孟德斯鸠也认为三权分立本身并非目的,而是保护国民自由的手段。自由是做法律所许可的一切事情的权利。但是,当立法权和行政权集中

---

① 转引自〔英〕弗里德利希·冯·哈耶克:《自由秩序原理》(上),邓正来译,生活·读书·新知三联书店1997年版,第395页。
② 参见〔日〕泷川春雄:《罪刑法定主义》,日本评论新社1952年版,第8—9页。
③ 参见〔美〕肯尼思·W.汤普森编:《宪法的政治理论》,张志铭译,生活·读书·新知三联书店1997年版,第75—84页。

在同一个人或者同一个机关之手时,自由便不复存在了;因为人们将要害怕这个国王或者议会制定暴虐的法律,并暴虐地执行这些法律。如果司法权不同立法权和行政权分立,自由也不存在了;因为司法权与立法权的合而为一,导致法官就是立法者,将对国民的生命和自由施行专断的权力;司法权同行政权的合而为一,则使法官握有压迫者的力量。由于自由是做法律所许可的一切事情,所以,如果一个国民能够做法律所禁止的事情,他就不再有自由了,因为其他人也同样会有这个权利;反之,司法机关依照法律追究刑事责任时,犯罪人只是受法律力量的支配,所以仍旧是真正自由的。①

康德的国家观为现代法治理念打下了坚实的理论基础。他认为,国家起源于社会契约。进而主张,国家的唯一职能是制定和执行法律;法律的概念必须向公众公布,以便产生一种法律状态。国家不得也不必干涉国民的活动,不得也不必以家长式的方法关注他们的利益和个人的幸福,而应当使自己的活动局限于保护国民权利的范围之内。为了防止专制,必须实行权力分立;立法权应当属于人民,而不能交给行政机关,否则便会导致暴政;司法机关应当根据法律裁判一切,但无权审查法律的有效性。② 不难看出,康德的法治观也是将三权分立、预测可能性作为其基础的。

费尔巴哈根据其心理强制说提出的罪刑法定主义,其核心在于限制司法权力。他在自己的教科书中,将罪刑法定原则具体表述为三个原则:第一,没有刑罚法规就没有刑罚;第二,没有法定的犯罪就没有刑罚;第三,没有法定的刑罚就没有法定的犯罪。根据费尔巴哈的思想,国家只能由刑法(刑罚法规)规定犯罪与刑罚,伦理不能决定犯罪与刑罚,所以,没有刑法就没有犯罪与刑罚。但是,刑法所禁止的行为并非都是犯罪,刑法用刑罚所禁止的行为才是犯罪。换言之,即使某种行为是刑法所禁止的,

---

① 参见〔法〕孟德斯鸠:《论法的精神》上册,张雁深译,商务印书馆1961年版,第154—159页。

② 参见〔德〕康德:《法的形而上学原理》,沈叔平译,商务印书馆1991年版,第136—146页。

但如果刑法没有对该行为规定刑罚后果,该行为就是无罪的;只有当刑法对某种行为规定了刑罚后果时,该行为才是犯罪。所以,没有刑罚就没有犯罪。但是,国家不应该恣意规定刑罚,一方面,国家只能针对犯罪规定刑罚;另一方面,对犯罪只能规定均衡的刑罚。何谓犯罪呢? 费尔巴哈提出了权利侵害说,即犯罪的本质是对他人权利的侵害,国家也具有人格、享有权利;刑法的任务便是保护权利。费尔巴哈指出,复仇与刑罚,虽然都是以犯罪为根据而科处痛苦,但必须严格区分。复仇是为了自我满足而限制他人自由,不具有法的目的;与此相反,刑罚是为了保障法而科处痛苦。因此,为了确定刑罚的概念,必须使之与国家的目的和国家的权力相结合,探明科处刑罚的权力。国家的目的在于保护全体市民的相互的自由(既保障各人可以完全行使自己的权利,又保护各人的权利不受侵害),所以,侵害权利是对市民结合的本质与目的的背反。国家针对侵害权利的行为的最好手段是以法律宣告刑罚;违反法律、侵害权利的行为就是犯罪。① 所以,费尔巴哈指出:"犯罪是由刑罚法规规定的,侵害他人权利的行为。"② 费尔巴哈将犯罪理解为对权利的侵害,意味着从实质上限定中世纪以来所扩张的、含混的犯罪概念,从而限定国家目的与任务;提倡权利侵害说与罪刑法定主义相并列,其意义在于,针对国家权力的恣意与刑法的不安定性,保护市民个人的自由。从这个意义上说,费尔巴哈的权利侵害说,是启蒙后期自然法思想与政治自由主义的一个表现。费尔巴哈之前的启蒙思想家追求宗教犯罪、风俗犯罪的世俗化与刑罚的人道性,并且希望从法律上限定警察活动的领域,但并没有成功。因为他们认为国家、警察的任务就是促进公共福利,既然如此,对警察活动就不应该有任何限定,警察也必须促进市民道德的进步,刑法必须处罚反宗教、反伦理的行为。费尔巴哈则认为,国家的目的并不包含增进福利,而仅仅在于保护个人自由以及由此而产生的各种权利。因此,刑法的任务也就是

---

① 参见〔日〕庄子邦雄:《近代刑法思想史序说——费尔巴哈与刑法思想的近代化》,有斐阁1983年版,第26—35页。
② 转引自〔日〕内藤谦:《刑法中的法益概念的历史的展开(一)》,载《东京都立大学法学会杂志》第6卷第2号(1966年),第234页。

防止对他人权利的侵害,警察的任务在于防止极有可能侵犯权利的危险行为,维持外部的平稳。国家的目的与任务受到限定,就使得市民的宗教生活、伦理生活完全不受国家干预。所以,费尔巴哈认为,只有侵害权利的行为,才能被刑罚法规规定为犯罪,只有针对法定的犯罪才能科处法定的刑罚。这既限制了国家的任务与权力,又保障了市民的自由与权利。

通过上述分析可以看出,费尔巴哈确立罪刑法定主义是为了实现其刑事司法中的法治国思想。换言之,为了避免刑法介入国民生活的各个角落,他主张对国家的刑罚权进行限制,限制的手段或方法有三个方面:第一是通过法律进行限制,这便是费尔巴哈所提倡的"法无明文规定不为罪,法无明文规定不处罚";罪刑法定原则要求国家制定成文的刑法典,刑法典不仅针对国家的恣意以保护善良的国民,而且保护犯罪人;第二是通过行为进行限制,科处刑罚应以侵害权利的行为为标准而不能以行为人为标准,据此保障法的安定性,保障个人的自由;第三是通过法律与伦理的区别进行限制,犯罪不是违反伦理而是违反法律,立法者应当尊重良心的自由,法律不是伦理的审判者。作为刑法学家,费尔巴哈的最大功绩在于将罪刑法定主义思想、法律与伦理严格区别的思想纳入到刑法理论体系中。[①] 费尔巴哈"通过其概念构成的明了性和独立的体系建立的现代刑法教义学,对于刑法而言意味着启蒙运动的结束,同时也意味着启蒙运动达到高潮"[②]。

(三)罪刑法定原则对现代法治形成的贡献

一般认为,"罪刑法定原则产生于法治国思想"[③]。但是,这并不意味着先有法治原则,后有罪刑法定原则;也不意味着先有法治思想,后有罪刑法定主义;相反,罪刑法定主义推动了法治原则的形成。

德国法治国思想的源泉是启蒙时代的见解;而启蒙思想家几乎无一

---

① 参见〔日〕木村龟二编:《刑法学入门》,有斐阁1957年版,第50页。
② 〔德〕汉斯·海因里希·耶赛克、托马斯·魏根特:《德国刑法教科书》,徐久生译,中国法制出版社2001年版,第119页。
③ 〔日〕泷川春雄:《罪刑法定主义》,日本评论新社1952年版,第38页。

例外地是基于封建时代罪刑擅断、滥施刑罚、国民随时可能遭受不可预测的刑罚惩罚的事实,进而为了避免这种现象、使人民获得自由而提出了种种假设、设想与理由。因为如前所述,罪刑擅断与刑罚滥用给国民造成的痛苦最为严厉;保障国民自由的前提,是实行罪刑法定,禁止罪刑擅断。没有罪刑法定原则的形成,就不可能有现代意义的法治概念。

罪刑法定主义促进了英国现代法治的形成。如前所述,戴雪所提出的第一个法治原则,便是法无明文规定不为罪、法无明文规定不处罚的罪刑法定原则。根据戴雪的观点,没有罪刑法定原则,就不可能有法治。虽然戴雪提出的这一原则,被詹宁斯批判为窄化了人民与政府之间的关系,即戴雪只是看到了人民与国家公权力之间的刑事关联,而忽视了人民与国家公权力之间的其他关联;真正令法学界关心的不只是人民与国家的刑罚关系,而是及于一切与公权力的关系。① 但是,奉行罪刑法定主义几乎是19世纪所有文明国家的立国原则,实行罪刑法定原则是迈向法治国家的第一步,而且是最为重要、最为关键的一步;否则就不可能控制国家滥用刑罚权。诚然,行政权的滥用也侵犯人民的自由,但是我们不可忘记的是,对人民滥用行政权的表现,要么采用实质上的刑罚方法,要么采用犯罪方法。例如,不具有合理性的税收,与罚金刑没有实质差异;对国民选择职业的限制,与资格刑没有本质区别。那些滥用行政权力使国民实施并无义务实施的行为或者阻碍国民享受法定权利的做法,则属于刑法所禁止的犯罪行为(滥用职权罪),根据罪刑法定原则的另一面——法律明文规定为犯罪行为的,依照法律定罪处刑——应当受到刑事追究。

罪刑法定原则被写进了国际条约,得到了国际法的承认。例如,《世界人权宣言》第11条第2款规定:"任何人的任何行为或不行为,在其发生时依国家法或国际法均不构成刑事罪者,不得被判犯有刑事罪。刑罚不得重于犯罪适用的法律规定。"《公民权利和政治权利国际公约》第15

---

① 〔英〕W. I. 詹宁斯:《法与宪法》,龚祥瑞、侯健译,生活·读书·新知三联书店1997年版,第38页以下。

条第 1 款也作了几乎完全相同的规定。《关于战俘待遇之日内瓦公约》第 99 条第 1 款规定:"战俘之行为,在其犯此行为时,非为当时有效之拘留国法律或国际法所禁止者,不得因此而受审判或处刑。"从这些条约中可以清楚地认识到,规定罪刑法定都是为了防止罪刑擅断,使人民免受不可预测的刑罚惩罚,从而保障人民的自由。因此,这些条约在规定罪刑法定原则之前,都强调了人人有权享有生命、自由和人身安全;任何人不得加以酷刑,或施以残忍的、不人道的或侮辱性的刑罚。如果没有罪刑法定原则,人民就不可能享有人权,故罪刑法定是人权的最有力保障。

罪刑法定不仅是一个刑法原则,也是一个宪法原则。英国史学家亨利·哈兰德曾经将英国中世纪结束之时英国社会公认的宪法基本原则概括为五条,其中第 3 条是:"除非根据法院的专门令状,不得逮捕任何臣民;被捕者必须迅速交付法庭审判。"① 这实际上是罪刑法定原则。韦德对于构成英国宪政基础的法治提出了五个原则:合法性原则、裁量限制原则、平等原则、特权禁止原则和罪刑法定原则。② 《魏玛宪法》第 116 条规定:"任何行为,只有当制定法事先已经规定了可罚性时,才能判处刑罚。"而这一规定与 1871 年《德国刑法典》第 2 条关于罪刑法定原则的规定的表述基本相同。③《德国基本法》第 103 条第 2 款也明文规定了罪刑法定原则。《意大利宪法》第 25 条第 2 款规定:"如果不是根据行为实施前生效的法律,不得对任何人进行处罚。"1946 年《日本宪法》第 31 条规定:"任何人非依法律所定程序,不得剥夺其生命或自由,或科以其他刑罚。"第 39 条规定:"任何人如其行为在实行时实属合法,或经认为无罪时,不得追究其刑事上之责任。"

---

① 程汉大主编:《英国法制史》,齐鲁书社 2001 年版,第 226 页。
② 参见陈新民:《德国公法学基础理论》上册,山东人民出版社 2001 年版,第 60 页。
③ 刑法的表述为:"Eine Handlung kann nur dann mit Strafe belegt werden, wenn diese Strafe gesetzlich bestimmt war, bevor die Handlung begangen wurde."宪法的表述为:"Eine Handlung kann nur dann mit Strafe belegt werden, wenn die Strafbarkeit gesetzlich bestimmt war, bevor die Handlung begangen wurde."

二、罪刑法定的思想基础与现代法治的基础、核心

三权分立思想与心理强制说作为罪刑法定原则产生的思想渊源,只具有沿革的意义,而不具有现实意义。因为这些理论要么存在缺陷,要么不能为罪刑法定原则的基本内容提供完整的理论依据。

首先,三权分立思想没有为罪刑法定原则奠定理论基础。三权分立思想要求由立法机关制定法律,审判机关严格依照法律定罪量刑。这虽然否定了罪刑擅断主义,为罪刑法定原则中的法律主义(成文法主义)奠定了基础,但没有为罪刑法定原则的其他内容提供理论依据。例如,人们难以直接从三权分立中找出刑法的明确性、禁止事后法、禁止处罚不当罚的行为等内容。而且,与立法至上原则密不可分的权力分立是一个僵硬的学说。"就司法而言,这个原则的深刻意义不仅在于排除了对于立法和行政行为的司法审查权,而且还导致否认法院通过解释法律条文具有的'制法'的功能。然而,这种立法至上的逻辑上的内涵,并未能阻止现代大陆法各国的法制日益朝着某种形式的司法审查靠拢,也同样未能削弱判例法重要性在事实上的增强。"[①]

其次,心理强制说不仅在理论上受到了批判,在事实上也难以成立。古典学派认为,犯罪是人的自由意志的产物,是有理性的人所作出的一种选择,但作出这种选择并非都是基于快乐与痛苦的比较。根据黑格尔的观点,费尔巴哈的心理强制说,只是把人当作狗一样看待的理论,而没有尊重人的尊严与自由。[②] 埃里克·沃尔夫(Erik Wolf)通过对犯罪原因的实证调查后,所得出的结论也基本上否认了心理强制说:行为人基于快乐与痛苦的比较而实施犯罪的情形极为罕见;行为人之所以实施犯罪,通常是因为在实施犯罪行为前存在一种侥幸心理,以为犯罪后不会发现,可以

---

① 〔美〕格尔顿、戈登、奥萨魁:《比较法律传统》,米健等译,中国政法大学出版社1993年版,第37页。
② 参见〔德〕黑格尔:《法哲学原理》,范扬、张企泰译,商务印书馆1961年版,第102页。

逃避刑罚处罚;如果没有这种侥幸心理,则不会实施犯罪行为。① 虽然埃里克·沃尔夫的观点也有绝对化的缺陷,但对心理强制说的否认却能成立。心理强制说虽然隐含了预测可能性的思想,但它本身也不能说明罪刑法定主义的禁止处罚不当罚的行为等内容的根据。

罪刑法定原则是现代刑法的根本原则,其思想基础是民主主义与尊重人权主义,或者说是民主与自由。

(一)民主主义与现代法治的基础

民主主义要求,国家的重大事务应由人民自己决定,各种法律应由人民自己制定。刑法的处罚范围与程度直接关系着每一个人的生命、身体、自由、财产与名誉,属于特别重大的事项。"在特别重大的问题上,公民继续保留其否决权:这属于人权与基本权利,可以被理解为民主的创造性存在(而非像在传统自由主义中被作为对民主的提防)。"②所以,应当由人民决定什么行为是犯罪、对犯罪科处何种刑罚。但社会现实表明,不可能每一个人都是直接的立法者,人民不可能直接决定犯罪与刑罚;妥当的做法是由人民选举其代表组成立法机关,由立法机关制定刑法;由于立法机关代表人民的意志,故其制定的刑法也反映了人民的要求。刑法一经制定,便由司法机关适用,司法机关适用刑法的过程,也是实现人民意志的过程。如果不是这样,对什么行为是犯罪、对犯罪如何处罚,完全由司法机关自行决定,就违背了民主主义原则。这理所当然推导出罪刑法定主义中的法律主义。由于刑法是人民意志的体现,故司法机关不能随意解释刑法,尤其不能类推解释。又由于刑法是人民意志的体现,它要尽最大可能、最大限度地保护人民的利益,如果扩大处罚范围,就必然侵害人民的自由。这就导出禁止处罚不当罚的行为。正义与公平是人民的当然要求,立法机关根据国民意志制定的刑法,必须体现正义与公平。所以,立法机关制定的刑法必须规定与犯罪相均衡的刑罚,同时禁止残酷的刑罚;

---

① 参见〔日〕木村龟二编:《刑法学入门》,有斐阁1957年版,第53—54页。
② 〔德〕乔治·恩德勒等主编:《经济伦理学大辞典》,李兆雄、陈泽环译,上海人民出版社2001年版,第89页。

而均衡的标准是同时代的一般人的价值观念。正因为罪刑法定原则的思想基础是民主主义,所以,在此意义上可以说,凡是违反人民意志的都是违反罪刑法定原则的。人们列举的一些要求,也只是最容易被违反的一些原则。

"民主和法治可以被看做是克服国家与社会之间的矛盾的两种不同的方法。国家的建立对社会来说是必要的,但是它也代表着一种威胁。法治是要约束国家的权力,而民主则是要在行使国家权力的过程中动员社会。"①但是,这绝不意味着法治与民主是两种相矛盾的方法。正如康拉德·黑塞(Konrad Hesse)所言,法治与民主都反对一人之治,民主是多数人统治,法治国也缘于反对君主对个人自由的限制;二者都是理性、稳定、分权和反对权力滥用的形式。② 不仅如此,现代法治建立在民主的基础上。形式意义上的法治国家以法律为中心,一切行为尤其是国家机关的行为只要具有法的根据,即为合法、正当,就达到法治国家的要求。形式法治的实现要求法律面前人人平等。而人人平等或者平等考虑人人的理念,是民主宪政国家的一个核心要素,它因此构成所有现代规范性理论和公正理念的共同基础;法律面前人人平等就是这种理念的法治表示。③只有实行民主,才能限制各种权力。正如基佐所言:"唯有允许一切权利、利益、意见普遍享有自由,允许这一切力量的自由表现和合法存在,才能把各种力量和权力限制在合理的范围内,防止它侵犯别的权益。总之,唯有如此才能使自由探索真正普遍存在,造福于人。18世纪末发生在绝对的世俗权力与绝对的精神权力之间的斗争给予我们的教训就在于此。"④实质意义的法治国家要求的法必须具有社会的正当性,必须是良法、正义之法;而要保证法具有社会正当性,从程序与形式上而言,法必须由人民

---

① 〔美〕埃尔斯特、〔挪〕斯莱格斯塔德编:《宪政与民主》,潘勤、谢鹏程译,生活·读书·新知三联书店1997年版,第152页。

② 参见郑永流:《德国"法治国"思想和制度的起源与变迁》,载夏勇编:《公法》第2卷,法律出版社2000年版,第37页以下。

③ 参见〔德〕乔治·恩德勒等主编:《经济伦理学大辞典》,李兆雄、陈泽环译,上海人民出版社2001年版,第180页。

④ 〔法〕基佐:《欧洲文明史》,程洪逵、沅芷译,商务印书馆1998年版,第232页。

选举产生的立法机关制定,不能由其他机关或者个人制定;而且制定出来的法必须平等地适用于一切人,因为如果立法机关制定出来的法不适用于立法机关的成员,那么,该立法机关就可能制定恶法。从实体与内容上来说,法必须体现民意,必须保护人民的自由与利益。否则,就不可能有社会的正当性,就不可能是良法。显然,法的社会正当性的基础与前提是民主;所以,现代法治的基础是民主。正如拉德布鲁赫所言:"民主的确是一种值得赞赏之善,而法治国则更像是每日之食、渴饮之水和呼吸之气,最好是建立在民主之上;因为只有民主才适合保证法治国。"①

当然,民主也需要法治。只有以法的形式固定民意,民意才不会被歪曲、被强奸,才可能进一步得以实现。所以,"在实行民主的社会中,某些原则是必须写进宪法中去的。这些即保证允许并保护公民从事参与社会管理所要求的各种事项的原则。这些保证就是民主的法制条件"②。

(二)尊重人权主义与现代法治的核心

人权必须得到尊重与保障。为了保障人权,不致阻碍国民的自由行动,不致使国民产生不安全感,就必须使国民事先能够预测自己行为的性质与后果,必须事先明确规定犯罪与刑罚。因为当国民事先能够根据成文刑法预测自己的行为性质时,就不会因为不知道自己的行为是否会受到刑罚处罚而感到不安,也不会因为不知道自己的行为是否会受到刑罚制裁而不敢实施合法行为,从而导致行为萎缩的后果。在此意义上,尊重人权主义与使国民具有预测可能性(预测可能性原理)具有相同含义。但是,国民对自己行为的性质与后果具有预测可能性的前提是事先有成文法的规定,这便是法律主义(或成文法主义);事后法不能使国民具有预测可能性,因此,必须禁止刑法溯及既往;如果在具有成文法的前提下实行类推解释,国民也不能预测自己的行为是否会被类推解释为犯罪,因而侵犯了国民的自由,故必须禁止类推解释。不仅如此,由于刑法既是裁

---

① 〔德〕古斯塔夫·拉德布鲁赫:《法律智慧警句集》,舒国滢译,中国法制出版社2001年版,第49页。
② 〔美〕科恩:《论民主》,聂崇信、朱秀贤译,商务印书馆1988年版,第121页。

判规范,又是行为规范,理当具有明确性。如果含混不清、模棱两可或者前后矛盾,国民要么仍然不能预测自己行为的性质,要么左右为难,这便是刑罚法规的明确性原则。刑法要尊重和保障人权,如果处罚范围完全超出国民可以接受的范围,便侵犯了国民的人权,也侵犯了国民的预测可能性。况且,刑法是通过限制自由的手段来保护自由的,二者之间始终存在一个平衡问题,故刑法的处罚范围必须合理,否则便与刑法的宗旨相矛盾。

预测可能性是人民自由的基础。从消极的角度而言,自由意味着人民在其中可以不受他人干涉而行为的领域,一个人不受他人干涉而行动的领域越大,他就越自由。从积极的角度而言,自由意味着我是自己的主人。积极自由以消极自由为前提,而且在现代社会,我们首要关注的应当是消极自由。但不管怎么说,除了自然原因之外,我们的自由受到两个方面的威胁与干涉:一是他人(或一般人)的威胁,二是国家的干涉。只有当我们相信他人不会威胁我们的自由,国家只是在特定的、可以预见的、并且是为了我们更大自由的情形下限制我们的自由时,我们才有了充分的自由。倘若我们不知道他人是否会随时侵犯我们的自由,不知道国家在什么情况下会剥夺或限制我们的自由,即使我们的生命、身体于一定期间内在客观上没有遭受侵犯,我们也会因为不知何时会遭受飞来横祸而忐忑不安。所以,"我们社会中的大多数成年者,一般都倾向于安全的、有序的、可预见的、合法的和有组织的世界;这个世界是他所能依赖的,而且在他所倾向的这个世界上,出乎意料的、难以控制的、混乱的以及其他诸如此类的危险事情都不会发生"[①]。为了排除来自他人或者国家的出乎意料的侵犯与干涉,就需要法律确证自由的价值和划定自由的界线。换言之,为了保障我们的自由,我们必须能够预测他人行为的合理界线,能够预测国家始终会按照某种既定的界线行使权力;而划定这种界线的必须是一种抽象规则、一般规则,只有通过抽象规则对一切人的自由作出统

[①] 马斯洛(Maslow)语,转引自〔美〕E.博登海默:《法理学:法律哲学与法律方法》,邓正来译,中国政法大学出版社1999年版,第227页。

一的限制才可以保障所有的人有尽可能多的自由。这些抽象规则禁止对所有其他人实施任意的或者歧视性的强制,禁止对任何其他人自由领域的侵犯;政府的必要性仅仅在于实施这些抽象规则,以此保护个人的自由不受他人的强制或者侵犯。所以,与没有界线或限制的自由相比,通过服从抽象规则而实现的自由,正是"秩序之母,而不是它的女儿"。① 这种抽象的规则就是法律。所以萨维尼指出:"每个个人的存在和活动,若要获致一安全且自由的领域,须确立某种看不见的界线(the invisible border line),然而此界线的确立又须依凭某种规则,这种规则便是法律。"②

一方面,作为一般人行为规范的法律,禁止一般人威胁他人的自由。所以,人们可以预测到,他人侵犯我的自由属于法律所禁止的行为,在我与他人擦肩而过时,我相信他人不会侵犯我的自由,进而敢于自由地与人交往,自由地从事社会生活。法律禁止一般人威胁他人自由,也意味着每个人的活动具有界线,从而使每个人的自由得以保障。如果每个人的活动没有界线,则意味着每个人都可以为所欲为;而每个人可以为所欲为,则意味着每个人都可能成为他人侵犯的对象,每个人也就没有安全与自由。"如果公民有享有财产、地位的权利,而且在行使这些权利时受到保护,那么,我们可以说该公民是自由的。而阻碍他犯罪的约束条件恰恰又是他的自由的一部分。任何人都可以犯罪而免受惩罚的地方,谁也没有自由。即使是高居王位的专制君主,也不能不受这普遍规则的约束,从他夺得了裁定任何纷争的权力那一刻起,他就成了一名奴隶。如果他无视人民的权利,他就会因此得到报应;所有的职位都是不确定的,但要数他的地位最岌岌可危。"③所以西塞罗说:"我们都是法律的奴隶。正因为如此,我们才是自由的。如果没有法律所强加的限制,每一个人都可以随心

---

① 参见〔英〕F. A. 哈耶克:《致命的自负》,冯克利等译,中国社会科学出版社 2000 年版,第 70 页。

② 转引自〔英〕弗里德利希·冯·哈耶克:《自由秩序原理》(上),邓正来译,生活·读书·新知三联书店 1997 年版,第 183 页。

③ 〔英〕弗格森:《文明社会史论》,林本椿、王绍祥译,辽宁教育出版社 1999 年版,第 174 页。

所欲,结果必然是因此而造成的自由毁灭。"① 所谓刑法的法益保护机能,便是指刑法通过规制一般人的行为(禁止实施法益侵害行为)保护法益。

另一方面,作为裁判规范的法律,禁止国家机关无法律根据地侵犯国民的自由。所以,我们可以预测到:什么样的行为是犯罪,相应会处何种刑罚;只要我们不实施刑法所禁止的行为,国家机关就不会剥夺或者限制我们的自由,相反还会保障我们的自由;即使我们的行为触犯刑法,国家机关也只能依法追究刑事责任,我们不会遭受法律之外的惩罚。如果没有刑法,人们事先不能预测自己行为的性质与后果,导致胆大者可能遭受不可预测的处罚,胆小者因担心自己的行为会受到刑罚处罚而过于限制自己的行动自由,从而造成行为的萎缩后果。所谓刑法的自由保障机能,也是指刑法以规定一定的行为是犯罪并给予刑罚处罚的方式,来限制国家对刑罚权的发动或利用,在保障善良的国民自由的同时,也保障犯罪人自身的自由。

不具有预测可能性的法律制度,会给国家机关以无限的权力,又会更加侵犯国民的自由。对于世界上的"法律制度",可以归纳为五种类型:第一种是,只要法律没有禁止的,什么都可以做;第二种是,只有法律允许的,人们才可以做,此外什么都不能做;第三种是,不管法律是否禁止与是否允许,什么都可以做;第四种是,不管法律是否禁止与是否允许,什么都不可以做;第五种是,不管法律是否禁止与是否允许,什么都可以做,什么也都不可以做。如果要问其中哪一种最差,结论必然是第五种。因为前四种类型有一个共同点:它们自身是一致的,国民具有预测可能性,这具备了法治的形式特征。而最后一种类型导致国民没有预测可能性:同样的行为有的人可以做,有的人不可以做;昨天可以做,今天也许不可以做;甲地可以做,乙地也许不可以做。这种没有预测可能性的法律制度,背离了法治与罪刑法定原则的核心价值与实质要求。

正是由于预测可能性是自由的前提,所以,学者们提出的法治原则实

---

① 转引自〔英〕彼得·斯坦、约翰·香德:《西方社会的法律价值》,王献平译,中国人民公安大学出版社1990年版,第174页。

际上都是保证国民具有预测可能性的原则。例如,富勒提出的法治的八项原则是:法的一般性原则,法的公开性原则,法不溯及既往原则,法的明确性原则,法的一致性原则,法的可行性原则,法的稳定性原则,官方行动与法的一致性原则。我们不难发现,其中任何一个原则,都建立在预测可能性的原理之上。法的一般性原则表明法是针对所有人的,因而具有普遍作用。如果法不具有一般性,只是针对部分人,甚至等于命令,那么,其他人就不可能预测自己的行为。法公布于众时,国民才能了解法律,才能根据法律预测自己行为的性质与后果。法不溯及既往,也是因为溯及既往的法,导致国民没有预测可能性,使他们认为,在行为时合法的行为,也可能在事后被宣布为非法,故在行为时也不敢实施合法的行为。法具有明确性时,国民才能理解,进而根据法律指导自己的行为。如果法自相矛盾或者前后不一致,国民就无所适从,就不知道应当遵守其中的哪些规定,因而没有预测可能性。如果法的处罚范围不合理,就必然丧失可行性,导致选择性执法,进而侵犯国民的预测可能性。法如果不稳定,朝令夕改、频繁增删,国民也同样会丧失预测可能性。如果官方行动可以与法不一致,而国民就不明确是应当依法行事,还是依官方行动行事。

菲尼斯提出的八项原则是:法律规则可预见、不得溯及既往,法律规则应是可以遵守的,法律规则应公布,法律规则应明确,法律规则应互相一致,法律规则应稳定,在特定情况下的特殊规则应受公布的、明确的、稳定的和较为一般规则的指导,官方制定和执行规则者自己应遵守规则并应在执法中始终贯彻法律精神。显然,这些都旨在说明,法必须使国民对自己行为的性质与后果具有预测可能性。

我国有学者提出了法治的十大规诫:有普遍的法律,法律为公众知晓,法律可预期,法律明确,法律无内在矛盾,法律可循,法律稳定,法律高于政府,司法权威,司法公正。这位学者在解释法律可预期时指出:"规则之存在须在时间上先于按规则审判的行为。'法无明文不罚'。无人能遵循溯及既往的法律,因其行为时该项法律并不存在。所以,既不能制定也不能适用溯及既往的法律。"从这里可以看出,作为法治的十大规诫之一的法律可预期实际上是指法律不得溯及既往。接着这位学者又指出:

"可预期性是支撑法治价值的一个较为关键的要素。从某种意义上讲,本书所述法治的其他规诫都是为了保证可预期性或为可预期性所要求的。"①显然,作者所说的支撑法治价值的一个较为关键的要素,已经不是指法不得溯及既往了,而是指作为自由前提的预测可能性。

  关于法治的表述形形色色、林林总总,但人们强调最多的或者说法治的核心价值仍然是限制国家机关的权力、保障国民的自由。英国学者哈耶克指出:"撇开所有的技术细节,法治的意思就是指政府在一切行动中都受到事前规定并宣布的规则的约束——这种规则使得一个人有可能十分肯定地预见到当局在某一情况中会怎样使用它的强制权力,和根据对此的了解计划他自己的个人事务。"②在哈耶克看来,立法者并不知道他所制定的抽象规则将适用的特定案件,加上法律会平等地适用于所有人(包括立法者),故立法不会禁止人们合理希望做的事情,即一般规则不会对自由构成严苛的限制,相反是自由得以存在的必要条件。因为一方面,对一般规则的服从并不是在服从其他人的意志,因而是自由的;另一方面,政府的一切行为都受法律的约束,法官在按照既定的规则体系和案件的特定事实得出结论时也无可选择,故每个人的自由不会受到国家权力的恣意侵犯;这便是法治。③ 罗尔斯也认为法治与自由密切联系,如果法律规定是公正的,就建立了一种合法期待的基础,人们便可以相互信赖,人们的自由权的界线便可靠。罗尔斯提出的法治原则是:法律的可行性、类似的案件类似地处理、罪刑法定、规定自然正义的准则。如果法律命令人们履行没有能力履行的义务,人们就没有自由可言;如果类似案件得不到类似处理,人们会时刻担心自己的行为是否会受到法律制裁;如果刑法没有明确规定犯罪与刑罚,刑法可以溯及既往,国民的自由权的界线就是不确定的。有些刑罚制裁安排是必要的,但证明这些制裁的正当性

---

  ① 夏勇:《法治是什么——渊源、规诫与价值》,载《中国社会科学》1999年第4期,第129页。
  ② 〔英〕弗雷德里希·奥古斯特·冯·哈耶克:《通往奴役之路》,王明毅、冯兴元等译,中国社会科学出版社1997年版,第73页。
  ③ 参见〔英〕弗里德利希·冯·哈耶克:《自由秩序原理》(上),邓正来译,生活·读书·新知三联书店1997年版,第190—193页。

的原则也只能从自由权原则引申出来,限制自由权的论据来自自由权原则本身,即只有出于保护和扩大自由才能不得已限制部分自由。① 现代英国法治发端于限制国家权力、保障个人自由。从德国法治国概念的产生来看,几乎所有学者在提出法治国概念时,都强调使用法律作为拘束国家权力、保障国民自由的工具。②

总而言之,"'法治国'的主要目标就是要保护公民个人的自由不受国家权力的侵害。……从法治国的角度来看,所有对个人私人领域的国家干预都应当被视为例外,'而且在原则上确是有限的、适度的、并普遍受调整的例外'。因此,国家干预就成了必须证明其合理性的反常行为。……自由的'法治国'是一种'合法的'国家,也就是说,对个人自由领域的合法的干预只能是根据法律进行的干预:'只有当所有的行政机关——特别是警察机关——受制于法律规定的条件和程序,并且,只能根据法律才得对个人自由领域进行干预的时候,一个国家才可以称为法治国。'"③ 不难看出,作为罪刑法定原则的思想基础的尊重人权主义,以保障国民自由为出发点,体现了法治的核心价值。

三、罪刑法定的形式侧面与形式法治

(一) 形式侧面的意义

现代的大陆法系国家学者一直将罪刑法定主义视为刑法的根本原则,起初将罪刑法定主义的派生内容概括为四个方面:第一是成文法主义或法律主义、第二是禁止事后法(禁止溯及既往)、第三是禁止类推解释、第四是禁止不定刑与绝对不定期刑。④ 而这四个方面正是罪刑法定原则

---

① 参见〔美〕约翰·罗尔斯:《正义论》,谢延光译,上海译文出版社1991年版,第256—266页。
② 参见陈新民:《德国十九世纪"法治国"概念的起源》,载台湾《政大法学评论》第55期(1996年),第68页。
③ 〔美〕埃尔斯特、〔挪〕斯莱格斯塔德编:《宪政与民主》,潘勤、谢鹏程译,生活·读书·新知三联书店1997年版,第120—121页。
④ 参见〔日〕大塚仁:《刑法概说(总论)》,有斐阁1997年第3版,第56页。

的形式侧面。

形式侧面源于三权分立与心理强制说两个思想渊源,这两个思想渊源基本上主张议会至上。虽然"在一个自由的国家里,每个人都被认为具有自由的精神,都应该由自己来统治自由,所以立法权应该由人民集体享有。然而这在大国是不可能的,在小国也有许多不便,因此人民必须通过他们的代表来做一切他们自己所不能做的事情"①。也正因为如此,议会主权、议会至上得以推崇。于是,人们信任立法权,只是不信任司法权与行政权。又由于三权分立以及罪刑由司法权管辖,故罪刑法定原则起先所提出的原则均为形式的侧面,旨在限制司法权。即只要法院严格执行议会制定的法律,人们的自由就有了保障。这正是形式法治的观点。

形式法治实现的是形式正义。"这种由法律和体制进行的公正而始终如一的管理,不管它们的真正原则是什么,我们都可以称之为形式正义。如果我们认为正义就是始终表明一种平等,那么形式正义就要求法律和体制在进行管理时应当平等地(就是说以同样方式)适用于属于它们所规定的各个阶级的人。"②形式法治重在使一切人尤其是国家机关的行为具有议会制定的法律根据;国家机关侵犯国民的自由与利益时,只要具有法律根据,就符合了形式法治的要求。③ 罪刑法定原则的形式侧面的法律主义,要求司法机关只能以法律为根据定罪量刑,而不能以习惯等为理由定罪判刑,以及法官不得溯及既往、不得类推解释法律、不得宣告不定期刑等,都是为了限制司法权力,保障国民自由不受司法权力的侵害。所以,罪刑法定原则的形式侧面,完全体现了形式法治的要求。

形式侧面并未过时,相反仍显重要;而罪刑法定原则的思想渊源不再具有现实意义,故现在支撑形式侧面的思想基础是尊重人权主义与民主主义:要使国民对自己的行为具有预测可能性,必须由代表人民的立法机关事先颁布明文规定的法律,而且不得对法律作类推解释。

---

① 〔法〕孟德斯鸠:《论法的精神》上册,张雁深译,商务印书馆1961年版,第158页。
② 〔美〕约翰·罗尔斯:《正义论》,谢延光译,上海译文出版社1991年版,第64页。
③ 〔英〕弗里德利希·冯·哈耶克:《自由秩序原理》(上),邓正来译,生活·读书·新知三联书店1997年版,第215页。

(二)法律主义

根据大陆法系国家刑法理论的主张,罪刑法定主义所要求的法律主义(或成文法主义),是指规定犯罪与刑罚的法律必须是成文的法律;法官只能根据成文法律定罪量刑。其具体要求是:规定犯罪与刑罚的法律只能是立法机关制定的法律,故行政规章不能制定刑法;规定犯罪与刑罚的法律必须是由本国通用的文字表述的;习惯法不得作为刑法的渊源;判例法也不得作为刑法的渊源。这四点密切联系,易于理解,但也存在疑问。

1. 行政规章能否制定罚则?

不少国家的宪法规定,当法律委任行政规章制定罚则时,行政规章可以在其范围内制定罚则。如《日本宪法》第73条规定:"除有法律特别委任的场合以外,政令不得设立罚则。"这里的"罚则"仅指刑罚罚则。由于有法律的特别委任,故西方刑法理论仍然认为这种做法没有违反罪刑法定原则,因为国会委任政令制定罚则,表明该罚则的内容受到了国会的控制,使该罚则实际上成为国会意志的体现,因而也被认为是国民意志的体现。但是,如果这种委任过于宽泛、抽象,则很难说政令中的罚则体现了国会意志。根据我国宪法及有关法律规定,行政机关所制定的行政法规中,不能设立刑法规范;与此同时,我国立法机关也没有委任行政机关制定刑法规范;那些类似行政刑法规范的规定,也只能理解为:行政执法机关遇到行政犯罪时,必须交由司法机关处理。在这一点上,我国严格遵循了罪刑法定原则的的要求。中国目前无论如何也不能采取日本等国的上述做法,否则不仅没有罪刑法定,而且没有法治可言。

虽然在中国不存在政令制定罚则的现象,但和其他国家刑法一样,中国刑法也存在为数众多的空白刑罚规范。[①] 空白刑罚规范一般以行政法

[①] 空白刑罚规范,也称空白刑法或白地刑法,是指刑法通常只规定了罪名与法定刑,而构成要件中的禁止内容的一部或者全部委任给行政法规;因此,刑法条文中往往有"违反……法规"的表述,其中的"法规"被称为补充规范。

规作为补充规范①,导致行政法规成为认定行政犯罪时必须参照的法规,即认定行政犯罪时首先要以行政法规为依据(第一层次的法依据)。从事实上看,如果得出空白刑法规范违反罪刑法定原则的结论,那么必然出现以下局面:要么对行政犯罪无法作出规定,结局只能是放任行政犯罪;要么将行政法规的内容全部搬入刑法,而行政法规为了实现行政的合目的性频繁制定并不断修改,这样会造成立法机关被行政机关"牵着鼻子走"的现象,也会损害刑法本身的安定性。但这一悖论还不能直接表明空白刑法规范符合罪刑法定原则,因而需要进一步说明。首先,根据《宪法》第89条规定,国务院有权"根据宪法和法律,规定行政措施,制定行政法规,发布决定和命令"。一方面,制定行政法规等是宪法赋予国务院的职权;另一方面,国务院制定的行政法规是以宪法和法律为根据的,因此,它与立法机关的法律在内容上必须保持一致,否则无效。其次,哪些行政法规能够成为刑法规范的补充规范,是由立法机关明文规定的,即只有当刑法规范明文规定"违反……法规"时,这种法规的相关内容才能补充空白构成要件。在此情形下,行政法规与刑法规范的效力虽然并不相同,但行政法规的相关内容实际上被立法机关纳入到刑法规范之内。从形式上而言,行政法规是认定行政犯罪的第一个层次的法依据,但它之所以能够成为第一个层次的法依据,是由于法律的规定,故没有违反罪刑法定原则的民主主义思想基础。最后,我国的空白刑法规范并没有像西方一些国家的刑法那样,直接肯定违反行政法规的行为构成犯罪,而是在此基础上作了更为严格的条件限制。因此,违反行政法规的行为中哪些行为构成犯罪以及如何追究刑事责任,均由立法机关决定,而非由行政机关决定。因此,行政机关的权力受到了限制,易言之,行政机关没有规定犯罪与刑罚

---

① 之所以说空白刑罚规范"一般"以行政法规作为补充规范,是因为我国存在空白刑罚规范以立法机关制定的其他法律和决定为补充规范的现象。详言之,刑法分则的不少条文将"违反国家规定"作为构成要件的内容,根据《刑法》第96条的规定,"违反国家规定,是指违反全国人民代表大会及其常务委员会制定的法律和决定,国务院制定的行政法规、规定的行政措施、发布的决定和命令"。显然,在空白刑罚规范以立法机关制定的法律和决定为补充规范时,不存在违反法律主义的问题,故不需要讨论。

的权力。这也说明在刑法中设置空白刑法规范没有违反罪刑法定原则。①

2. 习惯法能否成为刑法的渊源?

本来,在一定范围内,习惯法最能体现民意,似乎最符合罪刑法定原则的民主主义思想的要求。如果罪刑法定主义的思想基础只是民主主义,习惯法或许能够成为刑法的渊源。然而,在我们这样的泱泱大国,几乎不存在体现全体民意的习惯法。更为重要的是,根据预测可能性的原理,必须排斥习惯法。"习惯法是在没有文化的人的社会里形成的,这些人不能用抽象的观念来想象,只能用看得见的记号所表示的概念来思考。"②习惯法形成于社会生活简单、价值单一的时代,在社会复杂化、价值多元化的时代,习惯法作为刑法的法源已不可能;习惯通常缺乏明确表达,人们难以据此预测自己的行为性质与后果;习惯法通常适用于狭窄限定的各类人和关系范畴而不是极其普遍的各阶级,因此不具一般性;习惯法也不可能被归纳为一套规则,使之法典化则意味着令其面目全非。最为关键的是,习惯法的上述特点,决定了它难以起到限制司法权力的作用。

哈耶克虽然强调习惯法要比成文法系统来得优越一些,这不仅因为普通法的进化论特点十分符合哈耶克的自发秩序学说,普通法是非人为设计的规则体系,与哈耶克的认识论学说高度相符,还因为哈耶克看到了立法带来的危险。③ 但事实上,有一段时间他喜欢成文法更甚于习惯法。他说:"在判例法系统与法治思想之间存在一种内在的冲突。既然在判例法之下法官需要经常不断地创造法律,因而规定法官只能应用先在规则的那条原则在这一系统之中就很难完美地实现,就此点而言,人工编纂的法律与习惯法比较起来情况还要好些。人们都对习惯法所具有的灵活性倍加赞赏。虽然在人同此心的情况下,习惯法所具有的这种灵活性对法

---

① 参见张明楷:《行政刑法辨析》,载《中国社会科学》1995 年第 3 期,第 107 页。
② 〔法〕瑟诺博斯:《法国史》上册,沈炼之译,商务印书馆 1972 年版,第 234—235 页。
③ 参见〔德〕格尔哈雷·帕普克主编:《知识、自由与秩序》,黄冰源等译,中国社会科学出版社 2001 年版,第 158—159 页。

治的兴起也许确曾起过有利的作用,但是一旦那唯一能使自由保持勃勃生气的警惕性松懈了,习惯法恐怕也就很难抵御法治的衰颓。"①

尽管还有其他一些法学家在一般意义上提倡习惯法,但几乎没有人赞赏习惯刑法。"刑法比其他法的领域更需要法的安定性,因为只有成文法才能保证法的安定性,故此每部现代刑法典都将刑法完全浇铸为成文法的形式。"②事实上,不管是大陆法系国家还是英美法系国家,制定法的数量都是越来越多。

3. 判例能否、应否成为刑法的渊源?

法治在刑法领域表现为罪刑法定原则。一个没有实行罪刑法定原则的国家,不可能是法治国家。因为法治的任何含义、价值,都可以在罪刑法定原则的思想基础、具体内容中找到表现形式。罪刑法定原则,要求司法机关只能根据已经公布的刑法定罪量刑。但是,在同样被称为"法治国"的国家,理论上与实践上对其中的"刑法"理解不同、要求不同。

英国学者指出:"的确,在刑法中,法治意味着在法律面前平等的观念和警察权力范围应严格限定的观念的结合。这种意义上的法治用源于 19 世纪自由主义的格言来表达,就是'法无明文规定不为罪'。杰罗姆·霍尔教授指出,这句格言至少包含四个观念:第一,它意味着犯罪的种类应该由或多或少固定化了的一般规则来确定;第二,它意味着除犯有属于这些一般规则规定的罪行外,任何人都不应受到惩罚;或者,正如戴雪精当的分析那样(如果他所说的被看做仅与刑法有关,然而事实上却不是):'非经通常法院以通常的法律方式确定其为明显的违法,任何人都不应受惩罚……'第三,它可能意味着应该对刑事法规进行严格解释,从而使法规未包括的行为不致被确定为犯罪;第四,它还意味着刑法绝不溯及既往。"③可见,英美法系国家的罪刑法定主义所要求的是由"或多或少

---

① 转引自〔美〕霍伊:《自由主义政治哲学》,刘锋译,生活·读书·新知三联书店 1992 年版,第 141 页。
② 〔德〕古斯塔夫·拉德布鲁赫:《法律智慧警句集》,舒国滢译,中国法制出版社 2001 年版,第 38 页。
③ 〔英〕W. I. 詹宁斯:《法与宪法》,龚祥瑞、侯健译,生活·读书·新知三联书店 1997 年版,第 36 页。

固定化了的一般规则"来规定犯罪与刑罚;事实上,"英国的普通法从未在法律只是立法者所颁布的成文规则的意义上接受过'法无明文不为罪'这一原则,而始终是在法律是那些一经形诸于文字便会得到普遍认可的规则的意义上接受这一原则的"①。最典型的表现是,判例法也是确定犯罪种类的一般规则;在某种危害行为应当以犯罪论处,而又没有先例作为依据时,法官便可以创制新罪名。

近现代的大陆法系国家学者一直将罪刑法定主义视为刑法的根本原则,并且始终将成文法主义或法律主义视为罪刑法定主义的第一原则,故反对将判例、判决理由与结论作为定罪量刑的法源。易言之,判例"法"是不存在的,法官也不可能创制新罪名。虽然大陆法系国家也有被称为判例的东西,它们甚至对下级法院的判决也具有指导作用,但它们只是作为对成文刑法的解释例而适用的,而不是刑法的渊源,任何法院都不能根据任何法院以往的判决定罪量刑。②

尽管英美法的重要特点是采取判例主义,将判例作为法源,刑法包括判例法,但没有人认为英、美不是法治国家;大陆法系国家的学者并不指责英、美国家的做法违反罪刑法定原则。大陆法系的重要特点是采取法典主义,仅将成文法作为法源,刑法不包括判例,而作为其代表的德国、法国、日本等国也是法治国家;但大陆法系国家的学者也没有轻易地主张在成文刑法之外承认判例的法源性。如果英、美国家在判例法之外制定成文刑法,我想没有人认为它们违反罪刑法定原则。那么,如果大陆法系国家将判例作为法源,法官可以创制新罪名,人们会认为它们实行了罪刑法定原则吗?中国创建刑事判例法是否符合罪刑法定原则呢?是否有悖法治的要求呢?要解释上述现象,进而回答中国应否建立判例法制度,必须从法治与罪刑法定主义的实质内涵入手。

如前所述,法治的核心价值仍然是限制国家机关的权力、保障国民的自由。罪刑法定原则的思想基础之一是尊重人权主义;而要尊重人权,就

---

① 〔英〕弗里德利希·冯·哈耶克:《法律、立法与自由》第一卷,邓正来等译,中国大百科全书出版社 2000 年版,第 182 页。
② 参见〔日〕望月礼二郎:《英美法》,青林书院新社 1981 年版,第 89 页。

必须使国民对自己行为的法律性质与后果具有预测可能性。但是,即使在国民具有预测可能性的情况下,如果司法机关滥用权力,也会侵犯公民自由。因此,国民的自由一方面取决于预测可能性,另一方面也取决于国家机关的权力受到法律的限制。

大陆法系国家的做法是,事先由立法机关颁布成文的刑法,然后由司法机关执行。一方面,司法机关只能根据刑法定罪量刑,这便限制了司法权力;另一方面,国民可以根据成文刑法预测自己行为的性质与后果,从而在法律禁止之外享有充分的自由。这是因为,"人们一般认为,在所有的法律规则都以成文方式或法典的方式加以制定而且法官也只限于适用已成为成文法的规则的那种系统中,法律会具有更大的确定性(certainty)。除此之外,整个法典化运动也始终都是受这样一个信念所指导的,即把法律编纂成法典可以增进司法判决的可预见性(predictability)"①。从常理来看,这种思路是有道理的。但问题主要出在两个方面:一方面,刑法既要有确定性、可预测性,又要有灵活性、具体的妥当性与发展性。可是,"必须记住,无论一项法律什么时候被提出来考虑,人们都没有预见到在实际生活中可能出现的多种多样的情况。即使人们有这种预见能力,也不可能用没有任何歧义的措词来把这些情况都包括进去"②。"因此从法律的定义本身来看,它是难以满足一个处在永久运动中的社会的所有新的需要的。"③这便导致成文刑法缺乏灵活性、发展性、具体的妥当性。法官在某种情况下,可能为了追求成文刑法的具体妥当性,而采取违背制定成文法初衷的措施。另一方面,成文刑法表面上由固定的文字表述,似乎具有确定性,但问题刚好出在"文字"上。任何用语,其核心意义虽然明确,但也会由核心意义向边缘扩展,使之外延模糊;绝大多数用语都具有多义性,某种用语在刑法中究竟是哪一种含义,也产生了灵活性;用语会随着社会发展产生新的含义。于是,产生了这样的问题:是只能采

---

① 〔英〕弗里德利希·冯·哈耶克:《法律、立法与自由》第一卷,邓正来等译,中国大百科全书出版社2000年版,第181页。
② 〔英〕丹宁:《法律的训诫》,杨百揆等译,群众出版社1985年版,第10页。
③ 〔法〕亨利·莱维·布津尔:《法律社会学》,许钧译,上海人民出版社1987年版,第63页。

用立法时的含义，还是可以采用适用时的含义？刑法规范具有普遍性，它从纷繁复杂的行为中抽象出犯罪行为，对性质相同的犯罪行为也只是抽象其一般共性，而不可能对每种具体的犯罪行为作详细描述，否则就混淆了刑法与命令的区别。因此，刑法必须以较少的条文，网罗极为复杂的犯罪，其结果便是使用一些概括性、抽象性的用语。用语的上述特点，给成文刑法留下了非常大的解释空间。法官可以在用语可能具有的含义内造法，但又声称自己没有造法；法官也可能在用语可能具有的含义之外造法，同样声称自己只是解释刑法。

可以肯定的是，在大陆法系国家，任何一个法院都可能不遵循其他法院作出的判决，而以自己的方式对成文法作出解释，也没有任何法院的判决能够以某个法院在以前的判例中曾如此判决而宣称自己合法。这样一来，所有的判决都要经受不断的批评过程，当环境发生变化时，某种新的解释是否合法可能会引起更多的争论。国民手里虽然只有一部刑法典，但他们可能看到这样的现象：同样的行为，此地的法院认定有罪，而彼地的法院宣告无罪；同样的行为，该法院以前宣告无罪，现在认定有罪，或者相反。因此，国民实际上仍然不知道什么是犯罪、什么不是犯罪。我们从这里刚好看到了成文刑法的确定性、预测可能性反而没有得到实现。另一方面，大陆法系国家的法官实际上完全可能在成文刑法的掩饰下，凭借自己的"良心"认为某种行为构成犯罪，然后想方设法解释刑法条文，使自己认为应当构成犯罪的行为包含在刑法规定之中。

法治国家必然依法限制国家机关的权力、保障国民的自由。英国没有坚持成文法主义，而是采取了判例法主义。这除了判例法产生的历史原因之外，还因为判例法能够满足国民的预测可能性与限制司法权力的要求。首先，判例法与遵循先例原则使国民具有预测可能性。"适用'判决拘束原则'时，每个人可以清楚法律的内容，可以达到自己行为合乎法律规范的效果；另一方面可以预测他人行为的标准是否符合法律规范，对确定法律内容及法律安定有很大助益。"[①]此外，在刑事诉讼中，律师可以

---

① 潘维大、刘文琦：《英美法导读》，法律出版社 2000 年版，第 64 页。

根据以前的判决内容,作出对当事人有利的防御步骤,从而保障被告人的权益。"用威廉·琼斯(William Jones)爵士的话来讲:'除非法院受先例之约束,否则不是律师的老百姓便不会知道如何行事,而在许多情况下,就是律师也无法知道如何提供咨询'。"① 其次,判例法与遵循先例原则限制了司法机关的权力,这主要表现在:"它对于那种容易产生偏袒和偏见的既软弱而又动摇不定的法官来讲,可以起到后盾的作用。通过迫使他遵循(作为一种规则)业已确立的先例,该原则减少了使他作出带有偏袒和偏见色彩的判决的诱惑。"②

但是,判例法主义确实也存在问题。首先,判例法至少在程序上违反民主主义原理。判例法意味着法官可以创制新罪名。但是,"在民主社会里,创制新罪名应该是立法机关的事"③。因为犯罪的范围与刑罚的轻重,关涉到全体人民的生命、身体、自由、财产、名誉,应当由人民自己决定。其次,正如边沁所说,判例法就是法官造法(judge-made law),而法官造法的方法,如同人驯犬一样,不是事先告诉人民什么是法,而是等待人民犯错,在犯错之后给予制裁。④ 判例法实际上是溯及既往的法律,它要求人民在行为时遵守行为时并不存在的判例法,损害了人民的预测可能性和刑法的保障机能。正因为如此,英国法院从1972年起便没有了创制新罪名的权力。在1972年的"克努勒股份有限公司诉检察长"一案中,上议院一致否决了法院创制新罪名的残留权力,也否决了法院扩大现有罪名以致把那些迄今还不受处罚的行为规定为应受处罚的犯罪行为方面所残留的权力。⑤ 再次,"当某个问题再一次发生且又需要审判的时候,一个左右法院审判的先例有可能被认为过时了。在前一次审判与后一次审

---

① 〔美〕E. 博登海默:《法理学:法律哲学与法律方法》,邓正来译,中国政法大学出版社1999年版,第540页。
② 同上书,第540—541页。
③ 〔英〕鲁珀特·克罗斯、菲利普·A. 琼斯:《英国刑法导论》,赵秉志等译,中国人民大学出版社1991年版,第11页。
④ 参见〔日〕望月礼二郎:《英美法》,青林书院新社1981年版,第102页。
⑤ See Richard Card, *Criminal Law*, London: Butterworths, 14th ed., 1998, p.16.

判的期间内,占支配地位的正义观念有可能发生显著的变化"①。如果仍然恪守遵循先例的原则,便会损害具体的妥当性;如果否弃先例,则因为溯及既往而有损预测可能性。

通过上述比较可以看出,"各个法律制度为了进行功能的选择,都有需要促进某种即便不相互冲突也彼此处于紧张状态的目的:可预见性与灵活性,稳定性与发展。传统上普通法中可预见性和稳定性由判例法所发展的法律规则和遵循先例原则所提供,而灵活性与发展则由衡平法原则和限制与区分先例的技术而获得。在大陆法传统的法典制度中,可预见性和稳定性由诸法典的'成文法'予以保证,而灵活性与发展则是由缓解僵硬规范的一般条款从内部保证,并由解释从外部保证,由于没有遵循先例的传统原则,其变通与发展就更为容易和适时"②。我们同时也看到,成文法主义与判例法主义各自存在利弊。这是否意味着在制定刑法典的同时,将某种判例作为刑法法渊,就可以克服各自的弊害呢?

近些年来,法学界有许多人士倡议将判例作为法源即确立判例法。如有人建议:要建立以成文法为主、以判例为辅的具有中国特色的法律体系。③ 有人指出:判例法是完备法制的重要途径,并提出了逐步推行判例法的具体建议。④ 就刑事法领域而言,旧刑法规定了类推制度,采用这一制度的重大理由在于:类推可以成为处理刑法遗漏的"犯罪"的一种手段;显然在这种情况下,完全没有必要将某种判例作为法源,只要通过法定程序进行类推即可。所以,在旧刑法时代,刑法学者很少提倡判例法制度。⑤ 新刑法规定了罪刑法定原则,取消了类推制度;但这并不意味着一部刑法典将应当作为犯罪处罚的一切行为都作了规定,因而仍然存在这样的问题:怎样认识和处理新出现的"犯罪行为"? 有的学者主张实行刑

---

① 〔美〕E.博登海默:《法理学:法律哲学与法律方法》,邓正来译,中国政法大学出版社1999年版,第541页。
② 〔美〕格伦顿、戈登、奥萨魁:《比较法律传统》,米健等译,中国政法大学出版社1993年版,第87页。
③ 参见武树臣:《论判例在我国法制建设中的地位》,载《法学》1986年第6期,第26页。
④ 参见崔敏:《"判例法"是完备法制的重要途径》,载《法学》1988年第8期,第12页。
⑤ 当然也有例外,参见游伟:《我国刑事判例制度初论》,载《法学研究》1994年第4期,第44页。

事判例制度来解决:"现在世界上实行罪刑法定的国家或地区,多数实行判例制度,即最高司法机关对新出现的法无明文规定的犯罪行为,通过对现行刑法条文的扩大解释或类推解释,制作判例,作为以后处理类似案件的根据。这种制度,既可以及时解决问题,又不违背罪刑法定原则,值得我国借鉴。"①显然,主张采取刑事判例法的学者,其观点的视角并不是判例法所具有的预测可能性与对司法权力的限制,而是对成文刑法的漏洞的补充。

在中国推行刑事判例法,意味着同时将成文刑法与刑事判例作为刑法法渊。但我们看不出这样会使成文刑法与刑事判例形成优势互补、弊害互克的格局。相反,在两种法源同时存在的情况下,成文刑法仍然可能被随意解释,判例法的非民主性、溯及既往等缺陷各自独立地存在,并且同时表现出来。因为,一方面,判例法充其量只能填补刑法的空白或漏洞,而不能弥补成文刑法的其他缺陷。另一方面,判例法本身所具有的非民主性与溯及既往的缺陷,无论如何也不能由共存的成文刑法来克服。诚然,在法院作出某个判决并将该判决公布之后,国民也知道了什么是犯罪,也具有预测可能性。但问题是,作为法源的判决即"初见案件"的判决,却使行为人在没有预测可能性的情况下受到刑罚处罚,已经侵犯了其自由。不知道有没有人会提出这样的建议:为了避免这种不合理现象,对"初见案件"中的行为人只是判处刑罚而不执行刑罚,从而使判决只是起到宣告某种行为是犯罪的作用。然而,其一,行为人在该案件作为犯罪嫌疑人、被告人受到刑事追究的过程,就是其自由受到限制的过程。其二,"初见案件"的行为人本应无罪,却被宣告有罪,即使不执行刑罚,也缺乏妥当性。其三,果真如此,法院实际上是公然立法,只不过立法的方式、法律表达方式不同而已。这彻底违反了民主主义原理,当然也违背了罪刑法定原则。

有人认为,不仅在无成文法时可以创制和适用判例法,而且在"现有

---

① 张文:《刑法学研究的几个热点问题》,载《法学研究》1997年第5期,第147页。

成文法不宜于社会生活时便创制和适用判例"。① 这意味着就同一对象,可以同时存在成文刑法的规定与判例法的原则,也意味着法官可以自由判断成文刑法是否"宜于社会生活",进而可以在事实上宣布成文刑法的部分条文作废或者修改成文刑法。这显然是一种令人不安的设想,也违背法治与罪刑法定主义精神。因为在所谓成文刑法不宜于社会生活的情况下,法官可以创制判例,于是成文刑法对司法权力的限制全部丧失;在国民因为成文刑法没有规定为犯罪而实施某种行为的情况下,法院可以创制判例认定该行为是犯罪,于是国民的预测可能性全部丧失。再者,判例法所要求的传统及其他条件,在我国也不具备。

那么,我们在固守成文法主义的同时,如何克服成文法的缺陷,从而真正实现罪刑法定原则,使刑法限制司法权力、保障国民自由呢?

如前所述,我们以往总是相信,只要立法机关制定了完备的成文法律,司法机关严格适用法律,就可以限制司法权力、保障国民自由。但事实却并非如此,因为作为文件的法律与在现实生活得以实现的法律还不完全等同。"杰思罗·布朗在一篇题名《法律与进化》的论文中告诉我们,一个制定法只有在法院解释(construe)之后才成为真正的法律。制定法只是'表面的'法律,而真正的法律,他说,除了在一个法院的判决中,不可能在任何其他地方发现。"②"格雷认为,法官所立的法甚至要比立法者所立的法更具有决定性和权威性,因为法规是由法院解释的,而且这种解释决定着法规的真实含义,其重要意义远比其文本意义要大。"③艾舍也指出:"规范并非借解释由原则中发现的,毋宁是借裁判的统合过程被创造出来的。只有判例法才能告诉我们,什么是真正的法。"④虽然这些说法几乎否认了成文刑法存在的可能性,但我们却可以从中得到启示。

---

① 武树臣:《走向东方,走向"混合法"》,载珠海市非凡律师事务所编:《判例在中国》,法律出版社1999年版,第2页。
② 〔美〕本杰明·卡多佐:《司法过程的性质》,苏力译,商务印书馆1998年版,第78页。
③ 〔美〕E.博登海默:《法理学:法律哲学与法律方法》,邓正来译,中国政法大学出版社1999年版,第554页。
④ 转引自〔德〕卡尔·拉伦茨:《法学方法论》,陈爱娥译,台湾五南图书出版公司1996年版,第21页。

国民的预测可能性并非仅仅取决于行为前是否存在明文的法律规定,而且取决于行为前法院对相同或类似的行为处理结论。因为法律需要"确证":一方面,立法机关制定的刑法是否会被司法机关执行需要确证;如果成文刑法得不到法院的适用,人们必然认为,成文刑法可能是摆设,违反刑法也可能不会受到制裁。另一方面,成文刑法的含义到底是什么也需要得到确证;如果不同的法院对相同的法条作出不同的解释,或者同一法院前后对相同的法条作出矛盾或不一致的解释,人们就不能预测法院会如何对待自己的行为。由此可见,事先所颁布的成文刑法只是对原则所做的一种极不完善的表述,而法院在其判决中对这些原则的严格遵循甚于用文字对它们的表达;国民对以成文刑法为依据的活生生的判决的解读,比单纯对成文刑法的解读更具有效性;经过司法判决确证后的法律,比没有经过司法确证的法律具有更高的权威性;法律经过司法判决的确证后,才会使国民更加确信法律,从而取得实质的预测可能性。在此意义上说,"法的构成来源便是法律与司法判决"[①];成文刑法本身只是"表面的"法律,经过了法院判决确证后的成文刑法,才是真正的法律。

　　由于成文刑法的局限性以及其他诸多众所周知的原因,我国的最高司法机关选择了充分进行司法解释以适用成文刑法的路径。然而,为此付出的代价却相当大甚至得不偿失:司法解释导致刑法文本的含义固定化、封闭化,难以使刑法适应不断变化的社会生活事实和具体案件的不同情形,容易过早地吞噬刑法的生命;司法解释的表述方式如同成文刑法(有时甚至是在改写刑法条文),人们仍然需要对之进行解释;司法解释也不可避免会出现解释不当的现象,在其具有法律效力的情况下,结局必然导致全国性的适用法律不当;由于司法解释来源于最高司法机关,下级司法机关的判决面临着上级司法机关的监督、审查,即使下级司法机关认为司法解释有错误也只能遵守,于是造成了司法解释的效力与权威高于成文刑法的不正常现象;下级司法机关成为适用司法解释的机器,而没有

---

① Otto Bahr 语,转引自陈新民:《德国十九世纪"法治国"概念的起源》,载《政大法学评论》第 55 期(1996 年),第 58 页。

任何能动性,司法人员的素质难以提高。尽管司法解释仍然越来越多,但这并不是一种正常的现象。另一方面,最高人民法院乃至高级人民法院基本上不开庭审理刑事案件,作批复、进行书面审理则较为普遍。然而,法院是审判机关,审判就得开庭。不开庭审判案件的机关不管怎样也不能叫做法院;只是写批复、作解释的人无论如何也不能称为法官。

现在,有力的观点认为,我国应当实行案例指导制度,即由最高人民法院从下级法院的判决中挑选、统一确定和发布指导性案例,指导下级法院审理相同的案件。① 但笔者认为,这种做法也只不过是一种变相的司法解释,或者说只是司法解释的另一种表述;前述司法解释所具有的缺陷,同样存在于所谓案例指导制度中。

基于上述事实与考虑,本书认为,如果我们的最高人民法院、高级人民法院不是仅写批复或作司法解释,也不是仅选编指导性案例,而是开庭审理案件,制作有充分理由的判决书,以其中的判决理由以及判决理由所形成的规则指导下级法院,那么,效果必然好得多。在此基础上,可以逐步形成上级法院的判决对下级法院判决的指导与约束作用。在肯定了上级法院判例的合理性的前提下,下级法院遇到相同或类似的刑事案件时,应当作出与上级法院判决相同或类似的判决。只有在社会形势、占支配地位的正义观念发生了显著变化,成文刑法作出修改的情况下,才允许以充分理由作出不同的判决。这样做,有利于确保对相同的案件作出相同的处理,对类似的案件作出类似的判决,从而限制司法权力,增强国民的预测可能性,真正实现罪刑法定原则。②

(三)禁止事后法

适用事后法(溯及既往),意味着国民必须遵守行为时根本不存在的"法律",这是至为荒唐的。而且,由于适用刑法的效果通常导致刑罚,而

---

① 参见胡云腾、于同志:《案例指导制度若干重大疑难争议问题研究》,载《法学研究》2008年第6期,第3页以下。
② 在上述情况下,上级法院的判例也只是对成文刑法的一种解释,其权威主要不在于判例本身,而由来于成文刑法;判例不是具有独立权威的法源,而是下级法院对于特定案件适用特定刑法条文的一个依据或基准。

刑罚是一种剥夺性的痛苦,故与其他部门法相比,刑法对事后法的禁止极为严格。"有人将刑法比喻为一根'带哨子的皮鞭':在打人之前,法律应当给一个'预先通知'。这就是'lex moneat priusquam feriat'(法律在作出惩罚之前应当作出警告——引者注)的规则。所以,刑法仅适用于其颁布之后的行为。"①

在古代制度中,法主要基于习惯,具有静态特征;即使颁布了新的法律,它们也只是习惯法的成文化。因此,法律溯及既往也无损于国民的预测可能性。只是到了18世纪,法律在时间上的冲突问题才以一个崭新的和决定性的意义而出现,它与国民基本权利的保护以及国民针对权力的法律安定性等相连。因此,后来关于法律溯及力的理论备受"既得利益"原则的启发,便不足为奇了。同样不足为奇的是,18世纪后期的不同宪法,均禁止立法者颁布具有溯及既往效力的法律。但这并不意味着禁止溯及既往的原则在1789年的法国大革命中已经占据主导地位了。相反,在革命白热化时期,有人认为革命的法重新建立了高品质的自然法,而自然法毋须尊重在旧法的阴影下所构成的过去事实或法律状况,因为这些旧法与自然法相偏离因而不是正当的。因此,在没有顾及这样的措施可能引起社会动乱的情况下,第二年4月17日的命令规定了关于死因继承的规定溯及既往。但可以肯定的是,1789年自由革命的结果,导致有必要强调受启发于法律不溯及既往保证观念的理论,所以1792年的《宪法》规定:"任何法律,刑事的或民事的,均不得有追溯效力。"由此看来,法律在时间上的承接问题,已经成为政治哲学与法哲学问题。②

禁止事后法原则源于法律的本质。法律首先是一种裁判规范,但人民透过裁判规范,可以认识其行为规范的一面。国民相信法律规范的真实性,并将其生活计划置于法律中,实施法律所允许实施的行为,不实施法律所禁止实施的行为;于是,法律规范起到了指引、促进或者决定人们

---

① 〔法〕卡斯东·斯特法尼等:《法国刑法总论精义》,罗结珍译,中国政法大学出版社1998年版,第158页。
② 马沙度:《法律及正当论题导论》,澳门大学法学院、澳门基金会1998年版,第173—174页。

行为的作用。显然,法律规范不可能在其付诸生效之前指引、指示人们的行为。如果法律规范溯及既往,人们对法律规范的正当期盼空落,会导致对法律规范失去信心,进而摧毁法的社会机能。所以,哈耶克指出:"可欲的做法应当是使一项新的规则在其实施以前就广为人知;而只有把一项仅在未来才会适用的新规则加以颁布,才能使它广为人知。如果需要对法律施行真正的变革,那么只有当新的法律在它被适用之前就广为人知的时候,它才可能确当地履行所有法律应予履行的适当功能,亦即指导人们预期的功能。"①

禁止事后法是保障国民自由的要求。因为国民总是根据现行有效的法律计划而作出自己的行为;在这种情况下,国民之所以是自由的,是因为现行有效的法律是可以预见的,人们完全可以在法律允许的范围内自由行事。国民绝不可能预见到立法机关在行为后会制定何种法律,故不可能根据行为后的法律安排现在的行为。如果现在的合法行为,会被将来的法律宣告为非法,进而给予制裁,国民就没有丝毫自由可言。"一个暴君可能会不预先通知就修改法律,并按照修改后的法律来惩治(假定这是一个恰当的字眼)他的臣民,因为他很乐于知道,从遵守他所给予的处罚看,他的臣民要用多少时间才能弄清这些新规章是什么样的规章。但是这些规章不是法制,因为它们不是通过为合法期望提供基础来组织社会行为的。"②换言之,允许依照事后法惩罚国民,是专制的一种表现。所以,"'不溯既往'原则,对保护个人的自由,也许是一项基本原则,正因为如此,它被写进了 1789 年的《人和公民的权利宣言》中。"③

禁止事后法,直接体现了法治原则。如前所述,不管是西方学者还是中国学者,他们所提出的各种法治原则中,几乎都包括了禁止事后法的原则。从事实上来看,没有一个法治国家允许事后法。美国也许是禁止刑法追溯既往最为彻底的国家,在 1789 年的著名判例"格尔德诉布尔案"

---

① 〔英〕弗里德利希·冯·哈耶克:《法律、立法与自由》第一卷,邓正来等译,中国大百科全书出版社 2000 年版,第 136 页。
② 〔美〕约翰·罗尔斯:《正义论》,谢延光译,上海译文出版社 1991 年版,第 260 页。
③ 〔法〕卡斯东·斯特法尼等:《法国刑法总论精义》,罗结珍译,中国政法大学出版社 1998 年版,第 156 页。

(Galder v. Bull)中,就已经宣布以下法例:"四种立法为违反宪法对'事后'之禁令:(1)将行为时无刑法禁止之行为科以刑罚的立法;(2)事后减少犯罪构成要件而增加行为之犯罪可能性之立法;(3)事后将刑度增高之立法;(4)改变刑事证据法则,而事后容许较少或较简单之证据作为判罪根据的立法。"①

需要讨论的是立法解释与司法解释的效力问题。这里存在许多情况:一是原来没有立法解释与司法解释,后来有了立法解释与司法解释;二是原来已有立法解释与司法解释,但后来立法解释与司法解释相应地出现了变更;三是原来已有司法解释,后来出现了更高效力的立法解释。对此,刑法理论上有人主张有效解释(正式解释)的效力与刑法的效力一样,都必须采取从旧兼从轻的原则,禁止不利于行为人的溯及既往,其理由大多是将有效解释当做了刑法的渊源。司法实践上也采取了这种态度。如最高人民法院、最高人民检察院 2001 年 12 月 17 日《关于适用刑事司法解释时间效力问题的规定》第 3 条指出:"对于新的司法解释实施前发生的行为,行为时已有相关司法解释,依照行为时的司法解释办理,但适用新的司法解释对犯罪嫌疑人、被告人有利的,适用新的司法解释。"其实,正式解释并不是刑法本身,既然是对刑法的解释(而且排除了类推解释),那么,对现行正式解释之前的行为,只要是在现行刑法施行之后实施的,就得按正式解释适用刑法。不能因为没有正式解释或者正式解释不当,而否认对行为人适用刑法。或者说,不能因为没有正式解释或者正式解释不当,而对刑法作不当的解释与适用。因此,正式解释不存在从旧兼从轻的问题。否则,会出现以错误地适用刑法为代价来肯定以往的解释错误的不可思议的现象。不仅如此,承认司法解释适用禁止溯及既往的原则,还会违背立法权与司法权相分离的法治原则。

具体来说,对于从无正式解释到有正式解释以及正式解释的变更产生的问题,可以分为三类情形予以解释:其一,行为时没有正式解释,审理

---

① 转引自陶龙生:《论罪刑法定原则》,载蔡墩铭主编:《刑法总则论文选辑》(上),台湾五南图书出版公司 1984 年版,第 125 页。

时具有正式解释的,应当适用正式解释。其二,旧的正式解释规定某种行为不构成犯罪,新的正式解释将该行为解释为犯罪。行为人在新的正式解释颁布之前根据旧的正式解释实施了该行为,但在新的正式解释颁布后才发现该行为的,可以认定为旧的正式解释导致行为人误解刑法,应根据法律认识错误的处理原则进行救济。即由于行为人不具有违法性认识的可能性,而排除其有责性,不以犯罪论处。其三,旧的正式解释将某种行为解释为犯罪,但新的正式解释规定该行为不构成犯罪。行为人在新的正式解释颁布之前实施该行为的,不应以犯罪论处。这并不意味着对正式解释采取了从旧兼从轻的原则,而是因为该行为并未违反刑法。

(四) 禁止类推解释

禁止类推解释,被公认为罪刑法定原则的一个内容。形式侧面的禁止类推解释,是禁止一切类推解释,即禁止法官创制任何新的法律规范。因为类推解释导致刑法的规定适用于相似的情况,"相似就是客观事物存在的相同与变异矛盾的统一"①,两种现象之间只要存在相同之处,人们就可以说它们是相似的。这样一来,任何行为都可能与刑法规定的行为相似,都有被科处刑罚的危险。

禁止类推解释既可以由民主主义解释,也可以由预测可能性解释。立法机关是通过文字表述其立法目的与法条含义的,因此,在解释刑法时,只能在立法文字可能具有的含义内进行解释;同时,由于刑法本身有自己的体系,故在确定文字含义时,应当在维持刑法整体含义的前提下进行解释。如果可以类推解释,则意味着立法机关通过文字表述其立法目的与法条含义成为泡影。

刑法通过其文字形成规范从而指引、指示人们的行为;或者说,国民通过刑法用语了解刑法禁止什么行为。在了解的过程中,国民当然会想到用语可能具有的含义;因此,在用语可能具有的含义内作出解释,就不会超出其预测可能性;如果将国民根据刑法用语所预想不到的事项解释

---

① 张光鉴等:《相似论》,江苏科学技术出版社1992年版,第4页。

为刑法用语所包含的事项,就超出了国民的预测可能性,从而导致国民实施原本不认为是犯罪的行为却受到了刑罚处罚。所以,类推解释的结论,必然导致国民不能预测自己的行为性质后果,要么造成行为的萎缩,要么造成国民在不能预见的情况下受刑罚处罚。

罪刑法定原则所禁止的类推解释,"超出了通过解释才可查明的刑法规范规定的内容",是"为制定新法律规范目的而类推"。① 禁止这种类推的要求,实际上包含在许多思想家、理论家所提出的法治原则之内。如前所述,罗尔斯提出了几项法治原则:一是法律的可行性;二是对类似案件以类似方法处理;三是法无明文不为罪的原则;四是那些规定自然正义观念的准则。他说:"无法律即不构成犯罪的准则及其所包含的规定,也来自法制思想。这个准则要求,法律应该是众所周知的,明确宣布的;法律的含义应有清楚的规定;法令的条文和意图都必须具有普遍性,而不能用作损害可能被明确指名(剥夺公权条例)的特定个人的一种手段;至少对比较严重的犯罪应有严格的解释;刑法的追溯效力不应不利于适用刑法的人。"②其中的"至少对比较严重的犯罪应有严格的解释",显然是排斥类推的。再如,拉兹提出的法治的第八个原则便是,不应该容许预防犯罪的机构利用自由裁量权而歪曲法律。这其中包含了禁止通过自由裁量创立新的刑法规范的类推适用。富勒提出的第八个法治原则是官方行为与法律的一致性,他特别指出:"法治的实质必然是:在对公民发生作用时(如将他投入监牢或宣布他主张有产权的证件无效),政府应忠实地运用曾宣布是应由公民遵守并决定其权利和义务的规则。如果法律不是这个意思,那么,就什么意思都没有。"③既然要求忠实地运用既定规则,就意味着不能对规则作超出公民预见可能的解释。所以,禁止创制新刑法规范性质的类推,实际上也是法治原则。

---

① 〔德〕汉斯·海因希里·耶赛克、托马斯·魏根特:《德国刑法教科书》,徐久生译,中国法制出版社2001年版,第166页。
② 〔美〕约翰·罗尔斯:《正义论》,谢延光译,上海译文出版社1991年版,第260页。
③ 转引自吕世伦主编:《现代西方法学流派》上卷,中国大百科全书出版社2000年版,第68页。

(五)禁止绝对不定(期)刑

作为法定刑,必须有特定的刑种与刑度。如果刑法对某种行为并没有规定刑罚,那么,根据"没有法定的刑罚就没有犯罪"(Nullum crimen sine poena legali)的原则,该行为便不是犯罪。同样,如果刑法只是规定对某种行为追究刑事责任,但没有规定特定的刑种与刑度,司法机关因为没有适用刑罚的标准,事实上也不可能追究刑事责任。所以,不同时代的刑法通常都对犯罪规定了特定的刑种与刑度。所不同的是,在一段时间内,西方一些国家的刑法(如1791年的《法国刑法典》)规定了绝对确定的法定刑,使法官没有裁量的余地。从表面上看,刑法规定绝对确定的法定刑,有利于保障人权。但事实上,任何一种具体的犯罪都可能有不同的违法程度与不同的责任程度,特别预防的必要性大小也不相同,而绝对确定的法定刑只能以该种犯罪的平均程度的罪行为根据予以确定,反而侵害了那些违法、责任程度相对轻微、特别预防必要性较小的部分犯罪人的权益。所以,现代各国的刑法都规定了相对确定的法定刑。由于刑法规定了相对确定的法定刑,法官不仅应当以相对确定刑为依据裁量刑罚,而且必须作出具体的裁量,即必须宣告具体的刑罚,而不能宣告不定期刑。相对确定的法定刑,一方面限制了法官自由裁量的权力,另一方面也有利于实现罪刑的均衡,因而符合法治的要求。

四、罪刑法定的实质侧面与实质法治

(一)实质侧面的意义

实质的侧面由来于作为罪刑法定原则思想基础的民主主义与尊重人权主义。因为刑法的内容应由人民决定,故立法机关不得制定违反人民意志的法律。正是在此意义上说,罪刑法定原则的内容无穷无尽,凡是违反民意的,也就是违反罪刑法定原则的。但在现实中,最容易违反人民意志的不外乎刑法的含混性、干涉性与残酷性。因此,罪刑法定原则的实质的侧面包括两个方面的内容:一是刑罚法规的明确性原则;二是刑罚法规内容的适正的原则。前者要求刑罚法规的内容不能含混，而必须具体、明确；后者要求刑罚法规只能将具有合理处罚根据的行为作为处罚对象，而且必须规定与犯罪的轻重相均衡的刑罚。所以，刑罚法规的内容的适正实际上包含两个方面的要求：其一是，禁止处罚不当罚的行为；其二是禁止残虐的、不均衡的刑罚。实质的侧面主要在于限制立法权，充满了对立法权的不信任。换言之，实质的侧面反对恶法亦法，这正是实质法治的观点。

实质法治不仅强调依法治理国家，管理社会，所有人都在法律之下，而且强调防止恶法，主张以实在法之外的标准衡量和检测法律，寻求法律的实质合理性。① 罪刑法定原则的实质侧面，正是为了寻求刑法的实质合理性。禁止处罚不当罚的行为，是为了防止立法者过度地侵害国民的自由；要求刑法的明确性，也是因为含混的刑法必然导致司法机关扩大处罚范围；禁止残虐的刑罚，是为了防止立法者过度地侵害犯罪人的自由；禁止不均衡的刑罚是为了实现公正、平等。总之，实质侧面都是为了使刑法成为尊重个人自由、实现社会公平、不仅限制司法权而且限制立法权的原则，易言之，是为了实现实质的法治。

问题是，能否从罪刑法定原则本身推导出实质的侧面？因为人们不能从罪刑法定原则中看出"法"不能是恶法，所以国外有人主张，罪刑法定原则、法益保护原则、罪刑均衡原则与责任主义只是一些具体原则，应当有一个更上位的原则。换言之，"没有法律就没有犯罪、没有法律就没有刑罚"中的"法律"是受实体的适正程序规制的法律，而"适正的法律"的判断标准不是出自罪刑法定原则本身，而是源于实体的适正程序的基本理念（尊重个人的自我决定权的思想）。② 但是，作为罪刑法定原则思想基础的民主主义与尊重人权主义，不仅揭示了罪刑法定原则的存在依据，而且显示了罪刑法定原则的具体内容，因而完全可以推导出罪刑法定原则的实质侧面。

---

① 参见高鸿钧：《现代西方法治的冲突与整合》，载高鸿钧主编：《清华法治论衡》第一辑，清华大学出版社2000年版，第29—30页。
② 参见〔日〕萩原滋：《实体的正当程序理论的研究》，成文堂1991年版，第272页。

（二）明确性

明确性"表示这样一种基本要求:规定犯罪的法律条文必须清楚明确,使人能确切了解违法行为的内容,准确地确定犯罪行为与非犯罪行为的范围,以保障该规范没有明文规定的行为不会成为该规范适用的对象"①。

将明确性作为罪刑法定原则实质的侧面,源于美国的"因不明确而无效的理论"。美国联邦最高法院于 1914 年认定"因不明确而无效的理论"是一个宪法问题。肯塔基州的反托拉斯法禁止以"实际价值"以上的价格从事贩卖,联邦最高法院宣布该条文不明确而无效。后来,联邦最高法院将这一理论适用于经济统制法规与社会立法领域。在 1921 年的"科恩·格劳斯公司案"（Cohen Grocery Co. Case）中,最高法院宣布联邦于第一次世界大战期间制定的价格统制法中的禁止以"不正当或者不合理的价格"从事交易的规定,因不明确而无效。20 世纪 20 年代还有其他不少判决相继宣布一些经济管制法条因不明确而无效。到了 20 世纪 30 年代,联邦最高法院将因不明确而无效的理论适用于规制市民自由特别是言论自由的法规领域。在 1931 年的"斯特拉姆伯格案"（Stromberg Case）中,联邦最高法院的判决指出,禁止悬挂、高举"作为反政府象征"的红旗的加利福尼亚的州法,导致处罚公正地行使自由的政治议论的权利的行为,属于不明确的规定,因而是无效的。在 1937 年的"海尔顿案"（Herndon Case）中,联邦法院以同样的理由,宣布佐治亚州处罚煽动叛乱的法规无效。1948 年的"温特斯案"（Winters Case）最为引人注目。纽约的旧刑法典规定,对于贩卖、持有"主要由犯罪的新闻、警察记录、犯罪行为的记事、流血、淫欲或者犯罪行为的绘画或故事组成"的文书等的行为,应当予以刑罚处罚。纽约州上诉法院针对上诉方提出的"该规定因不明确而无效"的主张,对上述条文限制解释为,该规定所处罚的只是大量收集这

---

① 〔意〕杜里奥·帕多瓦尼:《意大利刑法学原理》,陈忠林译,法律出版社 1998 年版,第 24 页。

方面的故事,以致成为诱发犯罪的媒介物的行为,进而宣布被告人有罪。但联邦最高法院仍以该规定不明确因而违反宪法为由,撤销了有罪判决。判决要旨指出,某个处罚规定的内容的含混、不明确,导致根据其文言及其解释,可能处罚明显属于受法律保障的言论自由的行为时,该规定便违反了第14条宪法修正案因而无效。制定表达自由的规定,就何种行为属于处罚对象未能予以公正地预告,而且该规定包含了禁止第1条宪法修正案所保护的表达自由时,便侵害了程序性的适正程序和被告人的言论、出版自由权利。而且,纽约州法院就该规定所提供的基准,只是表现在具体案件中才具有意义,因而并不具有基准的意义。根据该判决,明确性的理论具有以下机能:一是就什么是犯罪事前适正地告知国民,二是给法官适用法提供指针,三是向诉讼当事人的诉讼活动提供指针。经过这一判决后,因不明确而无效的理论被联邦法院牢固地确认,而且在理论上也得以确立和完成。①

因不明确而无效的理论,不仅在美国得到确认,在其他国家也得到了确认。在联邦德国,1952年的巴伐利亚州的宪法法院明确宣布,处罚违反"公共秩序"(Öffentliche Ordnung)的行为的法律不具有明确性而无效。此后,德国联邦法院于1969年5月14日明确表述了"必须使任何人都能够预测对何种行为规定了何种刑罚"的原则。② 日本的最高裁判所于1975年9月10日的判决指出:"之所以说因为刑罚法规所规定的犯罪构成要件含混、不明确而违反宪法第31条导致无效,是因为这种规定没有向具有通常判断能力的一般人明示被禁止的行为与非被禁止的行为的识别基准,因此,不具有向受适用的国民预先告知刑罚对象的行为的机能,而且这种规定导致由国家或者地方公共团体的机关主观的判断、恣意地适用等,因而产生重大的弊害。……因此,某种刑罚法规是否因为含混、不明确而违反宪法第31条导致无效,应当根据具有通常判断能力的一般

---

① 参见〔日〕芝原邦尔:《刑法的社会机能》,有斐阁1973年版,第157—158页。
② 参见〔日〕川端博等:《罪刑法定主义的问题状况》,载《现代刑事法》第3卷第11号(2001年),第10页。

人的理解,在具体场合能否判断某行为是否适用该法规为基准来决定。"①

将明确性视为罪刑法定原则的实质侧面之一,显然不是因为它起源于美国,而是因为明确性是限制国家权力、保障国民自由的基本要求。首先,不明确的刑法不具有预测可能性的功能,国民在行为前仍然不知道其行为的法律性质,这必然造成国民行动萎缩的后果,因而限制了国民的自由。正如罗尔斯所说:"如果由于一些法规的含糊不清而使无法律即不构成犯罪这一准则遭到了破坏,那么我们可以自由去做的事也同样是含糊不清的。我们的自由权的界线是不确定的。就这一点来说,自由权由于对它的实施的合理担心而受到了限制。"②而且随着社会的复杂化,法定犯(行政犯)越来越多,不明确的刑罚法规对国民预测可能性的损害便越来越严重。其次,不明确的刑法还为国家机关恣意侵犯国民的自由找到了形式上的法律根据,所以,不明确的刑法比没有刑法更容易侵犯国民自由,因而违反法治原则。在此意义上说,"无法无刑原则(Grundsatz nulla poena sine lege)的真正危险并非来自于类推,而是来自于不确定的刑法规定。"③正如弗莱纳所言:"那些对犯罪的定义模糊而不确定的刑法典,可以被当局用来给每一个批评者标上国家或宪法秩序的敌人的污名,并把他拘禁起来,因而这种刑法典是与法治背道而驰的,并将侵害法律的确定性和表达自由等人权。"④所以,不明确的法律是非正义的法律。⑤ 最后,"明确性要求的根据在于,只有当人民代表的法意志被清楚地规定于条文中,使得法官不可能作出主观擅断的判决,法之保留(der Gesetzvor-

---

① 日本《最高裁判所刑事判例集》第 29 卷第 8 号(1975 年),第 489 页。
② 〔美〕约翰·罗尔斯:《正义论》,谢延光译,上海译文出版社 1991 年版,第 261 页。
③ Welzel 之语,转引自〔德〕汉斯·海因希里·耶赛克、托马斯·魏根特:《德国刑法教科书》,徐久生译,中国法制出版社 2001 年版,第 169 页。
④ 〔瑞士〕托马斯·弗莱纳:《人权是什么?》,谢鹏程译,中国社会科学出版社 1999 年版,第 103 页。
⑤ 正因为不明确的刑法常常导致处罚不当罚的行为,所以,国外不少学者将处罚的合理性归入明确性;但明确性与处罚的合理性的含义并非完全重叠:不明确虽然通常导致处罚不当罚的行为,但也可能导致没有处罚应当处罚的行为。

behalt)方能发挥其效力"①。换言之,不明确的刑法意味着有意或者无意地抹杀民意。

法治的主张者们几乎无一例外地提出,明确性是一项法治原则。但可以肯定的是,任何部门法理论都没有像刑法理论那样强调法律的明确性,在此意义上说,罪刑法定主义的明确性要求,是对法治的明确性原则的最突出贡献。

(三) 禁止处罚不当罚的行为

犯罪构成要件的明确性,不意味着处罚范围的合理性。倘若刑法规定:"在家庭住宅以外的有三人以上的场所抽烟的,处一年以下有期徒刑。"我们便不能否认其明确性,但它并没有实现刑罚法规内容的适正性要求。禁止处罚不当罚的行为,是指刑罚法规只能将具有处罚根据或者说值得科处刑罚的行为规定为犯罪。犯罪与刑罚确实是由立法机关规定的,但是,这并不意味着立法机关可以随心所欲地确定犯罪的范围,相反,只能将具有科处刑罚根据的行为规定为犯罪。本来,立法机关将应当科处刑罚的行为不规定为犯罪也是不妥当的,但由于人们对立法机关的不信任导致所担心的是立法对自由的侵犯,再加上将应当科处刑罚的行为不规定为犯罪的情况比较罕见,所以,刑法理论通常强调的是禁止处罚不当罚的行为。

如前所述,明确性的要求在很大程度是为了防止处罚范围的不确定性与过度的广泛性,美国联邦法院在 20 世纪 20、30 年代作出的有关因不明确而无效的判决,实际上也暗含着禁止处罚不当罚的原则。但真正确立禁止处罚不当罚的原则的,是 1940 年的"索海尔案"(Thornhill Case)的判决。亚拉巴马州法规定,禁止劳动争议中的罢工纠察行为,违者处以刑罚。州法院根据这一规定,判决以和平方式进行罢工纠察的被告人有罪。但联邦最高法院的判决指出,和平的罢工纠察行为,应当作为言论自由予

---

① 〔德〕汉斯·海因希里·耶赛克、托马斯·魏根特:《德国刑法教科书》,徐久生译,中国法制出版社 2001 年版,第 169 页。

以保护；禁止一切罢工纠察行为的法律违反了适正程序；于是撤销了原审的有罪判决。到了20世纪60年代，"禁止过度的广泛性"的理论在判例上已经完全确立。①

谦抑性是刑法不同于其他法律的特质。刑法的谦抑性具有三个含义："第一是刑法的补充性。即使是有关市民安全的事项，也只有在其他手段如习惯的、道德的制裁即地域社会的非正式的控制或民事的规制不充分时，才能发动刑法。……第二是刑法的不完整性。如果像上面那样认为刑法具有补充的性质，那么，发动刑法的情况自然是不完整的。……第三是刑法的宽容性，或者可以说是自由尊重性。即使市民的安全受到侵犯，其他控制手段没有充分发挥效果，刑法也没有必要无遗漏地处罚。在现代社会，人不或多或少侵犯他人就不能生存下去，因此，各人在某种程度上必须相互忍耐他人的侵犯，如果对所有的侵犯行为都禁止，反而容易阻碍个人的自由活动。"②概言之，只有当其他手段不能充分抑制某种法益侵害行为时，才能适用刑法。

社会发展使得人们对于任何事项都可以通过规范进行调整与评价。但是，法律规范只是社会规范的一类，法律所处理的事项必然是社会中的少数，更大量的事项要靠其他规范来处理，其中伦理道德规范便处理了为数众多的事项。德国法学家耶利内克提出法是"伦理的最低限度"，而德国经济学家休谟尔则提出法是"伦理的最大限度"。前者着眼于法的内容，后者着眼于法的效力。社会伦理规范的内容相当广泛，其中包括了像"不得杀人"、"不得放火"、"不得偷窃"等一些为维持社会安全必不可少而必须强制推行的规范，这便是最低限度的伦理，有必要纳入法律之中，在法律制裁之下予以推行。所以，法是伦理的最低限度。伦理中不存在有形的制裁，伦理规范上升为法律规范时，便具备了法律制裁，这种上升为法律规范的伦理便最大限度地发挥着其有效性。在此意义上说，法是

---

① 参见〔日〕萩原滋：《实体的正当程序理论的研究》，成文堂1991年版，第55—62页。
② 〔日〕平野龙一：《现代刑法的机能》，载平野龙一编：《现代法11—现代法与刑罚》，岩波书店1965年版，第21—22页。

伦理的最大限度。① 这两句名言告诉人们,国家只能将部分有关重大事项的伦理道德规范即维护社会秩序所必不可少的规范上升为法律规范。英国哲学家密尔的"危害原理"认为,对于文明社会的成员,可以违反其意志对之正当行使权力的唯一目的,是防止对他人的危害;除了儿童与未开化的人以外,对于具有各种能力的成熟的成年人,不得为了他们自身的利益而进行家长式强制。② 一般认为,密尔所提倡的是个人危害原理,即采取强制手段是为了防止对他人的危害。不过,虽然"密尔再三强调,预防个人损害似乎是国家采取强制的唯一的正当理由。但是,他的眼光和用意绝不会仅仅只限于这些东西。他不会从其著作中删掉诸如偷税、走私、藐视法庭之类的犯罪行为,这些行为不一定会损害任何特定的个人,但它们削弱了社会制度,而这些社会制度的健全与否与我们有着利害关系"③。所以,密尔的主张包含有公众危害原理与个人危害原理两个方面。如果具体到刑法上来,他主张犯罪的本质是侵害法益,而不是违反伦理。当然,刑法与伦理并非没有关系,人们都意识到杀人、放火、盗窃在伦理上是恶的,如果离开了这种意识,刑法的处罚也没有效果。在此限度内,刑法与伦理是重合的,二者协同地发挥作用。但是,并不能据此认为,刑法的目的是实现伦理,不能说处罚杀人罪、放火罪、盗窃罪不是为了保护法益,而是为了实现社会伦理。因此,不能仅仅因为行为在伦理上是恶的,就直接将其作为犯罪处理。从事实上看,也不是所有的伦理秩序都由法律来调整和保护。

法治并不意味着一切琐细之事也由法律处理,更不意味着琐细之事由刑法处理。法律排斥过剩的、矛盾的和不适当的规定。现代社会越来越复杂,人际交往越来越频繁,如果人们的一举一动都由法律来制约,必然造成法律条文过剩、自相矛盾和不适当。就法律体系而言,国家有许许多多的部门法,一个部门法调整和保护一种社会关系;如果每一个部门法

---

① 参见〔日〕团藤重光:《法学的基础》,有斐阁1996年版,第21页。
② 参见〔英〕约翰·密尔:《论自由》,程崇华译,商务印书馆1959年版,第10页。
③ 〔英〕J.范伯格:《自由、权利和社会正义》,王守昌、戴栩译,贵州人民出版社1998年版,第33页。

都能充分地调整和保护某一方面的社会关系,刑法则没有存在的余地;反之,只有在部门法不能充分地保护某种社会关系时,才需要刑法。这既导致了刑法保护的社会关系的广泛性,也导致了刑法的补充性,使刑法成为其他法律的保障。因此,刑法不可能理会琐细之事。就刑法特征而言,刑法所规定的法律后果是同时具有积极作用与消极作用的刑罚,如果适用范围过宽,则不仅削弱刑罚的积极效果,而且有害于国家与国民。所以,能够不使用刑罚,而以其他手段也能达到保护法益的目的时,则务必放弃刑罚手段。况且,适用刑法的代价十分昂贵,对违法行为尽量适用其他法律,对国家有百利而无一害。

刑法虽然保护和扩大自由,但它又是通过限制自由的手段来保护和扩大自由的。如果仅从限制自由的手段来考虑,每一部法律都是一种罪恶,因为每一部法律都是对自由的践踏。刑法理会的事项过于宽泛的结果,必然是过大地限制国民的自由,会造成国民的激愤。刑罚的威慑力高于其他法律后果,国民希望重大的违法行为由刑罚来处罚,于是形成了刑罚的信用。但如果处处适用刑罚,就会降低刑罚的信用。国家要运用各种手段管理社会,国家的威信来源于处理各种事项的妥当性;而处理各种事项的妥当性既取决于目的正当性,也取决于手段的正当性。如果对各种事项不分轻重地动用刑法,就会损伤国家的威信。所以,控制刑法的处罚范围,不只是刑法理论问题,而且是刑事政策问题。

那么,如何确定刑罚处罚的标准呢?应当认为,具备下列条件的才能作为犯罪论处:第一,这种行为不管从哪个角度而言,对法益的侵犯性都非常严重,而且绝大多数人不能容忍,并主张以刑法进行规制;第二,适用其他制裁方法不足以抑制这种行为,不足以保护法益;第三,运用刑法处罚这种行为,不会导致禁止对社会有利的行为,不会使国民的自由受到不合理的限制;第四,对这种行为能够在刑法上进行客观的认定和公平的处理;第五,运用刑法处罚这种行为能够获得预防或抑制该行为的效果。①从较为具体的层面而言,以下几点特别值得注意:第一,对于国民行使宪

---

① 参见张明楷:《刑法的基础观念》,中国检察出版社1995年版,第145—148页。

法权利的行为,不要仅因违反程序规定便以犯罪论处;只有在不当行使权利的行为对法益的侵害非常严重和高度现实化时,才宜以犯罪论处,否则必然违反宪法精神。第二,对于没有具体的被害人的不法行为以及自己是被害人的行为,不能轻易确定为犯罪。第三,对于历史地形成的社会秩序范围内的行为,即使由于社会发展变迁使得该行为具有侵害法益的性质,也不宜轻易规定为犯罪。第四,对于极少发生的行为,即使危害程度较为严重,也没有必要规定为犯罪。因为法律是普遍适用的规范,故不得以极少发生之事为据制定法律。

但是,我们不能走向另一极端,以为刑法的处罚范围越窄越好。

盲目照搬西方国家的所谓"非犯罪化",并不具有合理性。国外刑法典规定的处罚范围相当广,特别是行政刑法的处罚范围几乎到了漫无边际的地步,故有实行"非犯罪化"的必要。在西方国家,行政刑法规定的犯罪类型已经远远超出了刑法典规定的犯罪类型,造成了司法机关大量适用行政刑法的局面。不少国家的法律所规定的"轻犯罪"在我国充其量只相当于违反《治安管理处罚法》的行为。英、美等国对交通、饮食、卫生、药品等方面规定的犯罪更是举不胜举。例如,在英国,"特别是近年来,通过立法产生了数百种由刑事法庭处理的违法行为,以致今天在英国有大至叛国小至违法停放汽车等不少于 3000 种公认的'犯罪'行为"①。在这种情况下,西方国家的刑法理论提出"非犯罪化"确有必要。其实,在西方国家,"非犯罪化"的思潮已成为历史事实,而不是永恒的主张,更不是立法现实。在刑事立法上,最先主张和实行"非犯罪化"的是英国,但这是在 20 世纪 50、60 年代进行的。到了 20 世纪 70 年代,英国由非犯罪化转向于犯罪化。如 1978 年的《盗窃罪法》增设了以欺诈方法获取劳动提供罪、以欺诈方法逃避义务罪、不支付费用逃走罪;1976 年的《恐怖行为防止法》增设了相关犯罪;进入 20 世纪 80 年代后,英国对青少年的处遇从保护主义转向刑罚主义。这些事实都表明,英国的非犯罪化已成为历史。非犯罪化的思想被介绍到大陆法系国家的刑法理论中,却没有

---

① 〔英〕G.D.詹姆斯:《法律原理》,关贵森等译,中国金融出版社 1990 年版,第 30 页。

反映在刑事立法上。再者,即使西方国家在一段时间内推行过非犯罪化,但也并不是将大批的犯罪行为转化为非犯罪行为,而只是将原来的个别无被害人的犯罪或者自己是被害人的犯罪实行非犯罪化。不仅如此,在实行所谓非犯罪化的同时,也在不断地实行犯罪化,即将原本不属犯罪的行为规定为犯罪。

根据中国的现实情况,《刑法》增加了许多新的犯罪。这种有限的犯罪化具有实质的合理性。首先,行为是否侵害法益以及侵害的程度,是随着社会的变化而变化的。由于形势的变化,当某种行为对法益的侵害性已经达到了值得科处刑罚的程度时,就需要将其规定为犯罪;反之,由于形势的变化,当某种行为对法益不再具有侵害性或者其程度明显轻较时,就需要将其非犯罪化。据此,犯罪化与非犯罪化都是以行为性质的变化为根据的,没有一个国家一直实行非犯罪化,也没有一个国家一直实行犯罪化。其次,新刑法与后来的刑法修正案虽然增加了许多犯罪,但是,一方面,所增加的犯罪都是严重侵害法益的行为;另一方面,由于立法经验不足,对许多犯罪没有类型化,而只是作了异常具体的规定;如果稍作类型化,许多新罪都可以合并为一种犯罪行为。① 最后,即使《刑法》以及后来的刑法修正案增加了一些犯罪,但也还有许多应当和值得科处刑罚的行为未能规定为犯罪,如公然猥亵罪、背信罪(背任罪)、强制罪、胁迫罪、使用伪造的文书罪等典型的刑事犯罪,在现行刑法中也未见诸条文。

(四) 禁止不均衡的、残虐的刑罚

禁止不均衡的刑罚当然是罪刑法定原则的重要内容。② 刑罚与犯罪相适应的朴素表现是以眼还眼、以牙还牙。但是这种表现不能被普遍化。"有许多犯罪绝不能容许这种的惩罚,否则就是荒谬和邪恶的。对窃贼不能以盗窃来惩罚;对诽谤者不能以诽谤来惩罚;对伪造者不能以伪造来惩

---

① 例如,刑法分则没有关于背信罪(背任罪)的类型化规定,却规定了诸多的特殊背信罪。
② 虽然我国《刑法》将罪刑相适应原则独立于罪刑法定原则之外,但后者事实上可以包含前者。

罚;对通奸者不能以通奸来惩罚。"①然而,一旦摆脱这一原则的朴素表现,我们就会遇到难题:惩罚带来的痛苦在某种程度上应当等于或者相当于犯罪的恶,但很遗憾,现在还没有也不可能有关于痛苦与罪恶的计量单位,犯罪的恶与某一种类或者某一等级的刑罚之间,还不能证明有数学上的必然联系,甚至连贝卡里亚所设想的"精确的、普遍的犯罪与刑罚的阶梯"②,都还不能实现。因此,刑罚与犯罪相适应,在目前"所要求的并不是某一犯罪和对这种犯罪的惩罚之间的那种完美适应的关系。而是对不同犯罪的惩罚应当在罚与罪的标度或标准上'相当'于相应的犯罪的恶或严重性。尽管我们不能说某种犯罪有多大的恶,但或许我们能说某种犯罪比另外一种犯罪更恶,而且我们应当以相应的惩罚标度来表明这种依次的关系"③。也就是说,在目前的认识能力与技术水平之下,我们只能要求严厉的刑罚分配给严重的犯罪,轻微的刑罚分配给轻微的犯罪,中等程度的刑罚分配给中等程度的犯罪,从而实现基本的公平与正义。

刑罚与犯罪相均衡,是适应人们朴素的公平正义意识的法律思想。公平正义感,深深地根植于人们的人格感之中。公平正义感意味着对相同的事项应相同对待,对不同的事项应不同对待。这也正是实质法治的要求。正如罗尔斯所说:"法治也包含这样的准则,即对类似的案件用类似的方法来处理。如果不遵守这个准则,人们就不能按照规章来管理自己的行动。"④同样,对相同的犯罪应科处相同的刑罚,对不同的犯罪应科处不同的刑罚。这便要求对不同的犯罪设定、科处与之相应的刑罚。"如果一项罪行与对之设定的刑罚之间存在着实质性的不一致,那么就会违背一般人的正义感。"⑤同样,一项判决与所判之罪之间存在实质性的不一致,也会违背一般人的正义感。因此,罪刑相均衡是公平正义的表现,

---

① 布莱克斯通语,转引自〔英〕哈特:《惩罚与责任》,王勇等译,华夏出版社1989年版,第154页。
② 〔意〕贝卡里亚:《论犯罪与刑罚》,黄风译,中国大百科全书出版社1993年版,第65页。
③ 〔英〕哈特:《惩罚与责任》,王勇等译,华夏出版社1989年版,第155页。
④ 〔美〕约翰·罗尔斯:《正义论》,谢延光译,上海译文出版社1991年版,第259页。
⑤ 〔美〕E.博登海默:《法理学:法律哲学与法律方法》,邓正来译,中国政法大学出版社1999年版,第287页。

体现了实质法治的要求。

要实现刑罚与犯罪的均衡,就必然反对残虐的刑罚。残虐的刑罚,是指以不必要的精神、肉体的痛苦为内容,在人道上被认为是残酷的刑罚。既然是不必要的和残酷的,那么,它相对于任何犯罪而言都必然是不均衡的。"刑罚的完善总是——不言而喻,这是指在同样有效的情况下——随着刑罚的宽大程度一起并进。因为不仅各种宽大的刑罚本身是较少的弊端,它们也以最符合人的尊严的方式引导着人离开犯罪行为。"[①]刑罚处罚程度由重到轻,是历史发展的进步表现与必然结果。中外的刑罚史都证明了这一点;刑法在法律体系中由全面保护各种利益的法律演变为其他法律的保障法,也说明严厉制裁的适用范围越来越小。因此,轻刑化是历史发展的必然趋势。

然而,这并不意味着应该或者可以超越时代实行轻刑化。使犯罪人受剥夺性痛苦是刑罚的惩罚性质与内在属性。恶有恶报、善有善报的朴素正义观念决定了没有痛苦内容的措施在任何时代都不可能成为刑罚。可是,人们衡量什么是剥夺性痛苦以及痛苦的程度如何,又是以一定社会条件下的一般价值观念为标准的。在某一社会条件下,人们认为具有剥夺性痛苦或痛苦程度强烈的某些措施,在另一社会条件下,则可能不被认为痛苦强烈,甚至不被认为是剥夺性痛苦;反之亦然。所以,一个国家不同历史时期的刑罚体系、刑罚以及各种犯罪的法定刑,都不是立法者随心所欲的创作,而是特定政治、经济、文化背景下的社会价值观念影响的产物,或者说它至少不能背离这种价值观念的基准。至于社会的一般价值观念,则取决于国情,尤其是一般人的物质、精神生活水平,一般人所享有的利益范围。随着社会向前发展,随着社会成员利益范围的扩大,原来不具有惩罚性质的一些措施,现在却可能成为刑罚;换言之,国家越发达,国民的物质、精神生活水平越高,可以用作刑罚的措施也就越多。倘若站在变化的历史长河中去考察刑罚的历史,我们就会发现,轻重不同的刑罚在

---

① 〔德〕威廉·冯·洪堡:《论国家的作用》,林荣远、冯兴元译,中国社会科学出版社1998年版,第144页。

不同的社会条件下所起的惩罚作用可能完全相同,或者说,在我们看来属于轻重不同的刑罚,在不同的社会条件下给人们造成的痛苦感受可能是相同的。同样,在某种社会条件被下认为必要的刑罚,在另一种社会条件下可能是多余的。

人们在思考我国刑罚的轻重时,往往只是与一些发达国家的刑罚进行比较。可是,我国与发达国家在经济上的差距,我国国民与发达国家国民在物质、精神生活水平以及价值观念上的差异常常被忽视了。而这种差距与差异恰恰决定了我国刑罚不可能像发达国家刑罚那样轻缓,因为发达国家的一些刑罚种类与执行方法,在我国还不具有作为刑罚的惩罚性。例如,有的国家将禁止周末出入酒店、娱乐场所作为刑罚方法;而我国现在肯定不可能照搬这种方法。"刑罚超过必要限度就是对犯罪人的残酷;刑罚达不到必要限度则是对未受到保护的公众的残酷,也是对已遭受的痛苦的浪费。"①由此看来,在我国,将刑罚当作摧残人、折磨人的报复手段固然是错误的,但离开社会一般价值观念,不切实际地照搬国外的而在国人看来又不具有痛苦性质的刑罚措施,必定是非正义的;规定这种刑罚的刑法也是非正义的。

在讨论禁止残虐的刑罚时,必然要讨论死刑。从总体上说,主张废除死刑与实际上废除死刑,是从西方开始的。但是,即使在西方国家,死刑是否属于不必要的残酷的刑罚,答案也是因时而异的。第二次世界大战后,欧洲各国相继废除了死刑,美国废除死刑的运动也高涨起来,这一运动至20世纪60年代达到了最高潮。美国联邦最高法院终于在1972年于"法曼案"判决中指出,既存的死刑制度违反合众国第8条宪法修正案关于禁止"残酷、异常的刑罚"的条款,应宣告无效。但该判决又解释说,比死刑本身的"残酷、异常"性质更为严重的是,既存制度下对是否科处死刑的判断,由于完全由陪审团或法官裁量,其适用是恣意的、有差别的,因而应认为是违宪的。该判决作出后,全美的死刑宣告数量大为减少,确

---

① 〔美〕戈尔丁:《法律哲学》,齐海滨译,生活·读书·新知三联书店1987年版,第151页。

定死刑后被拘禁的人数也锐减。然而,其后全美各地的恶性犯罪激增,于是要求保留死刑的舆论高涨,不仅一般国民如此要求,而且知识阶层、法律家等也如此要求。因此,很多州又推行恢复死刑的立法,只是力图排除恣意地、有差别地适用死刑。其中第一种类型是,对于一定的犯罪,只规定死刑是绝对的法定刑;第二种类型是,作为决定死刑基准的事由,由法律明文规定,且控制死刑裁量权。其后,美国联邦最高法院的判决指出,"法曼案"判决只是说对死刑的适用"完全由没有基准的(unguided)"裁量来决定的死刑制度是违反宪法的,并非一概否定裁量的余地;只是完全未留裁量余地的绝对法定的死刑,违反了合众国第8条宪法修正案的基本精神。①

死刑是否属于残虐的刑罚,还会因地而异、因人而异。废除死刑的国家一般会认为死刑是残虐的刑罚,保留死刑的国家通常会认为死刑不是残虐的刑罚;即使在废除死刑的国家,也会有许多人认为死刑不是残虐的刑罚,在保留死刑的国家也会有不少人认为死刑是残虐的刑罚。所以,很难认为,是否废除死刑与是否符合罪刑法定主义的思想基础具有密切关系,因而很难认为,是否废除死刑与是否坚持罪刑法定原则具有直接关系。所以,从罪刑法定原则出发主张废除死刑,也是一条不通之路。概言之,我们只能在其他方面寻找废除死刑的根据与理由。②

总之,刑罚既不能过于严厉,也不能过于轻缓;至于何谓"严厉"、何谓"轻缓",应以本国国情,本国人民群众的物质、精神生活水平以及社会的平均价值观念为标准进行衡量;而且我们应当牢记:刑罚是惩罚、是痛苦,否则它就不是犯罪的法律后果了。

---

① 参见〔日〕林幹人:《美国刑事法律的变迁与展望》,载《法学家》1988年第10号,第8页。
② 死刑的正当性根据何在,是需要另外探讨的问题。

五、形式侧面、实质侧面的统一与
形式法治、实质法治的互动

当代的罪刑法定主义理念,已经将形式侧面与实质侧面有机地结合起来,从而使形式侧面与实质侧面成为贯彻罪刑法定原则的统一要求。

仅有形式的侧面充其量只是实现了形式正义,而并不意味着实质正义。换言之,如果将罪刑法定原则的内容仅概括为形式的侧面,必然是存在缺陷的,最基本的表现为难以避免恶法亦法的现象,不能实现良法之治的要求。因为传统的形式侧面强调对刑法的绝对服从,只是限制了司法权,而没有限制立法权;如果不对立法权进行限制,就意味着容忍不正义的刑法。

哈耶克指出:"我们既不主张事实上得到社会成员遵守的所有正当行为规则都是法律,也不认为通常被称为法律的所有东西都是由正当行为规则组成的。"[①]在形式上被称为法的规则,并不一定是正义的,按照这种规则行事就不一定是合理的。如果在形式上被称为法的规则,剥夺国民的一切权利,禁止国民的一切自由,那么这种法一定是为专制主义服务的法,在现代社会绝不会具有合理性。"如果一项法律赋予政府以按其意志行事的无限权力,那么在这个意义上讲,政府的所有行动在形式上就都是合法的,但是这一定不是法治原则下的合法。因此,法治的含义也不止于宪政,因为它还要求所有的法律符合一定的原则。……法治(the rule of law)因此不是一种关注法律是什么的规则(a rule of the law),而是一种关注法律应当是什么的规则,亦即一种'元法律原则'(a meta-legal doctrine,亦可转译为'超法律原则')或一种政治理想。"[②]不仅如此,以法的形式所推行的专制或者说在法的名义上推行的暴政,由于法的普遍性而导致一

---

① 〔英〕弗里德利希·冯·哈耶克:《法律、立法与自由》第二、三卷,邓正来等译,中国大百科全书出版社 2000 年版,第 53 页。

② 〔英〕弗里德利希·冯·哈耶克:《自由秩序原理》(上),邓正来译,生活·读书·知新三联书店 1997 年版,第 260—261 页。

般人的利益受侵害的范围更广泛、程度更深远,因而完全可能比没有法的形式而推行的专制与暴政更残忍。所以,孟德斯鸠指出:"没有比在法律的借口之下和装出公正的姿态所做的事情更加残酷的暴政了,因为在这样的情况下,可以说,不幸的人们正是在他们自己得救的跳板上被溺死的。"①20世纪出现的法西斯"恶法之治"便是明显的例证。事实上,这一点早就被英国人认识到了。当爱德华六世加冕时,大主教按法定程序问道:"除了按习惯经人民的同意制定有利于上帝的尊严与光荣、有利于共和国利益的法律外,您同意不制定任何新的法律吗?"国王回答道:"我同意和答应。"②显然,人们担心国王制定非正义的法律,所以要求他不制定任何新的法律。

正因为仅有形式侧面还不够,所以人们提出了实质侧面。实质侧面显然是为了限制立法权,从而保证刑法的实质正义。不仅如此,原来被认为形式侧面的内容后来也被赋予了实质的内容。

例如,禁止类推解释原本只是从形式侧面提出的要求,意在禁止对刑法作出任何类推解释。但是,如果同时从形式法治与实质法治出发,对类推解释应当做两个方面的补充与发展。其一,对刑法不只是禁止类推解释,而应禁止一切违反民主主义、违反预测可能性的不合理解释。因为即使不是类推解释,而只是扩大解释,但如果超出了国民的预测可能性,也会违反罪刑法定原则;甚至在应当作限制解释而不作限制解释的情况下,也会损害国民的预测可能性。例如,我国《刑法》第111条规定了为境外窃取、刺探、收买、非法提供国家秘密、情报罪,如果仅按字面含义解释"情报",而不将其限制解释为"关系国家安全和利益、尚未公开或者依照有关规定不应公开的事项",则必然导致我们不敢与境外人员交流,这将过于限制我们的自由,因而违反罪刑法定原则的本旨。所以,并非任何解释方法必然得出符合罪刑法定原则的结论。解释方法无穷无尽,但可以肯定的是,类推解释从方法上来说,就是应当禁止的,而其他解释方法只有

---

① 〔法〕孟德斯鸠:《罗马盛衰原因论》,婉玲译,商务印书馆1962年版,第75页。
② 程汉大主编:《英国法制史》,齐鲁书社2001年版,第277页。

从解释理由与结论上才能判断出是否违反罪刑法定原则。其二,类推解释的要求经历了由禁止一切类推解释到只是禁止不利于被告人的类推解释的过程。之所以允许有利于被告人的类推,是因为刑法中存在一些有利于被告人的规定;而这些规定因为文字表述以及立法疏漏的缘故,按照其文字含义适用时会造成不公平现象。所以,允许有利于被告人的类推解释,正是为了克服形式侧面的缺陷,实现刑法的正义。例如,我国《刑法》第 67 条第 2 款规定:"被采取强制措施的犯罪嫌疑人、被告人和正在服刑的罪犯,如实供述司法机关还未掌握的本人其他罪行的,以自首论。"但现实中存在这样的现象:被处以治安拘留的违法人员,在拘留期间,主动如实供述司法机关还未掌握的本人其他罪行。该主体与行为显然不符合第 67 条第 2 款的规定,也不符合第 67 条第 1 款规定的"自动投案"的成立条件。然而,如果不以自首论,则显然不公平。于是,可以进行类推解释:第 67 条第 2 款的强制措施包含治安拘留;主体包含受治安拘留的人。由此看来,禁止不利于被告人的类推解释对限制司法权力起着重要作用,而允许有利于被告人的类推解释则起到了实现公平、正义的作用。

再如,禁止溯及既往的原则,之所以被人们归入形式的侧面,是因为人们曾经认为:"法律不溯及既往,只是法律适用上的原则,并非立法上的原则,即司法官虽不能使法律效力溯及既往,立法机关却仍可制定溯及既往的条文。"[①]但现在一般认为,禁止溯及既往既是司法原则,也是立法原则。因为不仅刑法适用上的溯及既往会损害国民的预测可能性、侵犯国民自由,刑事立法上的溯及既往同样损害国民的预则可能性,侵犯国民自由;即使一般来说,新法优于旧法,但是,在修改旧法、制定新法之前,旧法也是适应当时社会的法律,不可认为新法能适应以往时代的需要。联想到纳粹德国的行径,会使我们更加坚定本原则既是司法原则也是立法原则的信念。如前所述,德国《魏玛宪法》与 1871 年《德国刑法》明文规定了罪刑法定原则,二者的表述虽然大体相同,但一词之差,使得纳粹利用了魏玛宪法与废除了《德国刑法》第 2 条。由于《德国刑法》第 2 条规定,

---

① 林纪东:《法学通论》,远东图书公司 1953 年版,第 82 页。

任何行为,只有当制定法事先已经规定了刑罚时,才能判处刑罚,故即使事后刑法只是加重了刑罚,也不能溯及既往。而《魏玛宪法》的规定是:"任何行为,只有当制定法事先已经规定了可罚性时,才能判处刑罚。"因此,事后刑法加重了刑罚时,也可以溯及既往。于是,纳粹对《德国刑法》第 2 条进行了修改,而没有修改《魏玛宪法》第 2 条。例如,本来,《德国刑法》对叛逆罪规定的最高刑为终身监禁,但纳粹制造了国会纵火案后,于 1933 年 3 月 29 日颁布法律,将叛逆罪的法定刑提高到死刑,并且规定可以溯及既往。又如,1936 年发生了一起绑架案,本来刑法规定的最高刑为 10 年有期徒刑,但纳粹当局将本罪的法定刑修改为绝对的死刑,并且规定可以溯及既往。尽管本案的行为人自首,被害人也安然无恙,但仍然被判处了死刑。这种做法在当时并不认为违反禁止溯及既往的原则,因为《魏玛宪法》所规定的只是,对于行为时没有规定可罚性的行为,不得根据事后法处罚;而上述案件的行为在行为时已经规定了可罚性,只是法定刑较轻而已。① 如果将这一点与预测可能性联系起来考虑,《魏玛宪法》的规定也是存在缺陷的。不仅如此,禁止溯及既往只是禁止不利于被告人的溯及既往,如果新法有利于被告人,则仍然可以溯及既往。更有甚者,在新法处罚较轻或者不处罚的情况下,对原来根据旧法所作的判决也必须改判为较轻的刑罚或者宣告无罪。② 这是为了使刑罚的处罚范围降低到最低限度,从而扩大国民的自由。

显然,仅有实质的侧面也不能保证正义的实现。"一切权力,不论来自智识,还是来自世俗,不论属于政府还是属于人民、哲学家、大臣,不论是为了这种或为了那种事业,都包含着一个天生的缺陷、弱点和弊病,因而应该加以限制。"③ 人不是天使,法官也不例外;没有刑法的明确而严格的规定,单纯依靠法官的良心,必然导致实质上的非正义。

日本学者牧野英一基本否认罪刑法定原则形式的侧面。贯穿牧野刑

---

① 参见〔日〕平野龙一:《刑法总论 I》,有斐阁 1972 年版,第 68 页。
② 《西班牙刑法》第 2 条第 2 项规定:"即使已经最后宣判、罪犯已经服刑,有利于罪犯的刑法条款仍然具有溯及力。"
③ 〔法〕基佐:《欧洲文明史》,程洪逵、沅芷译,商务印书馆 1998 年版,第 232 页。

法理论的方法论是"进化论",其基本命题是"随着社会的进化刑法也进化"。社会的进化有两种法则:其一是制度由本能性、反射性进化为目的性、自觉性;其二是制度由是单纯性进化为细密性。社会的进步是在调和生存竞争与生存协同之间的矛盾的努力过程中实现的,结局以个人与社会的调和为终极目标。但犯罪被视为社会生存竞争的流弊,随着生存竞争的激烈,犯罪也自然增加,犯罪的增减是由一定法则支配的社会现象。为了与犯罪的进化相对应,刑法也必须经过一定的社会学的过程而进化。刑法的进化过程表现为,由原始的复仇时代开始,接着是由国家刑罚统制的威吓时代,后来是随着国家的发达以保障人权为背景的人道时代或博爱时代,最后是采纳了科学研究成果的科学时代。前二者属于本能性、反射性的时代,后二者属于目的性、自觉性的时代。刑法中的重点变迁,是由与博爱时代相适应的个人主义与报应刑、客观主义,进化为与科学时代相适应的团体主义与目的刑、主观主义。① 由此,牧野缓解甚至舍弃了罪刑法定原则形式的侧面。他提出,成文法所规定的刑罚法规并不妨碍将其一部分内容让位于习惯法;在没有宪法约束的情况下,禁止事后法并不是绝对的要求;类推解释只要符合逻辑就应当允许;禁止不定期刑不一定是罪刑法定原则推导出来的必然结论。显然,"由此产生的最大问题,是可能导致法官裁量幅度和行刑官吏权限的扩大而危及个人的人权。但牧野英一博士以所谓'现在的时代距法国大革命已经百年有余,中世纪残酷的擅断主义只是作为历史沿革的遗迹残留在社会的记忆中而已'为理由,试图打消人们的上述忧虑"②。看来,牧野以为,在文化国,权力滥用的现象已经可以避免,因而罪刑法定原则的形式的侧面已经没有现实意义。可惜,文化国根本就没有到来,即使在有法律限制的情况下,滥用司法权力的现象也依然存在,限制司法权力的必要性也依然存在。因此,牧野在罪刑法定原则问题上的学说也被否定。

---

① 参见〔日〕中山研一:《牧野英一的刑法思想》,载〔日〕吉川经夫等编:《刑法理论史的综合性研究》,日本评论社1994年版,第290页。

② 〔日〕中山研一:《刑法的基本思想》,姜伟等译,国际文化出版公司1988年版,第7—8页。

德国学者李斯特虽然是新派的代表人物,但是,他牢记历史教训,绝不否认罪刑法定形式的侧面。他清楚地认识到,虽然处罚的基础是行为人的反社会性格,但是,由于除了行为之外,我们还不能通过其他途径认识行为人的反社会性,所以,只有当行为人的反社会性征表出危险性时,才能科处刑罚;而什么样的行为才征表危险性格,必须由刑法明文规定。如果在没有行为的情况下,直接处罚危险性格,必然会因为没有根据而导致处罚的随意性;同样,如果不是根据刑法规定的行为认定危险性格,也会导致处罚的随意性。这充分表现出李斯特对司法权力的不信任进而以刑法限制司法权力的思想。

不仅如此,李斯特还推进了罪刑法定原则实质的侧面。这便是它的目的论与法益论。李斯特指出,原始的刑罚即人类文化史上最初阶段的刑罚,是由社会针对从外部破坏个人及现存个人集团的生活条件的行为,盲目地、本能地、冲动地、无目的地进行的"否定"(反动)。但刑罚后来慢慢地改变了其性格。随着刑罚的客观化,即随着"否定"脱离了与犯罪有最密切关系的人之手,而转移到与犯罪没有关系、能够进行冷静审判的机关之手,便可能不受拘束地对刑罚的效果进行观察。经验为理解刑罚的合目的性开辟了道路;刑罚通过目的观念获得了分量与目标,随之,刑罚的前提(犯罪)与刑罚的内容、分量(刑罚制度)也得了进化;受目的观念的支配,刑罚权力成为刑法;将来的任务是基于同样的精神推进已经展开的进化,即由盲目的"否定"彻底转向有目的意识的法益保护。通过分析刑罚的历史,李斯特得出结论说,"刑罚是被作为防卫法秩序的手段来认识的,刑罚不能不为防卫法益服务。因此,说刑罚的历史是人类法益的历史也不过分"。"由目的观念完全约束刑罚权力,正是刑罚正义的理由。"[①]李斯特认为,法学首先是体系的科学,因此,他特别强调体系整理的必要性,即必须使概念的上位、下位关系明确化,探求统合这些关系的法则。就像从无数的杀人形态中抽象出谋杀、故杀的概念,从谋杀、盗窃、放火、强奸等中抽象出犯罪的概念一样,法学就是使用抽象方法从特殊现

---

① 〔日〕木村龟二编:《刑法学入门》,有斐阁1957年版,第95页。

象中形成一般概念,并且从各个法领域中得到最高、最终的概念和概括性的基本原则。任何法律都是针对一定的事实规定一定的效果,事实与法律效果成为所有法领域中的最高的两个概念。刑法中的最高概念就是犯罪(条件)与刑罚(效果)。那么,法律为什么将犯罪与刑罚结合起来呢?能给予最根本性回答的就是法益概念。他指出:"法都是为了人而存在的。人的利益,换言之,个人的及全体的利益,都应当通过法的规定得到保护和促进,我们将法所保护的这种利益叫做法益。"①侵害法所保护的利益即法益的行为就是犯罪,保护这种利益不受犯罪侵害、维持和促进这种利益的手段就是刑罚;换言之,犯罪所侵害的对象与刑罚所保护的对象都是法益;于是,法益将刑法中的犯罪与刑罚这两个最高概念结合起来。由此也可以发现,刑罚的目的是保护法益不受犯罪侵害。

罪刑法定原则的形式侧面与实质侧面相互依存,缺少其中任何一个方面,都必然损害其他方面。例如,如果对刑法的渊源没有限定,意味着法官可以根据任何习惯、风俗定罪处刑,结局必然导致处罚不当罚的行为;如果刑法规范本身是明确的,但允许对刑法进行类推解释,也必然导致处罚范围的不明确。再如,"含义模糊的法律规定必然会导致对不得溯及既往的否定:由于行为时法律规定是不确定的,只能由法官根据事先的价值判断来决定法律适用的范围。如果允许刑法规范有溯及既往的效力,不管条文规定得多么清楚,法律专属性原则的保障作用也将化为乌有。强调只有立法机关才能制定刑法为的是保障公民的自由,如果一个法律可以践踏公民已经行使了的自由,它是否立法机关制定的还有什么意义呢?"②

以法定刑为例。从立法上看,法定刑经历了三个阶段:一是与罪刑擅断相适应的绝对的专断刑主义,即对于一定的犯罪,刑法不规定刑种、刑度与刑量,而是完全由法官自由裁量。在这里,没有法治可言。二是绝对的法定刑主义,即对于各种具体犯罪,严格规定了特定的刑种与刑量,法

---

① 转引自〔日〕木村龟二编:《刑法学入门》,有斐阁1957年版,第100页。
② 〔意〕杜里奥·帕多瓦尼:《意大利刑法学原理》,陈忠林译,法律出版社1998年版,第14—15页。

官没有任何裁量余地。这显然是出于对法官不信任,是形式法治的表现。但在这种情况下,法官不能应情科处相应刑罚,难以实现实质正义。三是相对的法定刑主义,即法律根据不同的犯罪规定一定的刑种与刑度,法官可以在一定范围内根据案件的具体情节处罚。一方面,这表现为对法官的不信任,避免法官恣意量刑;另一方面,也反映出立法的局限性,由法官来实现量刑的公平与合理。这是形式法治与实质法治统一的表现。同样,禁止不定(期)刑现在也不只是对司法机关的要求,同时也限制立法机关。一方面,立法者不能笼统规定"犯……罪的,处以刑罚"(不定刑);如果出现这样的规定,则认为其规定的行为并不成立犯罪,因为"没有刑罚就没有犯罪"。另一方面,立法者不能规定"犯……罪的,处徒刑"(不定期刑);如果出现这样的规定,则认为其规定无效,因为该规定极不明确。同样,法官在判决时,必须宣告具体的刑罚,而不能宣告不定(期)刑。这种从形式侧面向同时包含形式侧面与实质侧面的转变,说明形式侧面与实质侧面必须统一。

  罪刑法定原则的形式侧面与实质侧面同时发挥着作用,虽然实质侧面是后来才产生的,但绝不能因为它的产生而否认形式侧面。诚然,形式侧面与实质侧面确实存在两个方面的冲突:一是成文法的局限性决定了刑法不可能对所有犯罪作出毫无遗漏的规定,即存在实质上值得科处刑罚,但缺乏形式规定的行为;二是成文法的特点决定了刑法条文可能包含了不值得科处刑罚的行为,即存在符合刑法的文字表述,实质上却不值得处罚的行为。对于这两个方面的冲突,不可能仅通过强调形式侧面,或者仅通过强调实质侧面来克服;只有最大限度地同时满足形式侧面与实质侧面的要求,才能使冲突减少到最低限度。

  对于第一个冲突,应当在不违反民主主义与预测可能性的原理的前提下,对刑法作扩大解释。就一个行为而言,其离刑法用语核心含义的距离越远,被解释为犯罪的可能性就越小;其受处罚的必要性越高,被解释为犯罪的可能性就越大。换言之,"解释的实质的容许范围,与实质的正当性(处罚的必要性)成正比,与法文通常语义的距离成反比"①。所以,不能只考虑行为与刑法用语核心含义的距离远近,也要考虑行为对法益的侵犯程度;因此,处罚的必要性越高,对与刑法用语核心距离的要求就越缓和,作出扩大解释的可能性就越大。例如,某种行为从表面上看,刑法似乎没有作出处罚规定,当这种行为只是造成了几千元甚至几万元的财产损失时,人们一般不会主张对刑法作出扩大解释将其认定为犯罪;但当该行为造成了几千万甚至几亿元的财产损失时,人们就会试图作出扩大解释将其认定为犯罪。事实上,法治国家的法官们都在不违反民主主义与预测可能性原理的前提下,进行扩大解释。

先看法国。达维指出:"在法国,法官不喜欢让人感到自己是在创造法律规则。当然,实践中他们的确是在创造;法官的职能不是也不可能只是机械地适用那些众所周知的和已经确定的规则。但是法国的法官却千方百计让人们感到情况是这样:在判决中,他们要声称适用了某项制定法;只有在极其罕见的情况下,他们适用有关平等的不成文的一般原则或格言时,才会让观察者感到法官具有了创造性或主观能动性。"②虽然《法国新刑法》第111-4条明文规定"刑法应严格解释之",但这并不意味着法官在遇到疑问时,都必须作出有利于被告的解释。相反,法国学者仍然认为:"在法律有'疑问'的情况下,……法院并不能因此而免于适用法律,法院也无义务一定要采取'有利于犯罪人的限制性解释'。如同在法律的规定不甚明确的情况下一样,法官应当首先借助于一般的解释方法(预备性工作、传统与理性材料),从中找到法律的真正意义,……法官也可以依据立法者追求的目的来确定某一法律条文的意义(称之为'目的论方法')。""刑法'严格解释规则'并不强制刑事法官仅限于对立法者有规定的各种可能的情形适用刑法。只要所发生的情形属于法定形式范围之内,法官均可将立法者有规定的情形扩张至法律并无规定的情形。""法官始终可以依据立法者的思想与意图,以订正某一法律条文在事实上

---

① 〔日〕前田雅英:《刑法总论讲义》,东京大学出版会2006年第4版,第78—79页。
② 转引自〔德〕K.茨威格特、H.克茨:《比较法总论》,潘汉典等译,贵州人民出版社1992年版,第233页。

或语句上的错误。"①不仅如此,《法国新刑法》所采取的独特的条文序号标明方法,便是为了使立法者可以随时增添条文,而不致造成条文序号的混乱。

"在德国,法官们在最初一个注释时期之后,开始行使公开地采用和发展法律的权力。他们发展了一种意见方式,它很像美国的做法,即注重事实和演示推理的过程,而通过这种过程作出判决的。如同《德国民法典》起草人所预见的,法院并没有认为自己要被严格限制在法定权力的范围之内。相反,他们却认真地考虑到人们必须受法律秩序即整个法律观念的约束。在实现可以称之为创制功能的时候,他们注重为该法律程序整体结构增加新的机制并使之同法律秩序的基本原则相一致,许多外国的观察者一直欣赏这种做法。总的说来,法院以这种方式发展法律的权力在当今的西德已是无可否认的,尽管那里也和其他国家一样,对于这种权力的限度存有争议。"②马克斯·韦伯也曾指出:"那些在客观上是最具'创造性'的法官也会感到他们仅仅是法律规范的喉舌,因为他们只是解释和适用法律规范,而不是创造它们;即使这些法官具有潜在的创造性也是如此。"③

意大利"经过 20 世纪 60 年代末、70 年代初的大辩论,认为'不论对刑法的解释或是刑法制度的建立',都'应以刑法保护的价值来超越形式主义的束缚',不论对'法律所做的扩张解释或限制解释,都必须符合法律的目的,而不是相反'目的论的解释,'实质上已为人们所全盘接受'"④。由于禁止类推解释,允许扩大解释,意大利司法实践便"倾向于将那些看来更像类推解释的做法视为合理的扩张解释";也就是说,"在需要维护某种法益时,只要侵犯这种法益的行为与法律的规定实质上相似,都可能发生这种情况;但由于禁止类推,人们应尽力地(如果说不是直

---

① 〔法〕卡斯东·斯特法尼等:《法国刑法总论精义》,罗结珍译,中国政法大学出版社 1998 年版,第 140、143 页。
② 〔美〕格伦顿、戈登、奥萨姆:《比较法律传统》,米健等译,中国政法大学出版社 1993 年版,第 82—83 页。
③ 转引自〔德〕K.茨威格特、H.克茨:《比较法总论》,潘汉典等译,贵州人民出版社 1992 年版,第 233—234 页。
④ 陈忠林:《意大利刑法纲要》,中国人民大学出版社 1999 年版,前言 XI 页。

接玩弄诡计的话)把一切类推性适用都往扩张解释里塞"①。

日本也不例外。日本学者与法官一直主张应当在法律用语可能具有的含义内进行解释。然而,法官在面临一些具体案件时,为了获得具体的妥当性,而不得不超出法律用语的可能文义适用刑法。② 例如,日本《卖淫防止法》第 12 条规定:"使他人居住在自己占有、管理或指定的场所,从事卖淫,并从中获利的",构成犯罪。身为旅馆经营者的被告人,雇佣"业余卖淫"的 6 名女子,让她们夜间(至次日凌晨 3 点左右)在旅馆的一室集合应召,其间不许擅自外出,如有客人则让她们到另外房间陪宿,然后从嫖客多人支付的对价中取得金钱。本案的一、二审判决及最高裁判所的判决均认定被告人的行为符合上述第 12 条的规定。③ 这显然超出了"使……居住"一语可能具有的含义。

不难看出,各个国家都在通过实质侧面克服形式侧面的缺陷。但是,对形式侧面缺陷的克服具有一定的限度,即对法条的解释不能损害国民的预测可能性,否则便侵犯了国民的自由。法国、德国、意大利、日本等法治国家的上述做法,显然是与其法治国背景、法官高素质与高地位有关。在近十多年来才开始推行法治、实行罪刑法定的我国,不能过分强调以实质侧面克服形式侧面的局限。因此,总的来说,就第一个冲突而言,还是应当以形式的合理性优先。换言之,对于刑法没有明文规定为犯罪的行为,不得以犯罪论处。因此,即使某种行为严重侵犯了法益,但如果没有刑法的明文规定(如公然猥亵行为),也不得定罪量刑。在此意义上说,在实质合理性与形式合理性发生冲突的情况下,必须选择形式的合理性。

对于第二个冲突,应当通过实质的犯罪论来克服。形式的犯罪论(主张形式正义)主张,只要根据刑法条文对构成要件进行形式的解释即可;实质的犯罪论主张,只能将值得科处刑罚的法益侵害行为解释为符合构

---

① 〔意〕杜里奥·帕多瓦尼:《意大利刑法学原理》,陈忠林译,法律出版社 1998 年版,第 32 页。
② 参见〔日〕西原春夫主编:《日本刑事法的形成与特色》,李海东等译,法律出版社、成文堂 1997 年版,第 119—138 页。
③ 参见日本最高裁判所 1967 年 9 月 19 日判决,载《最高裁判所刑事判例集》第 21 卷第 7 号(1967 年),第 1985 页。

成要件的行为。① 有学者指出:"人治与法治的区别并不在于是否有法律,在人治社会里也可能存在十分完备的法律。两者的区分仅仅在于:当实质合理性与形式合理性发生冲突的情况下,是选择实质合理性还是形式合理性。因此,法治是以形式理性为载体的。只有这种形式理性才能保障公民个人的自由。……在刑法中,主要是在刑事司法中,我们经常面临着这种实质合理性与形式合理性的冲突,传统的以社会危害性为中心的刑法观念是以实质合理性为取舍标准的。而罪刑法定所确立的刑事法治原则,却要求将形式合理性置于优先地位。因此,形式理性是法治社会的公法文化的根本标志。"② 显然,这段话对于解决上述第一个冲突是完全合适的,但并不适合解决第二个冲突。其一,罪刑法定原则并不是只具有形式合理性的原则,也包含了实质的合理性。根据刑法与国民人权、自由的关系,只要行为没有侵害和威胁法益,就不应当规定为犯罪,否则国民的人权就会受到侵犯、自由就会受到不合理的限制。不仅如此,即使某种行为侵犯了法益,但如果不值得科处刑罚,也不应当规定为犯罪。其二,由于刑法是将值得科处刑罚的行为规定于刑法之中的,故刑法所规定的行为必然是值得科处刑罚的行为。在由于语言的特点导致了刑法的文字表述可能包含了不值得科处刑罚的行为的前提下,应当对刑法作出实质的解释,使刑法所规定的行为仅限于值得科处刑罚的行为。否则,根据刑法定罪量刑的行为,完全可能是没有侵害法益或者侵害程度轻微的行为。这违反了罪刑法定原则的民主主义的思想基础以及禁止处罚不当罚的行为的实质性要求。

总之,当行为不具有形式的违法性时,应以形式的违法性为根据将其排除在犯罪之外;当行为不具有实质的违法性时,应以实质的违法性为根据将其排除在犯罪之外。于是,任何犯罪都是同时具有形式的违法性与实质的违法性的行为;对犯罪的处罚也便同时具有形式的合理性与实质

---

① 参见〔日〕前田雅英:《现代社会与实质的犯罪论》,东京大学出版会1992年版,第23页。
② 陈兴良主编:《刑事法评论》第4卷,中国政法大学出版社1999年版,"主编絮语"III—IV页。

的合理性。这也正体现了罪刑法定主义的形式侧面与实质侧面的统一。

"法治国家是指公民之间、国家与公民之间以及国家内部领域的关系均受法律调整的国家,其标志是所有国家权力及其行使均受法律的约束。法治国家具有形式意义和实质意义之分。形式意义上的法治国家以法律为中心,凡对公民自由和财产的侵害必须具有议会法律的授权;而只要国家活动形式上符合法律,即视为达到法治国家的要求。实质意义的法治国家不仅要求国家受法律的约束,而且要求法律本身具有社会的正当性。实质意义的法治国家是形式意义的法治国家的补充和发展。"①从不同时代、不同学者所提倡的形式法治与实质法治的特征来看,二者确实存在区别。二者既各具优势,又各存缺陷。实质法治的主要特点是包含更多的实质性内容,如确保最低限度的社会福利,维护市场经济,保障基本人权,促成民主政治制度化,等等。形式法治不具有这些内容,这也正是形式法治的缺陷。但形式法治在很大程度上强调形式规则,强调协调一致的解释方法,强调可靠的事实发现,强调司法独立的判决不受当事人的实体利益和当前政治影响的阻碍,强调适用法律时司法系统严格遵守法律。这又是实质法治难以做到的,也是实质法治的缺陷。② 然而,正如谢伊勒(Ulrich Scheuner)所言:"法治国不仅指一个依法行政、法院全方位控制的国家,不仅是指一个有法律安全、有责任执法的国家,在实质意义上,法治国是指一个尊重个人自由,以温和的保护和确定的国家权力为原则的共同体,其来自人民的、规范国家行为的法律秩序应受这些原则的约束,应致力于一个公正的、平等的人的关系的建立。"③我们需要形式与实质相统一的法治国家。罪刑法定原则的形式侧面与实质侧面的统一也启示人们,形式法治与实质法治也是可以协调和互动的,我们应当尽可能使形式法治与实质法治实现优势互补与弊害互克。

---

① 〔德〕哈特穆特·毛雷尔:《行政法学总论》,高家伟译,法律出版社2000年版,第105页。
② 〔英〕罗伯特·萨莫斯:《形式法治理论》,载夏勇编:《公法》第2卷,法律出版社2000年版,第113页。
③ 转引自郑永流:《德国"法治国"思想和制度的起源与变迁》,载夏勇编:《公法》第2卷,法律出版社2000年版,第71页。

第二章 罪刑法定与刑法解释

刑法学的本体是刑法解释学,解释主体、解释目标、解释方法等问题,都与罪刑法定原则密切相关。例如,立法者解释刑法是否符合罪刑法定原则?客观解释是否违反罪刑法定原则?罪刑法定原则所禁止的是何种类推解释?如何区分扩大解释与类推解释?其他解释方法得出的结论是否当然符合罪刑法定原则?如此等等,都是需要研究与解决的问题。此外,就刑法明文规定的正当化事由而言,应否禁止目的性限缩,也需要展开讨论。

一、罪刑法定与解释主体

适用刑法的过程,就是解释刑法的过程,所以,司法机关与司法工作人员可以解释刑法,这是没有疑问的。除此之外,学者对刑法作出学理解释,也是无可置疑的。问题是,制定刑法的立法机关,能否解释刑法?换言之,立法解释是否违反罪刑法定原则?

(一)立法解释的范围与由来

顾名思义,"立法"解释是由立法机关对法律所作的解释;而且,既然是立法"解释",就是对既存的法律文本的含义所作的说明。我国刑法理论的通说认为,立法解释包括三种情形:一是在刑法或相关法律中所作的解释性规定;二是在"法律的起草说明"中所作的解释;三是在刑法施行过程中,立法机关对发生歧义的规定所作的解释。① 但在本书看来,前两种情形能否称为立法解释,还大有研究的余地。

首先,刑法或相关法律中所作的解释性规定,不宜等同于立法解释。因为刑法中的解释性规定本身就是刑法的组成部分,或者说是刑法文本的组成部分;而立法解释是对法律文本的解释。所以,不应将刑法中的解释性规定视为立法解释。倘若认为刑法等法律中的解释性规定都是立法解释,那么,我国《刑法》第13条、第14条、第15条关于犯罪、故意犯罪、过失犯罪的规定,就分别成为对"犯罪"、"故意犯罪"、"过失犯罪"的立法解释;刑法分则关于罪状的规定,在某种意义上都是对罪名的立法解释,于是,《刑法》第263条、第264条、第266条分别成为对"抢劫罪"、"盗窃罪"、"诈骗罪"的立法解释。结果,几乎整部刑法都是立法解释,但事实上并非如此。

明确刑法中的解释性规定与立法解释的区别,具有重要意义。第一,刑法中的解释性规定可以作出拟制规定,而立法解释不可能作出拟制规定,否则便是类推解释。如后所述,即使是立法解释,也不得采取类推解释方法。例如,我国《刑法》第91条第2款规定:"在国家机关、国有公司、企业、集体企业和人民团体管理、使用或者运输中的私人财产,以公共财产论。"这一规定属于法律拟制,它将原本不属于公共财产的私人财产,视为公共财产,即赋予特定的私人财产以公共财产的法律效果。倘若刑法中没有这一解释性规定,那么,在刑法的施行过程中,立法机关就不能作出这样的解释。② 然而,正因为刑法理论将刑法中的解释性规定称为

---

① 参见高铭暄、马克昌主编:《刑法学》,北京大学出版社、高等教育出版社2000年版,第21—22页;王作富主编:《刑法》,中国人民大学出版社1999年版,第11页;何秉松主编:《刑法教科书》(上卷),中国法制出版社2000年第6版,第113—114页;阮齐林:《刑法学》,中国政法大学出版社2008年版,第15页。

② 与此相联系,刑法条文也可作出拟制性规定,但立法机关就刑法文本不能作出拟制性解释。例如,《刑法》第267条第2款规定,"携带凶器抢夺的",以抢劫罪论处。这是拟制规定,它将原本不符合抢劫罪构成要件的行为视为抢劫。倘若刑法中没有这一规定,就不能作出这样的解释。立法机关不能作出"携带凶器盗窃的,以抢劫罪论处"的解释。但立法机关可以修改《刑法》第264条,增设"携带凶器盗窃的,以抢劫罪论处"的规定。当然,该规定是否具有妥当性,则是另一回事。

立法解释,所以,在需要立法或者修改法律时,人们常常呼吁进行立法解释,这容易导致立法解释作出拟制规定,结果导致立法解释采用类推解释方法,进而违反罪刑法定主义原则。第二,与上一点相联系,刑法中的解释性规定,一般都是特别规定。对于能够通过文理解释与论理解释得出的结论,刑法一般不会作出解释性规定。反之,只有对于难以甚至不可能通过文理解释与论理解释得出的结论,刑法才需要作出解释性规定。例如,《刑法》第94条规定:"本法所称司法工作人员,是指有侦查、检察、审判、监管职责的工作人员。"据此,公安机关中对被行政拘留的人员进行监管的人员,也是司法工作人员。然而,如果没有这一解释性规定,恐怕没有人会将这类监管人员解释为司法工作人员。由于刑法中的解释性规定一般是特别规定,所以不能以类比方法适用该解释性规定,或者说,刑法中的解释性特别规定不可"推而广之"。但立法解释是遵循罪刑法定原则作出的解释,因而可以"推而广之"。例如,司法机关在认定挪用资金罪时,完全可以类比适用立法机关就挪用公款罪中的"归个人使用"所作的立法解释。第三,刑法中的解释性规定,是刑法的组成部分,因而适用该解释性规定时,必须遵循刑法关于禁止溯及既往的原则。换言之,刑法中的解释性规定存在是否具有溯及力的问题。但是,如前所述,立法解释不存在禁止溯及的问题。因为既然是对刑法条文的解释,就意味着刑法条文的真实含义原本如此;只要是在现行刑法施行之后实施的行为,即使其发生在现行立法解释之前,也得按立法解释适用刑法。所以,立法解释不存在从旧兼从轻的问题,否则便会出现没有立法解释与司法解释就不适用刑法和以错误地适用刑法为代价来肯定以往的错误解释的不可思议的现象。在立法解释变更的情况下,也只能以行为人缺乏违法性认识的可能性为根据予以救济。①

其次,关于刑法的起草说明与修改说明,也不是立法解释。我国关于

---

① 参见 Claus Roxin, Strafrecht Allgemeiner Teil, Band I, 4. Aufl., C. H. Beck 2006, S. 168;〔日〕町野朔:《刑法总论讲义案 I》,信山社 1995 年第 2 版,第 48 页;〔日〕西田典之:《刑法总论》,弘文堂 2006 年版,第 50 页;〔日〕前田雅英:《刑法总论讲义》,东京大学出版社 2006 年第 4 版,第 67 页;〔日〕山口厚:《刑法总论》,有斐阁 2007 年第 2 版,第 16 页。

刑法的起草说明与修改说明,只是立法理由的简短陈述(还不是真正意义上的立法理由书);它旨在通过说明为什么制定刑法、修改刑法、为什么作出某种规定,使审议者了解制定、修改刑法的目的,便于立法机关通过刑法。但立法机关所审议和通过的是刑法本身,而不是起草说明与修改说明。换言之,起草说明与修改说明本身并没有被立法机关审议和通过。既然如此,刑法的起草说明与修改说明,也不属于立法解释。诚然,不可否认的是,起草说明与修改说明中可能对某些规定作出了解释。如《关于严惩严重危害社会治安的犯罪分子的决定》的起草说明,曾经解释了"加重处罚"的含义(在法定刑以上加重一格处罚)。但是,第一,这种"解释"只是起草者的解释,或者只是提请审议者的解释,故仍然是学理解释,而不是立法解释。第二,这种"解释"是面向人大代表或者人大常委会委员作出的解释,不是面向全体国民作出的解释,也不是面向适用刑法的法官作出的解释。刑法一经公布,听者、读者就发生了变化。听者、读者的变化,必然导致文本含义的变化。所以,面向立法机关成员所作的说明,不一定能适用于法律指向的一般人。第三,这种"解释"既可能得到认可,也可能得不到认可。例如,曾任全国人大常委会副委员长的王汉斌在第八届全国人民代表大会第五次会议上所作的《关于〈中华人民共和国刑法(修正草案)〉的说明》指出:"罪刑相当,就是罪重的量刑要重,罪轻的量刑要轻,各个法律条文之间对犯罪量刑要统一平衡,不能罪重的量刑比罪轻的轻,也不能罪轻的量刑比罪重的重。因此,草案明确规定:'刑罚的轻重,应当与犯罪分子所犯罪的罪行和承担的刑事责任相适应。'"可是,这一解释只是考虑了报应刑,根本没有考虑预防刑,因此,现在的理论解释都没有采纳这种说明。由此可见,起草说明并不具有约束力,而立法解释具有约束力。

所以,只有最后一种解释,即在刑法施行过程中,立法机关对发生歧义的规定所作的解释,才是真正意义上的立法解释。现行《刑法》颁布以来,全国人大常委会先后对《刑法》第93条、第228条、第294条、第313条、第342条、第384条第1款、第410条中的有关规定、渎职罪的主体以及信用卡、发票、文物等概念等作出过立法解释。

我国《立法法》第 42 条规定:"法律解释权属于全国人民代表大会常务委员会。法律有以下情况之一的,由全国人民代表大会常务委员会解释:(一)法律的规定需要进一步明确具体含义的;(二)法律制定后出现新的情况,需要明确适用法律依据的。"第 47 条规定:"全国人民代表大会常务委员会的法律解释同法律具有同等效力。"[1]全国人大常委会《关于加强法律解释工作的决议》第 1 条也规定:"凡关于法律、法令条文本身需要进一步明确界线或作补充规定的,由全国人民代表大会常务委员会进行解释或用法令加以规定。"这些规定,成为全国人大常委会进行刑法立法解释的法律依据。

在我国,最高人民法院与最高人民检察院都有司法解释权,各自的司法解释以及共同的司法解释都具有法律效力。但在现实中,最高人民法院与最高人民检察院对同一刑法条文所作的司法解释,就可能存在分歧,而且这种分歧必然导致下级司法机关适用法律时左右为难。根据全国人大常委会《关于加强法律解释工作的决议》第 2 条的规定,在这种情形下,需要报请全国人大常委会解释或决定。

最高人民法院与最高人民检察院虽然没有就同一刑法条文作出司法解释,但其中一方对另一方的司法解释持有疑义时,便向全国人大常委会提出法律解释的要求。例如,新刑法施行后,最高人民法院 2001 年 10 月 17 日《关于如何认定挪用公款归个人使用有关问题的解释》,就如何认定挪用公款"归个人使用"的问题作出了解释。[2] 但最高人民检察院对这一解释存在疑问,于是要求全国人大常委会作出立法解释。全国人大常委

---

[1] 《立法法》的这一规定值得研究。对于"法律的规定需要进一步明确具体含义的"作出立法解释是可以理解的;但对于"法律制定后出现新的情况,需要明确适用法律依据的",则难以一概以立法解释的方式予以解决。如果法律制定后出现新的情况,仍然可以适用以往的规定,就可以认为属于立法解释解决的问题,但如果法律制定后出现新的情况,不可能适用以往的规定,只能作出新的规定,那么,新的规定就不是立法解释,而是新的立法。换言之,只有法律、法令本身需要进一步明确界线的,才可以称为解释;而需要作补充规定的,不能称为解释,只能是新的立法。因为解释只能是对既存文本的解释。

[2] 其第 1 条规定:"国家工作人员利用职务上的便利,以个人名义将公款借给其他自然人或者不具有法人资格的私营独资企业、私营合伙企业等使用的,属于挪用公款归个人使用。"第 2 条规定:"国家工作人员利用职务上的便利为谋取个人利益,以个人名义将公款借给其他单位使用的,属于挪用公款归个人使用。"

会于 2002 年 4 月 28 日通过了《关于〈中华人民共和国刑法〉第三百八十四条第一款的解释》，就挪用公款"归个人使用"，作出了与最高人民法院的司法解释含义不同的立法解释。① 关于黑社会性质组织特征的解释也是如此。

最高人民法院与最高人民检察院，经常担心自己的司法解释侵入了立法权或者被学界称为类推解释，而要求立法机关作解释。此外，各级司法机关以及学者，在面临刑法适用与解释的难题时，也往往要求全国人大常委会作出立法解释。② 例如，关于"黑哨"案件，就有许多学者要求立法机关作出立法解释，以追究行为人的刑事责任。

于是，近几年来，全国人大常委会多次作出刑事立法解释，似乎还有作出更多立法解释的趋势。

然而，立法解释是否符合法治原则的要求，是否符合罪刑法定原则，是否符合解释的必要性，是否符合解释目标，是否发现法律真实含义的有效途径，都是需要研究的问题。

（二）立法解释与法治原则

法治应当是良法之治；为了实现良法之治，对立法权（包括立法程序）作适当限制是非常必要的。制定立法解释看似与制定法律不同，但由于立法解释与法律本身具有相同的效力，导致立法解释与法律本身事实上没有实质区别。然而，另一方面，立法解释的程序比制定法律的程序简单得多。例如，《立法法》对法律草案发给全国人大常委会成员的日期以及随后审议的次数、审议的步骤、内容等都有严格规定，但对于立法解释草案则并无相关要求。事实上，立法解释的颁布程序比法律的颁布程序要简单得多、容易得多。显然，用一种比制定法律更为简便的程序制作与法律具有相同效力的立法解释，必然不利于实现良法之治。

---

① 该解释规定，下列情形属于挪用公款归个人使用："（一）将公款供本人、亲友或者其他自然人使用的；（二）以个人名义将公款供其他单位使用的；（三）个人决定以单位名义将公款供其他单位使用，谋取个人利益的。"

② 在许多论著中都可以见到"这个问题有待立法解释"的表述。

法治即法的统治。如前所述，法的制定者、执行者与裁判者相分离的目的，不仅在于使统治依法进行，而且在于使法具有正当性、合理性。概言之，立法权与司法权必须分立。然而，立法解释与法治原则不相符合。因为立法解释是立法机关在制定刑法后对刑法条文的含义所作的解释，而对刑法条文含义的解释应当属于司法权的内容。即法的裁判者根据立法机关制定的法律与案件事实作出裁判，至于立法机关制定的法律是何种含义，应当由法的裁判者作出解释，不能由法的制定者作出解释。法院所作出的任何判断，都含有对法律的解释内容，而不是只有最高人民法院的司法解释才是对刑法的解释。不管最高人民法院采取何种方式，其对刑法的解释，都是作为法的裁判者对刑法的适用。如果法的制定者同时也是法的解释者，意味着法的制定者介入了司法。

人们习惯于认为，立法解释不同于司法解释，因为根据《立法法》、《人民法院组织法》、《关于加强法律解释工作的决定》的规定，法律的规定需要进一步明确具体含义的，以及法律制定后出现新的情况，需要明确适用法律依据的，由立法解释负责。详言之，"凡关于法律、法令条文本身需要进一步明确界线或作补充规定的，由全国人民代表大会常务委员会进行解释或用法令加以规定"。"凡属于法院审判工作中具体应用法律、法令的问题，由最高人民法院进行解释。凡属于检察院检察工作中具体应用法律、法令的问题，由最高人民检察院进行解释。"

可是，第一，从理论上说，法律本身的含义问题与具体应用法律的问题是不可能区分的。如后所述，解释不只是对制定法意义的说明，也包括使事实与规范相对应。法官在适用刑法时，离不开对制定法意义的说明。反之，立法解释对制定法意义的说明，实际上是指向某类或者某个具体案件的。第二，从事实上看，也不可能划清二者的界线。最高人民法院与全国人大常委会就相同条文作出过解释，换言之，最高人民法院能够作出解释的，全国人大常委会也能作出解释，反之亦然。例如，关于挪用公款罪的"归个人使用"的含义、关于黑社会性质组织的特征，最高人民法院与全国人大常委会都作出过解释，而且表述方式完全相同，只是内容存在差异。如果说法律本身的含义问题与具体应用法律的问题可以区分，最高人民法院与全国人大常委会就同一概念作出解释的现象,要么意味着最高人民法院的解释越权,要么说明全国人大常委会的解释过限。第三,从法律规定上看,同样不可能划清二者的界线。《关于加强法律解释工作的决议》第2条规定:"最高人民法院和最高人民检察院的解释如果有原则性的分歧,报请全国人民代表大会常务委员会解释或决定。"这本身就说明,立法解释完全可能解释应由"两高"进行解释的问题,因而表明立法机关可以就属于法院审判工作中具体应用法律、法令的问题,以及属于检察院检察工作中具体应用法律、法令的问题进行解释。人们由此能够得出立法机关介入了司法的结论吧![1]

　　法治与人治相对立。法治意味着国民生活在法的统治之下,而不是生活在人的统治之下。换言之,国民生活在成文法律的统治之下,而不是生活在立法机关的组成人员的统治之下,不是生活在人大代表的统治之下,也不是生活在立法机关的某个工作人员的统治之下,更不是生活在法律的起草者的统治之下。国民只能通过立法机关制定的成文法律规制自己的行为,而不是根据立法原意规制自己的行为。立法解释本身并不意味着人治,但与人治存在关联。如后所述,人们要求立法机关作出立法解释,常常是为了使立法机关阐述立法本意或者立法原意。可是,《刑法》是全国人民代表大会制定和通过的,几千名全国人大代表在对《刑法》投赞成票时,不可能对每一个条文都有相同的想法,因此,任何人都不可能得到全国人大代表完全一致的立法原意。于是,人们习惯于认为,只有全国人大常委会常设机关的工作人员与《刑法》的起草者,才知道立法原意;寻求立法原意的途径,便是询问全国人大常委会常设机关的工作人员或者《刑法》的起草者;追求立法原意的结局,是寻求全国人大常委会常设机关的工作人员的想法,或者寻求起草者在起草《刑法》时的想法。事实上也是如此。一些司法机关一旦遇到了难题,便询问全国人大常委会

---

[1] 不可否认,在最高人民法院与最高人民检察院均有权作司法解释的情况下,必然遇到最高人民检察院不赞成最高人民法院的司法解释(或者相反),以及双方的司法解释存在原则性分歧的情形。但这不是立法解释存在的理由,而且,对于上述情形完全可以通过其他途径合理解决。

常设机关的工作人员或者《刑法》的起草者;《刑法》的真实含义取决于这些工作人员与起草者的解释。① 甚至有人把全国人大常委会常设机关的工作人员编写的刑法理论书籍,视为一种立法解释。这显然不符合法治原则,而是类似于人治。

现代法治的基础是民主。从实体与内容上来说,法必须体现民意,必须保护人民的自由与利益。否则,就不可能有社会的正当性。但是,立法解释并不符合民主原则。立法解释的主体是全国人大常委会。当下,全国人大常委会不仅可以解释自己制定的法律,而且可以解释由全国人民代表大会制定的刑法等基本法律。于是,原本由代表人民的三千多名代表制定的刑法,后来由其中的一部分人决定其含义。这不仅与《宪法》第62条有关全国人民代表大会有权"改变或者撤销全国人民代表大会常务委员会不适当的决定"的规定相矛盾,而且难以使法治建立在民主之上。

只有当法律被人们信仰时,才能实现真正的法治。易言之,法律具有权威,人们对法律的规定深信不疑,法律的内容得到确证,是实现法治的重要条件。但是,立法解释的逻辑是谁制定法律谁解释法律,使得制定者之外的人不能根据文字的客观含义理解法律。这种做法必然导致人们不信赖事先制定的法律,损害法律的权威。以广告为例。人们在日常生活中经常看到各类广告,如经营者为销售产品、提供服务或举行某种"酬宾"活动而在报刊上刊登广告或者在电视上播放广告,广告的内容异常吸引人,可是当人们看到广告的最后一句"本广告内容的最终解释权属于经营者"或者"本次活动的最终解释权属于举办者"时,便开始怀疑广告内容的真实性,甚至断定广告内容就是虚假的。因为虽然人们根据广告的字面含义可能作出有利于消费者的解释,可最后的解释权在经营者,人们不知道经营者会如何解释。法律何尝不是如此。如果立法机关解释法律,人们便不能预测立法者将会对法律作出何种解释,因而不会确信法律。这便有损法律的权威,也限制了国民的自由,因而与法治相违背。

---

① 不少人以为笔者参与了现行刑法的起草,因而询问笔者:"您当初参加了刑法的起草,能否告诉我这个条文的立法原意是什么?"笔者在一些会议上,也多次听到参与过现行刑法起草工作的同志说:"我参与过现行刑法的起草,这个条文的立法本意是……"

(三)立法解释与罪刑法定

罪刑法定原则是刑法的生命,是法治在刑法领域的表现。它既是立法机关制定刑法、司法解释适用刑法必须遵循的原则,也是任何解释者必须遵循的原则。从逻辑上说,既然立法解释违背法治原则,当然也违反法治在刑法领域所表现出来的罪刑法定原则。但是,我们还是有必要进一步论述立法解释是否符合罪刑法定原则。

人们主张立法解释的最大理由在于,刑法是立法机关制定的,当然由立法机关来解释是最妥当的,也是符合罪刑法定原则的。诚然,根据罪刑法定原则,只能由立法机关规定什么行为是犯罪,对犯罪科处何种刑罚。但是,罪刑法定原则,是指罪刑由"刑法"规定或确定,而不是由"立法者"、"立法机关"规定或者确定,"刑法"与"立法者"、"立法机关"并非一体;具有法律效力的是由文字表述出来的,具有外部形式的刑法,而不是存在于立法者大脑中的内心意思。"刑法"是由文字构成的,通过文字规定什么行为是犯罪,对犯罪如何科处刑罚,故罪刑法定本身就要求对刑法进行客观解释。换言之,立法机关通过文字表述立法目的与法条含义,司法机关通过文字理解立法目的与法条含义。由于存在文字的限制,所以,司法机关不能超过文字可能具有的含义适用刑法。于是,司法权受到了适当限制,保障了国民的自由。另一方面,由于白纸黑字记载了法律内容,立法机关也不能超出文字可能具有含义作出立法解释。这既是罪刑法定主义的内容,也是法治的重要要求。

相反,要求立法解释,则可能违背罪刑法定原则。因为人们呼吁立法解释时,常常是由于自己不能作出某种解释,觉得自己的解释超出了刑法用语可能具有的范围因而属于类推解释,违反了罪刑法定原则,才要求立法机关作出解释。换言之,要求立法机关作出某种解释,实际上是想让类推解释合法化。可是,既然是立法"解释",也必须遵守罪刑法定原则。如果立法机关事后对成文刑法作类推解释,同样损害了国民的预测可能性,侵犯了国民的人权。即使立法机关的类推解释具有某种根据,也不应当被允许。例如,《刑法》第237条所规定的强制猥亵、侮辱妇女罪的对象仅限于"妇女",但现实生活中出现了女性强制猥亵男性的案件。显然,司法机关只能按"妇女"一词的客观含义适用《刑法》第237条,不能认为《刑法》第237条的"妇女"包括男性在内。同样,立法机关也不能作出"《刑法》第237条的'妇女'包括男性在内"的类推解释。即使立法机关事后拿出诸多证据,证明从刑法的起草到通过一直使用的是"他人"一词,其本意是包含男性在内,但公布刑法时使用了"妇女"一语,也不能成为作出上述类推解释的理由。再如,《刑法》第243条规定,"捏造事实诬告陷害他人,意图使他人受刑事追究,情节严重的",构成诬告陷害罪。由于行为人的主观意图必须是使他人受"刑事"追究,故对于该条中的"事实"必须解释为犯罪事实。① 当现实生活中发生行为人诬告他人触犯《治安管理处罚法》,意图使他人受行政处罚的案件时,司法机关不能将其中的"刑事追究"类推解释为"法律追究"。同样,立法机关也不能作出这种类推解释。由此可见,立法机关不能作出属于类推解释的结论;使类推解释"合法化"的立法解释,同样违反了罪刑法定原则。

另一方面,立法机关在制定立法解释时,会以为自己是从事立法活动(事实上,也是由《立法法》对立法解释作出了较为具体的规定),进而会认为自己有权作出符合需要、符合目的的解释。结果是,立法机关可能自觉或者不自觉地作出类推解释。事实上,原本可以由最高人民法院作出司法解释的,最高人民法院因为担心属于类推解释而受到批判,往往将解释推给立法机关。立法机关则不担心自己是否违反罪刑法定原则而作出解释。其实,如果解释结论包含在法条的文字含义之内,立法解释就毫无必要。如果解释结论超出了法条用语可能具有的含义,立法机关也无权作出这种解释。概言之,立法解释实际上是让违反文字含义的意思优于符合文字含义的意思,有违反罪刑法定原则之嫌。

总之,即使现行法律规定立法机关具有立法解释权的情形下,立法机关也不宜对刑法作出立法解释(即使作出立法解释,也不得作出类推解释)。

---

① 至于对这里的"犯罪事实"应当如何解释,则是另一回事。

二、罪刑法定与解释目标

主张或者强调立法解释,是为了追求立法原意或者立法本意,在解释目标上采取的是主观解释论。其逻辑理由是,刑法是立法者制定的,制定者才知道刑法的本意,刑法的解释就是要揭示刑法的本意,所以,立法者解释刑法是最妥当的。但是,主观解释论存在问题。换言之,追求立法原意是存在疑问的。

"立法原意"是什么,并不是十分明确的问题。就立法者而言,探知立法原意是一个自我认识的过程。"对于我来说,我自己是什么只能通过我自己生活的客观化而表现出来。自我认识也是一种解释,它不比其他的解释容易,的确可能比其他的解释更难,因为我只有通过给我自己的生活以符号才能理解我自己,并且这种符号是由他人反馈给我的。所有的自我认识都以符号作为中介。"[1]而且,立法者不是一个人,参与立法的许多人的意图并不总是一致的。正如哈里·W. 琼斯(Harry W. Jones)所言:"如果'立法意图'被期待来表示上下立法两院的全部成员对法规术语所作的一种一致解释,那么显而易见,它只是一个纯属虚构的概念而已。"[2]因为全国人民代表大会在审议通过刑法时,并不是逐条审议通过的,况且代表们对每个条文的理解不可能相同,这意味着代表们是按照各自不同的理解投下赞成票的。事实上,代表们很可能只是关注部分条文,而对许多条文漠不关心。所以,要了解全国人民代表大会的立法原意,是不可能的。现代各国立法者都较少甚至并不进行立法解释,即使在刑法理论上与审判实践上出现了极大分歧时,立法者也"袖手旁观",并不轻易站出来说几句"公道话"。这既表明立法原意是难以确定的,也表明立法者允许解释者在法文可能具有的含义内进行客观解释。

---

[1] 〔法〕保罗·利科尔:《解释学与人文科学》,陶远华等译,河北人民出版社1987年版,第50页。

[2] 转引自〔美〕E. 博登海默:《法理学:法律哲学与法律方法》,邓正来译,中国政法大学出版社1999年版,第516页。

立法者在制定刑法时,常常以过去已经发生的案件作为模型来表述构成要件,而难以甚至不可能想象到刑法在适用过程中发生的形形色色的案件,面对立法时未曾发生过、立法者未曾预想过的案件,立法者不可能有立法原意。正如美国联邦最高法院法官斯卡里亚(Antonin Scalia)所言:"法院所争议的解释论上的争论点中,有99.99%是不存在议会意图的。"①因为99.99%的案件是非典型的案件,立法者在制定时未曾想到过,当然也就未曾有立法原意。例如,行为人虚开增值税专用发票,但不以骗取税款为目的,客观上也不能骗取税款的,能否以《刑法》第205条治罪?这是修订《刑法》之前未曾预想过的案件,立法者对这类案件的处理不可能存在原意或者本意。再如,立法者认为应当处罚盗窃罪、侵占罪与诈骗罪,于是在刑法分则第五章规定了这些犯罪。可是,如何处理这三罪之间的关系,是司法机关经常遇到的问题。但立法机关在制定刑法时不可能考虑这些犯罪之间的关系问题,因而也不可能在此问题上存在原意。在这些并不存在立法原意的场合,任何解释者声称其解释符合立法原意时,实际上是在欺骗他人。因为在这些场合根本不存在立法原意。同样,在这些并不存在立法原意的场合,如果立法机关作出解释,就不可能是在揭示原本并不存在的立法原意,而只能是在刑法用语可能具有的含义内进行客观解释。

即使认为立法原意是指制定刑法时的人民群众的意志,也不能采取主观解释论。诚然,难以否认的是,刑法是人民群众意志的反映,因此,刑法解释必然受人民群众意志的拘束。但是,这并不意味着刑法解释受制定刑法时人民群众意志的拘束,而是意味着刑法解释受解释时的人民群众意志的拘束。虽然刑法在制定时是人民群众意志的体现,但解释者的根本标准,是解释时的人民群众意志。②例如,《刑法》制定于1997年,反映了当时的人民群众的意志,但不一定反映了人民群众2007年时(解释时)的意志,如果人民群众在这两个时期的意志没有发生变化,也应以解

---

① 〔美〕A.斯卡里亚:《关于法律解释中的立法史的利用》,〔日〕中川太久译,载《法学家》1998年第5号,第79页。
② 参见〔日〕渡边洋三:《法社会学与法解释学》,岩波书店1959年版,第109页以下。

释时的人民群众的意志为标准;如果人民群众的意志发生变化,即立法当时的人民群众意志不能表现解释时的人民群众意志,就必须通过解释来使之变更。所以,解释者要在解释中反映不断变化的人民群众意志。正因为如此,刑法理论总是不断出现新观点。由此看来,对刑法进行客观的解释不仅符合罪刑法定原则的形式要求,而且符合其实质要求与思想基础。

即使立法者在制定刑法时,对某些条文存在立法原意,该立法原意也可能具有缺陷。立法原意的缺陷可能表现为两种情况:一是在制定刑法时,立法原意就可能存在缺陷;二是制定刑法时没有缺陷的立法原意,在社会发展之后显露出缺陷。因为刑法是人制定的,而不是神制定的;一般人可能出现的疏忽,在立法者那里也可能出现;刑法是立法机关制定的,但立法机关的成员并非都是刑法学家;即使都是刑法学家,刑法的缺陷也难以避免。正如德国学者雅科布什(Grünther Jakobs)所言,法律草案的理由与议会审议时发表的意见,充其量只是若干议员意见的征表;多数议员因为欠缺专门知识或利害关系的考量而没有顾及法律规定的目的;作为制定法律的前提的状况事后会发生变化,采取主观解释论便不合适。① 换言之,在立法原意存在缺陷的情况下,如果坚持主观解释论,这些立法原意的缺陷就不能得到补正。

刑法是成文法,它通过语词表达立法精神与目的,因此,解释者应当通过立法者所使用的语词的客观意义来发现立法精神与目的。文字是传递信息的工具。从一般意义上说,除了文字以外,还有其他东西也能传递信息,如说话、红绿灯、电报代码、数学符号、化学公式、眼神、手势、动作等。但是,成文刑法所要求的是用文字表述法律。因为文字可以固定下来,人们可以通过文字反复斟酌法律含义;文字还可以广为传播,使全体国民通晓;更重要的是,以文字表述法律,可以防止立法机关"说话不算数",防止司法机关"言出即法"。除了文字之外,不允许采用其他任何符号固定法律,这是罪刑法定原则的要求。既然立法者表达立法精神与目

---

① Grünther Jakobs, Strafrecht Allgemeiner teil, 2. Aufl., Walter de Gruyter 1993, S.76.

的的唯一工具是文字,文字中渗透着立法精神与目的,那么,要把握立法精神与目的就必须从文字中找根据。文字具有客观含义,正因为如此,立法者选择文字这种工具来表达立法精神与目的。所以,解释者必须从法文的客观含义中发现立法精神与目的,而不是随意从法文以外的现象中想象立法精神与目的。这是对刑法进行客观解释的逻辑结论。正如英国法学家詹姆斯所言:"议会的意图不是根据它的用心来判断,而是根据此用心在制定法中所作的表述来判断的。"①所以,采取主观解释论,并不符合罪刑法定原则。

刑法一经制定与颁布,就是一种客观存在,与立法原意产生距离,这为客观解释提供了根据。"写下的'话语'带有一系列使文本脱离说话时条件的特点,黎克尔(即利科,Paul Ricoeur——引者注)称之为'远化'(Distanciation)。它有四种主要形态:一是听说的意义超出说话这件事;写下的是'意义';'语言行为'变了。二是写下的话与原来的说话人有了距离。说话时说话人想讲的意义和说话当时讲出的话的意义时常重叠;写下的文本就不是如此;文本的意义和原有的心理的意义分离了。三是写下的话和原来的听者有了距离。原先是有限的听众,现在是不定数的未知的读者。文本脱离了'上下文',离开了产生它的社会历史条件。四是文本脱离了表面的'参照'(reference 大概兼有自然科学与社会科学双方的意义,也是符号学的用语)的限制,有了与说话不同的'参照''方面'(dimension,'维'、'元'、'度',因为'参照'是'多维'的)。"②利科的上述观点表明,当作者创造出一个文本之后,该文本就脱离了作者的原意,按照其自足的生命生存下去。我们现在随处可见《唐诗鉴赏辞典》、《宋词鉴赏辞典》之类的书籍,读一读也会发现当代作者对唐诗、宋词的解释相当精妙。但是,当代作者绝不是寻求唐宋代作者在创作诗词当时是什么原意,而是根据客观存在的诗词本身进行分析、解释。同样,当A对B说"B是混蛋"时,B一定是按照这句话的客观含义理解它,而不可能问A

---

① 〔英〕G.D.詹姆斯:《法律原理》,关贵森等译,中国金融出版社1990年版,第50页。
② 金克木:《比较文化论集》,生活·读书·新知三联书店1984年版,第239页。

"你这句话的本意是什么"。即使 A 向 B 辩解说"我的本意是赞扬你", B 也不会同意 A 的辩解, 其他人也不会同意 A 的辩解。换言之, A 说"B 是混蛋"这句话的本意是什么, 已经不是人们关心的问题; "B 是混蛋"这句话的客观含义也不会随着 A 的意志的改变而改变。基于同样的理由, 刑法被立法者制定出来以后, 就成了一种脱离立法者的客观存在, 人们应当根据客观存在本身去理解它、解释它, 而不是询问立法者当初是何种本意。

  刑法具有相对的稳定性, 但它同时必须适应社会发展的需要, 否则便没有生命力。然而, 立法原意是制定刑法当时的意图, 即使承认它的存在, 它也不能随时产生变化, 故主观解释论不能适应社会发展的需要。"并入制定法中的意义, 也可能比立法者在他们工作中所想到的一切更加丰富——即使他们想到了, 人们可能并不总是强调议员们对制定法表决所说出的东西。制定法本身和它的内在内容, 也不是像所有的历史经历那样是静止的('往事保持着永恒的寂静'), 而是活生生的和可变的, 并因此具有适应力。……新的技术的、经济的、社会的、政治的、文化的、道德的现象, 强烈要求根据现有的法律规范作出法律判断。在法律被迫迎合一些历史的立法者完全不可能了解和思考的现象和情势时, 就超越了立法者。'制定法一旦出现, 就踏入社会效力领域, 从那时起, 制定法就从社会效力领域那里……对自己的内容作进一步的改造。'①因此, 我们就处在比历史的立法者自己所作的理解'更好地去理解'制定法的境地之中。设想我们从当代, 带着几十年的问题, 回到与我们根本无涉的立法者的意志中, 不可能是我们的使命。"②语词的客观含义是多种多样的, 在此时代, 我们可以取其中的此含义; 在彼时代, 我们则可以取其中的彼含义。不仅如此, 语词的含义还可能随着时代的发展而发展, 这又使刑法能适应时代的变化。英国 1215 年的《大宪章》是当时的贵族、僧侣及市民为了抑制国王的专制、保护其既得利益而迫使英王制定的, 可以说是封建契约文

---

① 梅茨格尔:《整体刑法学杂志》59(1940), 第 573 页。——原文注释
② 〔德〕卡尔·恩吉施:《法律思维导论》, 郑永流译, 法律出版社 2004 年版, 第 109—110 页。

件。其第 29 条规定:"不得剥夺任何自由人的财产、自由及自由习惯。"这里的"自由及自由习惯",原意是指古代的和封建的自由习惯。但是,后来由于交易的需要,英国人解释说,贸易自由也包括在"自由及自由习惯"之内,并宣称,贸易自由是英国人自古享有的权利,受到《大宪章》的保护,国王和其他任何人都不得随意干涉。另一方面,其中的"自由人"也与原意不一样,被解释为所有人,任何人。结果,这条规定在都铎王朝末期成为英国人民反对封建制度的强大法律武器,使《大宪章》原本具有的封建性逐渐淡化,其宪法性日益突出。① 如果要追求原意,将原意作为解释目标,那么,《大宪章》不可能产生如此重大的作用。美国宪法之所以在两百多年中保持其稳定性,而又能适应美国社会的现实,原因之一是对宪法进行客观解释。换言之,同时代的解释,使得美国宪法一直适应美国社会的不断变迁;不断的客观解释,使得美国宪法可以稳定两百多年。如果采取主观解释论,美国宪法条文就不可能不发生变化,也就不可能如此稳定且适应美国现实。刑法何尝不是如此!日本现行刑法颁布于 1907 年,从 1907 年至今,日本国内的政治、经济等形势发生了翻天覆地的变化,却一直没有通过新刑法典(有过多次修改)。其中的原因之一是,高素质的司法人员,能够在罪刑法定主义指导下,将现行刑法的作用发挥得淋漓尽致;其中,学者们功不可没,他们既不指责现行刑法的缺陷,也不企盼国会制定出理想的法典,更不企盼国会作出立法解释,而是在宪法精神指导下,充分进行客观的解释、目的论解释、同时代的解释,从而使这部 100 年前颁布的刑法典仍然适应现在的需要。最令人感叹的是,对于这部受新派刑法理论影响所制定的刑法典,日本刑法理论与审判实践通常是在旧派刑法理论指导下进行解释的。如果日本的学者与法官总是追求立法原意,不仅不能使这部刑法典适应当代的日本社会,而且意味着日本人都生活在死人的统治之下。这是不可思议的!

强调主观解释论,多多少少反映出人治的观念。依法治国,要求立法者也受其所制定的成文法的统治。"法律概念一如其他人类创造力的表

---

① 程大汉:《英国法制史》,齐鲁书社 2001 年版,第 222 页以下。

征,往往本身具有生命,使得创造它们的作者反被它们左右而非左右它们。"①但是,一旦采取主观解释论,由立法机关对其制定的成文法进行解释,就意味着法律概念不能左右其作者(立法者),而是作者(立法者)左右着法律概念。事实上,如前所述,由于人们不可能了解全国人民代表大会的立法原意,所以,常常将全国人大常委会常设机构中的工作人员的意思或者其他参与起草的人员的意思,理解为立法原意。于是,某种解释结论是否合适,就由参与起草的人员决定。不能不认为,这是人治的反映与表现。

总之,对刑法的解释不能采取主观解释论,只能采取客观解释论。旁观者清,由读者解释作品比作者解释作品更有说服力,同样,由适用者解释刑法比立法者解释刑法更有优越性。所以,以主观解释论为根据要求立法解释的观点,是难以成立的。当然,反对主观解释论,并不意味着在刑法解释的过程中不需要考察立法背景与立法沿革或立法史。但是,对立法背景或者立法沿革的考察,绝对不意味着在适用刑法时应当按照立法者当初的本意解释刑法。相反,考察立法背景与立法沿革,常常是为客观解释提供依据的。

如前所述,法律本身的含义问题与具体应用法律的问题是不可能区分的。更为重要的是,法律本身的含义是在具体应用中发现和发展的,二者不可分离。虽然成文刑法是正义的文字表述,但并不意味着仅仅根据文字就可以发现刑法的全部真实含义。事实上,不管是采取主观解释论,还是采取客观解释论,都不是单纯通过法条文字揭示刑法的真正含义。有的国家刑法制定了近百年,近百年来,无数的学者、法官、检察官、律师都在解释刑法;而且,只要该刑法没有废止,还将继续解释下去。无论是披露立法者的原意,还是揭示法条的字面含义,都不至于花费上百年甚至更长的时间。人们之所以一直在解释现行有效的刑法,是因为活生生的正义还需要从活生生的社会生活中发现;制定法的真实含义不只是隐藏

---

① 〔英〕丹尼斯·罗伊德:《法律的理念》,张茂柏译,新星出版社2005年版,第239—240页。

在法条文字中,而且隐藏在具体的生活事实中。即使解释者单纯根据法条文字得出的结论具有正义性,也只是一般正义;而刑法的适用除了实现一般正义外,还必须在具体的个案中实现个别正义。所以,一方面,任何一种解释结论的正义性,都只是相对于特定的时空、特定的生活事实而言,生活事实的变化总是要求新的解释结论。"任何一种解释如果试图用最终的、权威性的解释取代基本书本的开放性,都会过早地吞噬文本的生命。"①解释者应当正视法律文本的开放性,懂得生活事实会不断地填充法律的含义,从而使法律具有生命力。另一方面,"规范必须与生活事实进入一种关系,它必须符合事物。这就是我们所称的'解释':探求规范的法律意义。然而这种意义并非如传统法学方法论所说的,仅隐藏在制定法中,隐藏在抽象而广泛的意义空洞的法律概念中,相反地,为了探求此种意义,我们必须回溯到某些直观的事物,回溯到有关的具体生活事实。没有意义,没有拟判断之生活事实的'本质',是根本无法探求'法律的意义'的。因此,'法律意义'并非固定不变的事物,它系随着生活事实而变化——尽管法律文字始终不变——,也就是随着生活本身而变化。"②所以,法律的生命不仅在于逻辑,而且在于生活。

正因如此,刑法分则条文并非界定具体犯罪的定义,而是以抽象性、一般性的用语描述具体犯罪类型,使刑法分则所描述的犯罪类型具有开放性。犯罪类型虽然有一个固定的核心,但没有固定的界线。即使立法者当初根本没有想象到的事实,经过解释也可能完全涵摄在刑法规范中;或者相反。于是,经过解释后的刑法,不再是制定时的刑法;虽然刑法的文字仍然相同,但其内容已经改变。所以,成文刑法比立法者更聪明。③

为了使法律满足一个处在永久运动中的社会的所有新的需要,解释者在面对某种崭新的生活事实,同时根据正义理念认为有必要对之进行刑法规制时,总是将这种生活事实与刑法规范相对应,现实的生活事实成

---

① 〔英〕韦恩·莫里森:《法理学》,李桂林等译,武汉大学出版社2003年版,第555页。
② 〔德〕亚图·考夫曼:《类推与"事物本质"——兼论类型理论》,吴从周译,台湾学林文化事业有限公司1999年版,第89页。
③ 参见〔德〕亚图·考夫曼:《法律哲学》,刘幸义等译,台湾五南图书出版有限公司2000年版,第236—237页。

为推动解释者反复斟酌刑法用语真实含义的最大动因。当行为人携带刀具、棍棒等抢夺时,解释者会习惯于将"凶器"解释为一种器具;而当行为人携带含有 SARS 病毒的注射器实施抢夺行为时,便会迫使解释者回答"含有 SARS 病毒的注射器是否凶器"这样的问题。要追问立法者当初是否曾经想到过有人会携带含有 SARS 病毒的注射器实施抢夺行为,是不明智的。所以,当解释者将"携带凶器抢夺"作为判断案件的大前提,而面对行为人携带含有 SARS 病毒的注射器抢夺的事实时,必然不断地对构成要件要素("凶器")进行解释,不断地对现实事实进行分析。换言之,判断者的目光应不断地往返于大小前提之间,使刑法规范与生活事实交互作用,从而发现法律、作出判决。

具体地说,法学家与法官"必须把他应当判决的、个别的具体的个案与组成实在法的法制的或多或少是抽象把握的各种规则联系起来。规则和案件是他的思维的两个界线。他的考虑从案件到规则,又从规范到案件,对二者进行比较、分析、权衡。案件通过那些可能会等着拿来应用的、可能决定着判决的规则进行分析;反之,规则则是通过某些特定的个案或者案件类型进行解释"①。换言之,在刑法解释、适用的程序中,必须对刑法规范与案例事实交互地分析处理,一方面使抽象的法律规范经由解释成为具体化的构成要件,另一方面,要将具体的案例事实经由结构化成为类型化的案情;二者的比较点就是事物的本质、规范的目的,正是在这一点上,形成构成要件与案例事实的彼此对应。即"规范成为'符合存在的',案件成为'符合规范的'。并且逐步地规范变成较具体的、较接近现实的,案件变成轮廓较清楚的,成为类型"②。也就是说,一方面要将生活事实与规范相拉近,另一方面将规范与生活事实相拉近。二者是一种同时且连续发展的由事实自我开放的向规范前进和规范向事实前进。"只有在规范与生活事实、应然与实然,彼此互相对应时,才产生实际的法律:

---

① 〔德〕H.科殷:《法哲学》,林荣远译,华夏出版社 2003 年版,第 196 页。
② 〔德〕亚图·考夫曼:《法律哲学》,刘幸义等译,台湾五南图书出版有限公司 2000 年版,第 237 页。

法律是应然与实然的对应。"①

人们期待立法解释,是为了使立法机关作出一种最终的、权威性的解释,是为了避免各种争论。但是,这种立法解释既过早地吞噬了刑法文本的生命,又妨碍了刑法理论的发展,进而妨碍了刑事立法的发展。换言之,立法解释虽然有可能在短时内解决部分问题,却是以缩短刑法文本的生命、削减刑法理论的繁荣为代价的。

人们主张立法解释,是以为仅仅从刑法的文字表述中就可以发现刑法的真实含义,但事实上并非如此。由于刑法的真实含义需要从具体案件中发现,要在事实与规范的对应过程中发现,而立法机关的任务是将正义理念与将来可能发生的事实相对应,从而形成法律规范,并不是将已经发生的具体事实与法律规范相对应,因而难以从具体案件事实中发现法律的真实含义。所以,立法解释并不是发现法律真实含义的良好途径。

三、罪刑法定与类推解释

刑法的解释方法多种多样,其中,有的解释方法本身就被认为违反了罪刑法定原则,因而被禁止采用,那就是类推解释。② 换言之,即使类推解释的结论具有相当的合理性,也不能采取类推解释。罪刑法定原则形式侧面的禁止类推解释,是禁止一切类推解释。但是,罪刑法定原则的实质侧面以及法治原则,决定了禁止类推解释只是禁止不利于被告人的类推解释。换言之,允许有利于被告人的类推解释。

(一) 类推解释的含义

首先要讨论的是,罪刑法定所禁止的不利于被告人的类推解释,是一种什么样的解释?这直接关系到应否、能否禁止类推解释的问题。

---

① 〔德〕亚图·考夫曼:《法律哲学》,刘幸义等译,台湾五南图书出版有限公司2000年版,第148页。
② 本书所称类推解释,包括1979年《刑法》第79条所规定的类推适用,换言之,本书并不严格区分类推解释与类推适用。

人们会在不同意义上使用类推概念。主张类推就是检讨事物之间性质的一致性，或者认为类推是通过类比推理的方法阐释刑法条文的含义的学者，必然赞成类推。例如，德国学者索尔（Sauer）认为，法律上的类推就是理性、均衡地对待法律案例的表现。克拉格（Klug）将类推适用的有效基础建立在类似性范围之中，又证明类似性范围是无法定义、非逻辑却又是有目的取向的。这便促使了法学方法上对类推适用做实质性思考。萨克斯（Sax）则明确指出，作类似性判断时，所要检讨的事物之间性质的一致性，是透过具体的性质特征以及具体的标准去掌握，从逻辑上抽象地掌握类似性是做不到的；法解释的任务不是将法条文字作一个清楚的阐明，而是要发掘法律的意义；透过法律上的类推，才能使法律的意义发挥其作用；法律上的类推是一个中间地带，介于为实证法律所规范之领域及确定未为法条规定之领域二者之间；法律上的类推是以相同的规范目的为理由，导出可适用相同法律效果之结论。所以，法律上的类推与法解释之间其实是互通的，因为法律上的类推只有在目的论的法律解释的范围内，才称得上是逻辑上的正确推论。萨克斯同时认为，允许类推并不是意味着否认罪刑法定原则；判断是否违反罪刑法定原则，则要看类推是否已经超出了可容许的目的解释的界线；这需要做严谨的求证，单纯诉诸类推禁止并无意义。哈塞默尔（Hassemer）认为，构成要件及其要素是借着特定的观点而得以与现实之间相比较，进而产生联系，因此，解释的过程就是类推的过程，或者说法律的适用就是类推的程序。① 这些大体上赞成类推的观点，并不认为类推解释导致将刑法没有规定的行为也定罪处罚。因为这些观点所赞成的类推，并不是赞成法官创制新规范，而是赞成法官可以进行类比推理。

我国也有学者指出，虽然我国刑法总则规定了罪刑法定原则，但刑法分则大量地规定了类推适用的内容。如《刑法》第114条规定了"以其他危险方法危害公共安全"，这就需要根据行为之间所具有的类似性判断哪些行为属于"其他方法"。此外，类推解释与扩大解释之间并无实质区

---

① 参见徐育安：《刑法上类推禁止之生与死》，春风煦日论坛1998年版，第44—110页。

别,只是程度上的差异,既然允许扩大解释,就难以禁止类推解释。概言之,刑法适用的过程,就是一个寻找事实和刑法规范所规定的行为类型之间的相似性的类比或者说类推的过程。① 在本书看来,倘若认为类推解释意味着对案件事实与刑法规范之间寻找相似性,当然不可能禁止类推解释。(1)虽然成文刑法是正义的文字表述,但并不意味着仅仅根据文字就可以发现刑法的全部真实含义。事实上,"一个词的通常的意义是在逐渐发展的,在事实的不断出现中形成的"②;制定法的真实含义不仅要在法条文字中发现,而且要在具体的生活事实中发现。所以,只有与生活事实相比对,才能对刑法用语作出解释。(2)刑法分则条文并非界定具体犯罪的定义,而是以抽象性、一般性的用语描述具体犯罪类型。判断具体的案件事实是否符合法定的犯罪类型,本身就是一个类比的过程。司法工作人员的目光总是不断地往返于大小前提之间,使刑法规范与生活事实交互作用,从而发现法律、作出判决。(3)规范与事实之所以能够取得一致,是由于存在一个第三者,即当为与存在之间的调和者——事物的本质。"'事物本质'是一种观点,在该观点中存在与当为互相遭遇,它是现实与价值互相联系('对应')的方法论上所在。因此,从事实推论至规范,或者从规范推论至事实,一直是一种有关'事物本质'的推论。"③之所以认为将他人的戒指扔入大海与毁坏他人财物相对应,是因为刑法规定故意毁坏财物罪的目的在于保护他人财产,保护的方式是禁止毁坏他人财物;而将他人的戒指扔入大海的行为本质,是毁坏了他人财产。如果不是从这一"事物本质"出发,毁坏他人财物的构成要件与将他人戒指扔入大海的行为,是难以相互对应的。概言之,使案件事实与构成要件相对应,是刑法适用方法,也是刑法解释方法。倘若认为使案件事实与构成要件相对应(相符合或者相类似)的方法也是类推解释,那么,罪刑法定原则就不可禁止类推解释。在笔者看来,主张罪刑法定并不禁止类推解

---

① 黎宏:《"禁止类推解释"之质疑》,载《法学评论》2008年第5期,第45页以下。
② 〔法〕基佐:《欧洲文明史》,程洪逵、沅芷译,商务印书馆1998年版,第7页。
③ 〔德〕亚图·考夫曼:《类推与"事物本质"——兼论类型理论》,吴从周译,台湾学林文化事业有限公司1999年版,第103页。

释的学者,大体上是将类比推理、扩大解释归入类推解释了。而主张罪刑法定禁止类推解释的学者,则是在另一种意义上使用了类推解释的概念。换言之,赞成与反对类推解释的学者对"类推解释"的理解并不完全相同。

本书认为,罪刑法定原则所禁止的类推解释,是指解释者明知刑法没有将某种行为规定为犯罪,但以该行为具有危害性、行为人具有人身危险性等为由,将该行为比照刑法分则的相似条文定罪量刑。换言之,罪刑法定原则所禁止的类推解释,是指超出了通过解释可以得到的刑法规范规定的内容,因而是制定新的刑法规范的一种方法(严格地说,已经不是"解释"与"适用"了)。因为罪刑法定意味着法无明文规定不为罪、法无明文规定不处罚,其核心是限制立法权与司法权,尤其是限制司法权。而罪刑法定原则所禁止的内容,必然是违反法无明文规定不为罪、法无明文规定不处罚原则的观念与做法。既然认为罪刑法定禁止类推解释,那就意味着类推解释所做的是法无明文规定也定罪、法无明文规定也处罚。反过来说,被禁止的类推解释,只能是违反了罪刑法定原则的解释;符合罪刑法定原则的解释,不可能成为类推解释。至于如何判断解释是否类推解释,以及如何区分扩大解释与类推解释,则是需要进一步讨论的问题。概言之,所谓禁止类推解释,实际上禁止的是"法无明文规定也处罚"的思维(观念)与做法。在某种意义上说,某种解释是否属于类推解释的争论,实际上具体表现为某种案件事实能否被某个分则条文所涵摄、是否与某种犯罪的构成要件相符合的争论。或者说,某种解释是否属于类推解释的争论,实际上是关于某种行为是否属于"法无明文规定"的争论。

如后所述,本书也认为类推解释与扩大解释的区别具有相对性,二者之间可谓只有程度上的差异,但这并不意味着罪刑法定原则可以允许类推解释。诚然,在某种意义上说,类推解释也可谓扩大解释,但是,扩大解释也有合理与不合理之分。某种扩大解释明显违反法无明文规定不为罪的原则时,将其称为类推解释更为合适。例如,将刑法分则所规定的"信件"解释为包括电子邮件乃至手机短信在内,是可能被人接受的合理解释

(既没有超出用语可能具有的含义,结论也具有合理性);而将刑法分则所规定的"妇女"解释为包括男性在内,虽然也可以说是不可能被任何人接受、不能被允许的扩大解释,但将其称为类推解释更为妥当。所以,刑法理论应当区分两种界线:其一是类推解释与扩大解释的界线,其二是合理的扩大解释与不合理的扩大解释的界线。不合理的扩大解释也是应当禁止的,但不合理的内容或者说被评价为不合理的根据可能不同。也许可以这样认为,广义的不合理的扩大解释,也有两种类型:一是因为违反罪刑法定原则,进而可归入类推解释的情形(如将"妇女"解释为包括男性在内);二是虽不一定违反罪刑法定原则,但解释结论不合理的情形(如将"持枪抢劫"解释为包括持假枪抢劫)。退一步而言,即使认为类推解释就是扩大解释,我们依然需要区分被允许的扩大解释与不被允许的扩大解释。而将不被允许(即违反罪刑法定原则)的扩大解释归入被禁止的类推解释,更有利于"禁止类推解释"充分发挥批判性功能。对于刑事司法而言,贯彻罪刑法定原则的关键是通过禁止类推解释杜绝法"无明文规定也处罚"的现象;倘若认为罪刑法定原则并不禁止类推解释,则意味着司法机关可以进行类推解释,这便难以限制司法机关的权力,难以贯彻罪刑法定原则。

显然,在刑法理论与司法实践中,具有"法无明文规定也处罚"的思维的人并不多见,换言之,几乎没有学者与法官会主张"法无明文规定也处罚"。但是,这并不意味着事实上不存在类推解释的现象。因为即使学者与法官并不主张"法无明文规定也处罚",但其对刑法的解释与适用,可能在事实上形成了"法无明文规定也处罚"的局面。例如,倘若一名法官虽然极力主张法无明文规定不为罪、法无明文规定不处罚,但在审理甲以欺骗方法拐卖15周岁的男性少年乙的案件的过程中,以乙虽然已满15周岁,但其智力仅与10周岁儿童的智力相当,应以儿童对待为由,认定甲的行为构成拐卖儿童罪时,便在事实上形成了"法无明文规定也处罚"的局面。

虽然从实质的合理性来说,对于以欺骗方法拐卖15周岁的男性少年的行为,也应定罪量刑。换言之,这种类推解释的结论符合正义理念,具有实质的合理性。① 但是,在经济发展的复杂社会与重视人权的法治时代,不可能直接根据正义理念或自然法认定犯罪。否则,"尤像18世纪自然法所展示的,走入法的不安定性和任意性"②。因为,正义"随时可呈不同形状并具有极不相同的面貌"③,而"法律应当是客观的,这一点是一个法律制度的精髓"④。所以,活生生的正义必须具体化、实证化。换言之,"在论述自然法时,永远不可能是谈论一个完整的、随时随地(hic et nunc)都可以应用的制度,而是仅仅涉及正义的一些原则。但是,这些原则需要进行某种具体化,才能应用于某些特定的生活情景。这种必要的改造由实证化(Positiverung)来完成,实证化把那些原则变为具体的、切实可行的法的规则"⑤。正因为如此,以实现民主与尊重人权(保障国民自由)为己任的罪刑法定原则,要求以成文的法律规定犯罪与刑罚(成文法主义)。只要是法无明文规定的行为,即使处罚的必要性再大,也不得定罪量刑。所以,即使类推解释的结论具有实质的合理性,也不得采取类推解释方法定罪量刑。

(二) 司法解释与罪刑法定

虽然司法工作人员几乎没有"法无明文规定也处罚"的观念,但我国刑法适用的特点,导致司法工作人员认为只要有司法解释的明文规定就

---

① 应当承认,在不少情形下,类推解释的结论本身具有合理性。例如,《日本刑法》第174条规定了公然猥亵罪,其最高法定刑为6个月惩役;第175条规定了公然陈列淫秽物罪,其最高法定刑为2年惩役。表演含有性交等动作的淫秽脱衣舞的行为仅成立公然猥亵罪;而将上述表演录制成电影后予以放映的,反而成立更重的公然陈列淫秽物罪。于是,有学者认为,对表演淫秽脱衣舞的行为,应认定为公然陈列淫秽物罪。唯此,才能实现公平正义(参见〔日〕植松正:《再订刑法概论各论 II 各论》,劲草书房1975年版,第260页)。但是,将人解释为"物",容易被认定为类推解释。再如,在我国,将强制猥亵男性的行为,类推适用强制猥亵妇女罪的规定,也具有合理性,但这是明显的类推解释。部分情形下类推解释的结论本身的合理性,正是类推解释难以禁止的重要原因。

② 〔德〕阿图尔·考夫曼、温弗里德·哈斯默尔主编:《当代法哲学和法律理论导论》,郑永流译,法律出版社2002年版,第18—19页。

③ 〔美〕E. 博登海默:《法理学:法律哲学与法律方法》,邓正来译,中国政法大学出版社1999年版,第252页。

④ 〔英〕G. D. 詹姆斯:《法律原理》,关贵森等译,中国金融出版社1990年版,第50页。

⑤ 〔德〕H. 科殷:《法哲学》,林荣远译,华夏出版社2003年版,第171—172页。

可以处罚的观点极为普遍。一些司法工作人员担心自己的解释属于类推解释,但不考虑司法解释是否属于类推解释。即使一些司法工作人员怀疑某个司法解释是类推解释,也会无所顾忌地适用该司法解释。所以,在当前的局面下,首先要做到的是在司法解释中杜绝类推解释。

笔者同样并不认为司法解释的起草者与审议者具有"法无明文规定也处罚"的观念,但这也不意味着司法解释中不存在"法无明文规定也处罚"的现象。因为即使反对类推解释的人,也可能由于某种原因事实上作出了类推解释。

例如,最高人民法院、最高人民检察院2001年7月3日《关于办理伪造、贩卖伪造的高等院校学历、学位证明刑事案件如何适用法律问题的解释》规定:"对于伪造高等院校印章制作学历、学位证明的行为,应当依照《刑法》第280条第2款的规定,以伪造事业单位印章罪定罪处罚。明知是伪造高等院校印章制作的学历、学位证明而贩卖的,以伪造事业单位印章罪的共犯论处。"本书认为,明知是伪造高等院校印章制作的学历、学位证明而贩卖的,只有事前与伪造者通谋,才能认定为伪造事业单位印章罪的共犯;如果在伪造者伪造学历、学位证明后再贩卖的,即使明知为伪造的学历、学位证明,也不能认定为伪造事业单位印章罪的共犯;否则有悖于刑法总则关于共同犯罪的规定,也导致将贩卖行为解释为伪造行为,形成了类推解释。

再如,《刑法》第145条对生产、销售不符合标准的医用器材罪所规定的构成要件是,"生产不符合保障人体健康的国家标准、行业标准的医疗器械、医用卫生材料,或者销售明知是不符合保障人体健康的国家标准、行业标准的医疗器械、医用卫生材料,足以严重危害人体健康"。最高人民法院、最高人民检察院2001年4月10日《关于办理生产、销售伪劣商品刑事案件具体应用法律若干问题的解释》第6条第4款规定:"医疗机构或者个人,知道或者应当知道是不符合保障人体健康的国家标准、行业标准的医疗器械、医用卫生材料而购买、使用,对人体健康造成严重危害的,以销售不符合标准的医用器材罪定罪处罚。"问题是,购买、使用不符合标准的医用器材的行为,是否均属于"销售"不符合标准的医用器材?

首先,就购买行为而言。广义的对向犯存在三种情形:一是双方的罪名与法定刑相同,如重婚罪、非法买卖枪支罪、买卖国家机关公文罪等;二是双方的罪名与法定刑都不同,如贿赂罪中的行贿罪与受贿罪;三是只处罚一方的行为(片面的对向犯)。就有关买卖特定对象的行为而言,刑法分则的规定并不完全相同。分则的某些条文,既规定处罚销售(出卖、出售)行为,也规定处罚购买(收买)行为,这是因为购买行为也具有可罚性。可以肯定,刑法在规定贩卖淫秽物品牟利罪时,必然预想到了存在购买淫秽物品的行为。刑法之所以仅规定贩卖淫秽物品牟利罪,而不是规定购买淫秽物品罪,旨在不处罚购买淫秽物品的行为,因为购买淫秽物品的行为不具有可罚性。同样可以肯定的是,刑法在规定销售不符合标准的医用器材罪时,必然预想到了有人购买不符合标准的医用器材,但刑法没有规定处罚购买不符合标准的医用器材的行为。概言之,购买与销售是对向行为,既然刑法分则只规定处罚销售行为,就不能处罚另一方面的购买行为。将购买评价为销售,或者将销售解释为包括购买,实际上属于类推解释。基于同样的理由,也不能认为购买是销售的帮助行为,亦即,不能认为,如果行为人不购买,对方就不能完成销售行为,所以,购买是帮助销售的共犯行为。否则,行贿罪都可以认定为受贿罪的帮助犯,也不存在片面的对向犯了。而且,即使在处罚购买行为时,其法定刑也往往轻于销售行为。例如,拐卖妇女、儿童罪的法定刑远远重于收买被拐卖的妇女、儿童罪的法定刑;非法出售增值税专用发票罪的法定刑明显重于非法购买增值税专用发票罪的法定刑。但上述司法解释却将购买行为评价为销售行为,使购买行为与销售行为受到相同的处罚,形成了不公平现象。笔者也意识到,刑法理论与司法实践均认为,为了出售而购买毒品的行为,也成立贩卖毒品罪。这给人们的印象是,购买就是贩卖。其实不然。一方面,虽然单纯出售毒品(如出售祖辈遗留的毒品)的行为也构成贩卖毒品罪,但"贩卖"一词本身可能包含了买进后卖出的含义。这正是人们将出于出售目的而购买毒品的行为认定为贩卖毒品罪的重要原因。但是,《刑法》第145条规定的是销售行为,而销售行为只是单纯的出卖行为。另一方面,只有以出售为目的而购买毒品的行为,才可能构成贩卖毒品罪。但如下所述,医疗机构或者个人,购买不符合保障人体健康的国家标准、行业标准的医疗器械、医用卫生材料只是为了收取"服务费用"而使用时,不能认定其有出售目的。

其次,就使用行为而言。使用包括有偿使用与无偿使用。可以肯定的是,购买不符合标准的医用器材后供自己使用或者无偿提供给他人使用的行为,不可能属于销售不符合标准的医用器材的行为。正因为如此,最高人民法院、最高人民检察院2003年5月14日《关于办理妨害预防、控制突发传染病疫情等灾害的刑事案件具体应用法律若干问题的解释》第3条第2款规定:"医疗机构或者个人,知道或者应当知道系前款规定的不符合保障人体健康的国家标准、行业标准的医疗器械、医用卫生材料而购买并有偿使用的,以销售不符合标准的医用器材罪定罪,依法从重处罚。"问题在于,购买不符合标准的医用器材后有偿使用的行为,是否均属于销售不符合标准的医用器材?本书认为,有偿使用医用器材,并不当然等同于销售医用器材。因为销售意味着物品从销售者一方转移给购买者一方,当医疗机构的有偿使用,只是表现为医疗机构为患者提供服务(检查),医疗机构所收取的只是服务费用,而不是医用器材的对价时,就没有将医疗器材转移给患者,因而不能认为是销售。如同理发师并没有将理发使用的剪刀出售给被理发者一样。倘若将使用某种物品获取利益的行为,都评价为销售某种物品,那么,必然造成认定犯罪的混乱。换言之,根据上述司法解释的逻辑,使用假币的行为可以评价为销售假币,使用伪造的信用卡可以评价为出售伪造的信用卡。这显然不合适。当然,如果医疗机构的"使用"方法是将医用器材、医用卫生材料转移给患者,收取的是医疗器材等的对价,则属于销售行为。①

最后,基于上述理由,购买并有偿使用也不当然属于销售行为。概言之,单纯购买不符合标准的医用器材的行为,难以成立犯罪。购买后有偿

---

① 最高人民法院、最高人民检察院2009年5月13日《关于办理生产、销售假药、劣药刑事案件具体应用法律若干问题的解释》第4条规定,医疗机构知道或者应当知道是假药或者劣药而使用或者销售,分别以销售假药罪、以销售劣药罪追究刑事责任。这一解释则符合罪刑法定原则。因为医疗机构使用假药与劣药,实际上是将假药与劣药出售给患者,因而属于"销售"。

使用的行为,也不能一概成立销售不符合标准的医用器材罪。

由上可见,只有当医疗机构购买不符合标准的医疗器材、医用卫生材料,实际转移给患者后收取对价的,才能认定为销售;反之,如果购买上述器材与材料后,并不转移给患者,只是用于医疗手段,收取服务费用时,不应认定为销售。因此,上述司法解释至少存在部分类推解释的内容。

总之,由于司法解释具有法律效力,下级司法机关普遍遵守司法解释的规定,一旦司法解释中存在类推解释,就意味着全国司法机关都在进行类推解释。所以,至关重要的是,司法解释应避免类推解释。

(三)变相类推与罪刑法定

虽然司法工作人员基本上不会有"法无明文规定也处罚"的想法,大体上没有人认为应当进行类推解释,但是否存在变相的类推解释现象,则值得充分注意。任何刑事判决书都不会声称其宣告有罪的行为属于法无明文规定的行为,但事实上的确存在这样的情形:案件事实清楚,原本属于法无明文规定的情形,却被认定为有罪。其中的原因,既可能是对事实的评价有误,也可能是对法律的理解有误,还可能是变相的类推解释造成的。

受传统思维方式的影响,刑事司法中变相的类推解释的最主要表现是整体思维。"传统思维方式……就其基本模式及其方法而言,它是经验综合型的整体思维和辩证思维,就其基本程序和定势而言,则是意向性的直觉、意象思维和主体内向思维,二者结合起来,就是传统思维方式的基本特征。其他种种特点,都是在这一基本特征的基础上形成的。就经验综合性特征而言,它和西方的所谓理性分析思维是对立的,它倾向于对感性经验作抽象的整体把握,而不是对经验事实作具体的概念分析;它重视对感性经验的直接超越,却又同经验保持着直接联系,即缺乏必要的中间环节和中介;它主张在主客体的统一中把握整体系统及其动态平衡,却忽视了主客体的对立以及概念系统的逻辑化和形式化,因而缺乏概念的确定性和明晰性。就意向性特征而言,它突出了思维的主体因素,而不是它的对象因素,但这种主体因素主要是指主体的意向活动及其价值判断,而不是认识主体对客观实体的定向把握……我们说传统思维是意向性思维,只因为它从根本上说是价值论的或意义论的,而不是认知型的或实证论的。"① 刑事司法中的整体思维正是如此,亦即,只从整体上判断某种行为是否值得科处刑罚,而不具体判断该行为是否完全符合拟适用的法条所规定的构成要件;"客观不够主观补"(不符合客观要件时,以主观恶性严重为由予以定罪处罚)、"主观不够客观补"(不符合主观要件时,以客观危害严重为由予以定罪处罚)、"形式不够实质补"(不符合构成要件时以社会危害性严重为由予以处罚)等现象时有发生;当行为并不具备法条所规定的某一构成要件要素时,司法机关也可能有意忽略该构成要件要素。

例如,《刑法》第 280 条仅将伪造、变造居民身份证的行为规定为犯罪,而没有将购买伪造、变造的居民身份证的行为规定为犯罪。《居民身份证法》第 17 条第 1 款规定:"有下列行为之一的,由公安机关处 200 元以上 1000 元以下罚款,或者处 10 日以下拘留,有违法所得的,没收违法所得:(一)冒用他人居民身份证或者使用骗领的居民身份证的;(二)购买、出售、使用伪造、变造的居民身份证的。"第 18 条第 2 款规定:"有本法第 16 条、第 17 条所列行为之一,从事犯罪活动的,依法追究刑事责任。"显然,单纯购买伪造的居民身份证的行为并不构成犯罪,购买伪造的身份证后利用伪造的身份证从事一般违法活动的,也不构成犯罪。但是,在司法实践中经常出现两种现象:其一是将单纯购买伪造的居民身份证的行为,认定为伪造居民身份证罪。理由是行为人(购买者)提供了照片、住址等信息,因而为伪造者提供了帮助,甚至还将预付款认定为伪造者所需要的成本。如前所述,这种做法完全忽视了刑法对片面的对向犯的规定,不符合罪刑法定原则。其二是将购买伪造的居民身份证并利用伪造的居民身份证从事一般违法活动的行为,认定为伪造居民身份证罪。理由是,行为人不仅购买伪造的居民身份证而且利用该身份证从事违法活动,其

---

① 蒙培元:《论中国传统思维方式的基本特征》,载《哲学研究》1988 年第 7 期,第 53—54 页。

行为整体的违法性严重,值得科处刑罚。这便是笔者所称的整体思维。这种做法虽然认识到了单纯购买伪造的居民身份证的行为不构成犯罪,也认识到了行为人所实施的一般违法活动不构成犯罪,但没有将分析的思考贯彻到底,而是将两种一般违法行为简单相加,以危害性严重为由认定为犯罪。这显然也是违反罪刑法定原则的。

变相的类推解释的另一个主要表现是,以行政法、经济法等法律的规定为根据减少刑法规定的构成要件要素,降低犯罪的成立标准。例如,根据2009年2月28日修改前的《刑法》第201条的规定,"纳税人采取伪造、变造、隐匿、擅自销毁账簿、记账凭证,在账簿上多列支出或者不列、少列收入,经税务机关通知申报而拒不申报或者进行虚假的纳税申报的手段,不缴或者少缴应纳税款,偷税数额占应纳税额的10%以上不满30%并且偷税数额在1万元以上不满10万元的,或者因偷税被税务机关给予二次行政处罚又偷税的",构成偷税罪。问题是,在税务机关未通知申报的情况下,纳税人不主动申报的行为,是否构成偷税罪?答案显然是否定的。但司法实践中经常出现以税法为根据,取消《刑法》第201条关于"经税务机关通知申报"的要素。例如,就一起纳税人未主动申报纳税案件,"某市某区人民法院认为,被告人郑某无视国家法律,无视法定义务,其主观上存在偷逃应缴税款的故意,客观上发生了应税项目而不主动申报纳税的事实,偷税163140元,占同期应缴总额的35.6%,数额巨大,情节严重。根据国税函1997年第91号对不申报缴纳税款行为作出的明确规定:'根据《中华人民共和国税收征收管理法》第40条及有关规定,纳税人采取不申报的手段,不缴纳税款的,应当以偷税论处。'被告郑某偷税行为成立。同时,被告郑某违反《中华人民共和国刑法》第201条之规定,偷税数额占应纳、应缴税额的30%以上并且数额在10万以上,犯罪事实清楚,证据确实充分,故认定被告郑某偷税行为成立且符合偷税罪的构成要件,构成偷税罪。"①不难看出,该判决在名义上以《税收征收管理法》为

---

① 孙力、梅传强主编:《刑事案例诉辩审评——危害税收征管罪》,中国检察出版社2006年版,第3页。

根据认定偷税行为,实际上以国税函1997年第91号为根据认定偷税行为①,再以《刑法》规定的数额起点认定偷税罪。可是,纳税人采取不申报的手段,不缴纳税款的,充其量只是税法上的偷税行为,而不是刑法上的偷税行为。因为根据《刑法》第201条的明文规定,单纯不申报而偷税的行为,不是刑法所规定的偷税罪中的偷税行为;"经税务机关通知申报而拒不申报或者进行虚假的纳税申报的",才可能构成偷税罪。②《税收征收管理法》以及国税函所规定的偷税,也不可能修改《刑法》第201条关于偷税罪构成要件的规定。诚然,根据司法解释,纳税人、扣缴义务人已经依法办理税务登记或者扣缴登记的,应当认定为《刑法》第201条规定的"经税务机关通知申报"③,但是,上述判决并没有提及纳税人是否进行了纳税登记,而是以《税收征收管理法》和国税函的规定为根据认定偷税的。这便以《税收征收管理法》以及有关部门规章为根据,减少了偷税罪的构成要件要素,擅自扩大了偷税罪的成立范围,明显不符合罪刑法定原则。

  为了避免以行政法、经济法等法律为根据减少刑法规定的构成要件要素的不当现象,除了牢固树立罪刑法定主义观念之外,需要明确行政法、经济法的规定是否修改了刑法规定,以及行政法、经济法的规定在何种情形下可以作为解释刑法的根据。首先,虽然在旧刑法时代,存在行政法、经济法对刑法规定进行修改、补充的现象,但是,在现行刑法之下,已经不存在这种现象。换言之,在当下,立法机关采取了刑法修正案的方式,直接修改刑法规定,而不是在行政法、经济法等法律中设置条款修改、补充刑法规定。所以,行政法、经济法的任何规定,都不具有减少刑法规定的构成要件要素的功能。其次,在刑法条文对构成要件要素的规定采用了行政法、经济法等法律的概念,而又没有对之进行具体规定或者解释

---

① 需要说明的是,《税收征收管理法》第40条并没有明确规定不申报纳税的即为偷税。
② 在这种场合,不应认为2009年2月28日修改前的《刑法》第201条的规定与《税收征收管理法》第40条存在矛盾,司法机关更不能以《刑法》第201条的规定不当为由,直接适用《税收征收管理法》第40条的规定认定偷税罪。应当认为,《税收征收管理法》第40条所称的偷税,不是刑法意义上的偷税。因为刑法并不是直接将违反行政法、经济法等法律的行为规定为犯罪。
③ 参见最高人民法院2002年11月5日《关于审理偷税抗税刑事案件具体应用法律若干问题的解释》第2条。

时,当然可能、可以(但不是必然)按照行政法、经济法等法律的规定解释刑法上的概念。但是,当刑法条文虽然使用了行政法、经济法等法律的概念,却对之作出了具体规定或者解释时,则不应按照行政法、经济法等法律的规定解释刑法条文。例如,倘若2009年修改前的《刑法》第201条仅规定:"纳税人偷税数额占应纳税额的10%以上不满30%并且偷税数额在1万元以上不满10万元的,或者因偷税被税务机关给予二次行政处罚又偷税的",构成偷税罪,那么,就可以根据《税收征收管理法》第40条的规定,将纳税人采取不申报的手段,不缴纳税款的行为,认定为偷税罪。但是,在2009年修改前的《刑法》第201条对偷税手段作出了明确、具体规定的情况下,就不能根据《税收征收管理法》第40条的规定解释刑法中的偷税罪。最后,现行《刑法》于1997年3月14日通过,在此之前颁布的行政法、经济法等法律的规定,能否作为解释现行刑法的相关概念的根据,需要进行诸多考量,应当特别慎重。在2009年修改前的《刑法》第201条明确规定了偷税行为的具体手段之后,上述判决却以1997年2月18日的国税函为根据认定偷税,这是明显不合适的。

毫无根据地减少刑法规定的构成要件要素的现象,也存在于司法实践中。这种做法(也可谓变相的类推解释)同样违反罪刑法定原则。例如,《刑法》第319条第1款规定了骗取出境证件罪的罪状及其法定刑:"以劳务输出、经贸往来或者其他名义,弄虚作假,骗取护照、签证等出境证件,为组织他人偷越国(边)境使用的,处3年以下有期徒刑,并处罚金;情节严重的,处3年以上10年以下有期徒刑,并处罚金。"首先,本条所规定的"为组织他人偷越国(边)境使用"这一要素,至少是行为人的目的。这一要素不只是为了单纯限制处罚范围,更重要的是为了限定骗取出境证件行为的性质。即只有"为组织他人偷越国(边)境使用"而骗取出境证件的,才属于《刑法》第319条的骗取出境证件。其次,成立骗取出境证件罪的另一前提条件是,现实的或可能的被组织者的行为具有偷越国(边)境性质:一方面,当骗取的出境证件准备用于自己或者第三者组织他人偷越国(边)境时,或者说骗取的出境证件还没有实际用于组织他人偷越国(边)境时,被组织者(或将要被组织的人员)的出境行为必须具有偷越国(边)境的性质。例如，甲以劳务输出的名义，为 A、B、C、D 等人骗取了签证等出境证件，但如果 A、B、C、D 等人将来的出境行为不属于偷越国(边)境，那么，甲的行为就不可能符合"为组织他人偷越国(边)境使用"的构成要件，当然不成立骗取出境证件罪。另一方面，当行为人骗取的出境证件已经用于自己或第三者组织他人偷越国(边)境时，要求被组织者出境的行为属于偷越国(边)境，否则组织者的行为不成立组织他人偷越国(边)境罪，骗取出境证件者的行为也不成立骗取出境证件罪，也不可能构成组织他人偷越国(边)境罪的共犯。可是，司法实践中的大量判决，忽视了上述前提条件；只要行为人以劳务输出、经贸往来或者其他名义，弄虚作假，骗取护照、签证等出境证件，就认定为骗取出境证件罪，甚至认定为组织他人偷越国(边)境罪。从解释论上来说，这是一种变相的类推适用。从本质上说，这是司法实践无视构成要件要素、缺乏罪刑法定观念的反映。

(四) 解释分歧与罪刑法定

如前所述，罪刑法定所要禁止的是"法无明文规定也处罚"的观点与做法；某种解释是否属于类推解释的争论，往往具体表现为某种案件事实能否被某个分则条文所涵摄、是否与某种犯罪的构成要件相符合的争论。尽管如此，笔者认为，对于构成要件的解释存在分歧的场合，主张无罪的一方不宜轻易指责对方违反罪刑法定原则。换言之，在遇到争议问题时，争论各方应就争议的焦点本身展开讨论，而不宜抽象地从是否违反罪刑法定原则的角度进行讨论。

以何鹏案为例。2001 年就读于云南某校的何鹏，去 ATM 机查询生活费是否到账时，由于机器发生故障，发现账面余额有百万元之多。他在两天内从 9 个 ATM 机取款 221 次，共计 42.97 万元。随后警察找到他家，他家归还了全部款项。由于案件有争议，前后抓了三次，放了两次，最后检察院起诉，法院以盗窃罪判处无期徒刑。对于这样的案件，单纯抽象地判断法院的判决是否违反了罪刑法定原则是不合适的。换言之，主张何鹏有罪或者无罪的人，都必须具体地讨论何鹏的行为是否符合盗窃罪或者侵占罪的构成要件,而不能简单地声称法院的判决符合或者违反罪刑法定原则。质言之,主张何鹏无罪的学者断定何鹏有罪的观点违反罪刑法定原则,并不合适。

首先,何鹏去 ATM 机是查询生活费是否到账的行为,当然不是犯罪行为。因机器发生故障,以致其账面上有了 100 万元,也不是何鹏的过错,何鹏对账面上多了 100 万元,也不可能成立任何犯罪。人民法院认定何鹏成立盗窃罪,显然是基于何鹏以非法占有为目的取出 40 余万元的事实。

其次,认为何鹏账面上的款已脱离银行占有,不是盗窃罪的对象,因而他的行为不构成盗窃罪的观点,难以成立。这里的关键问题是,ATM 机中的现金由谁占有(包括事实上的占有与法律上的占有)。盗窃的对象,只能是他人事实上占有的财物,行为人不可能盗窃自己事实上占有的财物;另一方面,只要行为人事实上没有占有某财物,即使其法律上占有了该财物,该财物也能成为行为人盗窃的对象。普通侵占的对象,则是行为人基于委托关系而事实上占有或者法律上占有的他人所有的财物;换言之,"由于侵占罪中的'占有'意味着由于自己占有而具有处分的可能性,故不仅包含事实上的支配,而且包括法律上的支配"①。侵占遗忘物的对象,只能是脱离占有或者偶然由行为人事实上或者法律上占有的他人财物。所以,对于何鹏案,只要确定其非法取得的现金不属于其事实上占有的现金,也不属于遗忘物,就可以认定其行为成立盗窃罪。(1)何鹏占有自己的储蓄卡,并不意味着其事实上占有了储蓄卡中所记载的现金。作为有体物的储蓄卡本身不等于现金。这一点当无疑问。作为有体物的储蓄卡与现金不仅外形不同,而且内容有明显差异。如现金具有可替代性,而储蓄卡不具有可替代性;现金不记名、不挂失,而储蓄卡记名、挂失。所以,占有储蓄卡不等于占有储蓄卡所记载的现金。(2)即使是持卡人存入银行的现金,也已不再由持卡人事实上占有,而是由银行事实上占

---

① 〔日〕佐伯仁志、道垣内弘人:《刑法与民法的对话》,有斐阁 2001 年版,第 26 页。另参见〔日〕西田典之:《刑法各论》,弘文堂 2007 年第 4 版,第 212 页以下。

有。这是因为,持卡人将现金存入银行后,该现金完全由银行使用、支配;持卡人不可能事实上占有,也不可能认定为持卡人与银行共同事实上占有。如果认为持卡人存入银行的现金,依然由持卡人事实上占有,意味着持卡人对存入银行的现金不可能成立盗窃罪,这是不可思议的。既然如此,由于机器故障误记入持卡人储蓄卡内的现金,更不可能由持卡人事实上占有。或者说,更不可能由形式上握有信用卡的人事实上占有。基于以上理由,行为人用拾得的信用卡在 ATM 机上取款的行为,不属于"将自己事实上占有的他人所有的现金非法占为己有"。(3)如前所述,之所以认为侵占罪的对象包括法律上占有的财产,是因为行为人对法律上占有的财产具有处分可能性。但是,这并不意味着凡是在法律上占有财物的人,都不可能对该财物构成盗窃罪。相反,只在财物事实上由他人占有,即使法律上占有了某财物的人,也能对该财物构成盗窃罪。例如,提单的持有者盗窃提单记载的财物,依然构成盗窃罪。那么,何鹏对因机器故障误记入其账户的 100 万元是否成立法律上的占有呢?这在国外存在争议。例如,日本刑法理论经常讨论的案件是,由于被害人 X 的操作错误,使得 X 的 10 万元存款转入甲的信用卡。甲明知该 10 万元为他人所误转,但仍从 ATM 机中提取此款。如果以甲法律上占有了 10 万元存款为由,认定甲的行为成立侵占罪,是具有理由的。但是,何鹏对账户上的 100 万元是否存在法律上的占有,是有疑问的。更为重要的是,由于行为人可以盗窃自己法律上占有但事实上没有占有的他人财物,所以,即使承认甲法律上占有了 10 万元存款,甲的行为依然可能成立盗窃罪。① 既然如此,何鹏的行为当然成立盗窃罪。

再次,认为何鹏主观上无恶意,取走因机器故障致账面上多出的存款,应属于不当得利,他只是应当返还,而不发生刑事责任问题,也是存在疑问的。一方面,何鹏取款时具有非法占有目的,这是不能否认的。另一方面,不能以何鹏的行为属于不当得利为由而否认其盗窃罪的成立。一

---

① 参见〔日〕大谷实:《刑法讲义各论》,成文堂 2007 年第 2 版,第 286 页;〔日〕西田典之:《刑法各论》,弘文堂 2007 年第 4 版,第 214 页。

个案件事实,总是具有多重属性,常常牵涉多项法律,以不同的法律规范为指导归纳、评价案件事实,就会得出不同结论。于是,有的人会以民法规范为指导讨论案件事实,认为案件事实属于不当得利;有的人会以刑法规范为指导讨论案件,认为案件事实构成财产犯罪。显然不能认为,只要在民法上得出了案件事实属于不当得利的结论,就不能从刑法上得出案件事实构成财产犯罪的结论。认为民法上的不当得利案件不构成犯罪的观点,都可谓没有以刑法规范为指导归纳案件事实,使以民法规范为指导的归纳与判断,取代了以刑法规范为指导的归纳与判断。如果认为,只要某种案件事实符合其他法律的规定,就不得再适用刑法,那么,刑法必然成为一纸空文。例如,遇到杀人、伤害等案件时,人们都可以说"这在民法上属于侵权行为",事实上,民法理论也经常将杀人、伤害案件作为侵权案例讨论。但是,法官绝不能以此为由,否认杀人、伤害行为构成刑法上的杀人罪、伤害罪。因为杀人行为、伤害行为既是民法上的侵权行为,也是刑法上的犯罪行为。遇到抽逃巨额出资的案件时,人们都可以说"这是违反公司法的行为"。可是,检察官与法官依然不能以此为由,否认该案件成立刑法上的抽逃出资罪。因为抽逃巨额出资的行为,既是公司法上的违法行为,也是刑法上的犯罪行为。所以,以案件事实符合其他法律为由否认其符合刑法规定的构成要件,并不妥当。事实上,民事上的不当得利构成盗窃罪的现象屡见不鲜。例如,被告人张某发现邻村王某家长期无人,而其房前屋后有零星杨树 15 棵已经成材,遂产生利用杨树骗取财物的念头。2006 年 5 月 8 日,张某对经常走村串户收购树木的宋某说自己有 15 棵杨树出售,并把宋某带到王某的树木处现场商谈价格,最终以 1.1 万元的价格成交,宋某即按约定付给张某现金 1.1 万元。第二天,宋某带人将 15 棵杨树砍伐运走,后案发。根据《民法通则》第 92 条的规定,张某的行为属于不当得利。但是,张某的行为无疑成立盗窃罪。盗窃罪,是指以非法占有为目的,违反被害人的意志,将他人占有的财物转移为自己或者第三者占有的行为。上例中的张某,似乎没有实施转移财物的行为,但事实上并非如此。正如日本学者山口厚所言:"没有处分权却擅自出卖他人的所有物,让不知情的买主搬走财物的场合(利用没有故意的间接正犯的事例),成立盗窃罪。在这种场合,行为人自己窃取财物,与将该财物交付给第三者,在实体上是相同的,故肯定盗窃罪的成立是没有问题的(只是行为人节省了两次转移财物的劳力)。"① 概言之,不能以何鹏的行为属于不当得利为由,否认其行为构成盗窃罪。

最后,即使认为何鹏的行为属于侵占性质,那么,何鹏是否因为缺乏"拒不退还"的要件而不成立侵占罪,也是值得讨论的。这涉及"拒不退还"在侵占罪构成要件中的地位问题。"非法占为己有"与"拒不退还"的关系,值得深入研究。通说认为,非法占为己有之后,经他人要求而退还的,就不成立犯罪;易言之,只有在非法占为己有之后,又经要求退还而拒不退还的,才成立侵占罪。倘若如此,大体只有想进监狱的人才可能构成本罪。本书认为,"非法占为己有"与"拒不退还"表达的是一个含义:将自己占有的他人财物变为自己所有的财物。(1)就现金以外的财物而言。倘若行为人已经非法占为己有,如将自己代为保管的财物出卖、赠与、消费、抵偿债务等时,就充分表明他拒不退还。易言之,当行为人将自己占有的他人财物变为自己所有的财物时,就已经表明他"拒不退还"。反之,行为人拒不退还时,也表明他"非法占为己有"。当然,行为人没有以所有人自居处分财产,仍然保管着财物时,只要所有人或其他权利人未要求归还,即使超过了归还期限,也难以认定为"非法占为己有",因而不宜认定为侵占罪。但如果所有人或其他权利人要求行为人归还而行为人拒不归还的,即使没有进行财产处分,也表明其"非法占为己有"。所以,"拒不退还"只是对"非法占为己有"的强调,或者说只是对认定行为人是否"非法占为己有"的一种补充说明。(2)就现金而言。由于现金只要转移占有便转移所有(封缄物中的现金除外),所以,乙将现金委托给甲管理时,即使甲使用了该现金,也因为不属于"他人财物"而不直接成立委托物侵占;只有当乙要求甲退还而甲不退还时,才能认定为委托物侵占。在这种情况下,"拒不退还"似乎与"非法占为己有"相并列,其实也不尽然。因为当乙向甲索要现金,甲如数归还时,根本无法认定甲已经

---

① 〔日〕山口厚:《刑法各论》,有斐阁 2005 年补订版,第 192 页。

"非法占为己有";只有当甲拒不退还时,才能认定"非法占为己有"。所以,"拒不退还"依然只是对"非法占为己有"的强调,而不是与"非法占为己有"相并列的独立要素。(3)作出上述解释结论的实质根据是,行为人将自己占有的他人财物变为不法所有(如已经出卖、赠与他人等)后,即使后来赔偿了被害人损失(退还)的,也具有值得科处相应刑罚的法益侵害性。一方面,刑法将"数额较大"规定为构成要件要素,从司法实践来看,该"数额较大"的起点远远超过了盗窃罪"数额较大"的起点;将自己占有的数额较大财产变为不法所有的行为,已经严重侵害了他人的财产。另一方面,刑法对侵占罪规定了较轻的法定刑,如果在法定刑较低的情况下,将法益侵害性作过高的要求,会造成刑法的不协调。

以上对个案的讨论说明,对何鹏的行为是否认定为盗窃罪,并不是一个抽象的是坚持还是忽视罪刑法定原则的问题,而是涉及银行的 ATM 机中的现金由谁占有、何鹏是否因为机器的故障而在法律上或者事实上占有了误入现金、拒不退还在侵占罪中的地位等问题。显然,持不同观点的人应该展开具体层面的争论。对构成要件持不同见解、对案件事实持不同看法是常有的事情,无罪论者不宜动辄认为有罪论者违反了罪刑法定原则。

(五)加强有利于被告人的类推解释的研究

如前所述,禁止不利于被告人的类推解释对限制司法权力起着重要作用,而允许有利于被告人的类推解释则起到了实现公平、正义的作用。正因为如此,德国刑法理论特别重视对有利于被告人的类推解释。例如,《德国刑法》第 16 条第 1 款规定:"行为人在实施行为时没有认识属于法定构成要件的情况的,不是故意行为。因为过失而实施的可罚性,不受影响。"德国刑法理论现在的通说认为,作为犯罪要素的构成要件,不仅包括客观构成要件,而且包括故意、过失等主观构成要件,但故意的成立只要求认识到属于构成要件的客观情况,而不可能要求行为人认识到自己的主观情况;不仅如此,部分客观情况也不需要行为人认识。所以,《刑法》第 16 条中的"构成要件"是仅指成立故意所要求认识到的客观的构成要件。这个意义上的构成要件称为错误构成要件(Irrtumstatbestand)①或法律构成要件(gesetalichen Tatbestand)。这个构成要件是从体系构成要件中分离出来的一部分;正是这个意义上的构成要件具有故意规制机能。问题是,除了法定构成要件以外,行为人没有认识到其他要素时,能否类推适用《德国刑法》第 16 条第 1 款的规定,认定行为人不是故意行为? 德国的通说采取了肯定回答。例如,在行为人没有认识到犯罪目的要素中的客观事实时,没有认识到法定构成要件之外的特别严重情节以及其他量刑情节时,以及假想防卫中没有认识到对方并未进行不法侵害时,会类推适用《德国刑法》第 16 条第 1 款的规定,认定行为人对没有认识到的事实缺乏犯罪故意。② 与德国刑法相比,我国可能更加需要通过有利于被告人的类推解释得出合理结论。换言之,我国的刑法理论与司法实践应当加强对有利于被告人的类推解释的研究,确定有利于被告人的类推适用的范围。

大体而言,有利于被告人的类推解释有以下三种情形:

第一是关于刑法适用范围规定的类推解释。

现行《刑法》第 7 条第 1、2 款分别规定:"中华人民共和国公民在中华人民共和国领域外犯本法规定之罪的,适用本法,但是按本法规定的最高刑为三年以下有期徒刑的,可以不予追究。""中华人民共和国国家工作人员和军人在中华人民共和国领域外犯本法规定之罪的,适用本法。"与旧《刑法》第 5 条不同,本条没有设置"按照犯罪地的法律不受处罚的除外"的但书规定。这便产生了如下问题:中华人民共和国公民在国外实施了中国刑法规定为犯罪、而国外刑法并未规定为犯罪的行为时,应当如何适用法律? 例如,《日本刑法》第 177 条规定:"以暴行或者胁迫手段奸淫 13 岁以上的女子的,是强奸罪,处 3 年以上有期惩役;奸淫未满 13 岁的女子的,亦同。"而我国《刑法》第 236 条第 2 款规定:"奸淫未满 14 周岁的幼女的,以强奸论,从重处罚。"日本刑法与我国刑法对奸淫幼女构成

---

① 因为故意的成立条件与认识错误是一个问题的两个方面。
② Vgl., C. Roxin, Strafrecht Allgemeiner Teil, Band I, 4. Aufl., C. H. Beck 2006, S. 505ff.

要件的规定,除了幼女年龄不同以外,其他方面均相同(如行为主体必须已满14周岁;客观方面有奸淫行为即可,不以暴力、胁迫手段为前提;主观方面必须出于故意)。于是产生了以下问题:中国公民甲在日本与已满13周岁不满14周岁的日本籍X女自愿发生性交(没有实施暴力、胁迫等强制行为)的,中国司法机关能否适用《刑法》第7条,对甲以强奸罪追究刑事责任?

根据《刑法》第7条的字面含义,对于甲的行为应适用中国刑法,以强奸罪论处。因为甲的行为完全符合我国《刑法》第236条规定的奸淫幼女犯罪的构成要件,其法定最低刑为3年有期徒刑,不属于"最高刑为三年以下有期徒刑的,可以不予追究"的情形,故完全具备适用《刑法》第7条的条件,应依照我国《刑法》第236条的规定,以强奸罪追究甲的刑事责任。但是,这种结论难以被人赞成。刑法关于犯罪与刑罚的规定,以及刑法关于适用范围的规定,其核心都是为了保护本国国家与国民的法益。在日本刑法也不认为甲成立强奸罪的情况下,中国刑法却将甲的行为以强奸罪论处,明显不合适。换言之,对于甲的行为不应适用中国刑法追究刑事责任。问题是,如何在解释论上使《刑法》第7条符合这一解释结论。

倘若以甲缺乏违法性认识的可能性为由,不追究甲的刑事责任,或许具有一定的说服力。刑法通过对法益侵害行为的预告、制裁,使国民产生不犯罪的动机(对犯罪产生反对动机),只有当国民能够产生不犯罪的动机,即只有当国民在行为的当时可以选择其他合法行为而不实施违法行为时,对犯罪的预防才是有效的。[①] 反之,如果国民在行为的当时不可能选择其他合法行为,而对之给予法的非难,国民就只是因为运气不佳、命运不好而受到处罚。这不仅违背国民的法感情,而且不能实现刑罚的目的。一方面,具有违法性认识的可能性时,才能产生遵从法的动机,才具有非难可能性;对于不可能知道自己的行为被法律禁止的人,不能从法律上要求他放弃该行为,因而不能追究其责任。唯有如此,才能保障行为人

---

① 参见〔日〕西田典之:《刑法总论》,弘文堂2006年版,第191页。

的行动自由。另一方面,刑法具有不完整性,且实行罪刑法定原则,侵犯法益的行为并不一定被刑法规定为犯罪。因此,即使行为人认识到自己的行为侵犯了某种法益,但合理地相信自己的行为并不被刑法所禁止时,即违法性的错误不可回避时,就不具有非难可能性。这一道理,不仅适用于故意犯,也适用于过失犯。换言之,违法性认识的可能性,是独立于故意、过失之外的,故意犯与过失犯共同的责任要素;缺乏违法性认识的可能性时,便阻却责任。① 当身处国外的中国公民,明知自己的行为在国外是合法的,却不知道也不可能知道其行为违反中国刑法时,当然能够以行为人缺乏违法性认识的可能性为由,不追究其刑事责任。

但是,违法性认识可能性的解决途径存在局限性。其一,当身处国外的中国公民明知自己在国外的行为不违反国外刑法却违反中国刑法时,不能认为其缺乏违法性认识的可能性,因而仍然必须追究其刑事责任。但这是不合理的。例如,倘若甲明知自己在日本与已满13周岁不满14周岁的日本籍X女自愿发生性交的行为,并不违反日本刑法但违反中国《刑法》第236条时,不可能以其缺乏违法性认识的可能性为由不追究刑事责任。因为甲不仅具有违法性认识的可能性,而且现实地认识到了其行为的违法性。其二,上述问题属于刑法适用范围问题,或者说是如何理解和适用属人主义的问题,而违法性认识的可能性不可能解决属人主义问题。概言之,属于刑法适用范围的属人主义问题,只能在刑法适用法的范围内解决。

其实,刑法适用法所必须遵循的原则是国家自我保护与国际协同,属人主义应当与保护主义相结合,故笔者主张,当中国公民在外国的行为,并未侵犯中华人民共和国国家与公民法益时,如果行为地的法律没有规定为犯罪,就应当类推适用《刑法》第8条的但书规定("但是按照犯罪地的法律不受处罚的除外"),即不应适用我国《刑法》第7条。换言之,当中国公民在外国实施的行为没有侵犯我国国家或者公民法益时,不能按照《刑法》第7条的字面含义理解和适用,而应进行论理解释,将《刑法》

---

① 参见张明楷:《刑法学》,法律出版社2007年第3版,第266页以下。

第 8 条的但书规定类推适用于《刑法》第 7 条,使"按照犯罪地的法律不受处罚"成为适用我国《刑法》第 7 条的前提条件。甲的行为虽然触犯了我国刑法,但因为没有侵犯我国的国家与公民法益,其行为也没有被行为地的法律规定为犯罪,故应当类推适用《刑法》第 8 条的但书规定,不适用我国刑法,不以强奸罪追究甲的刑事责任。①

第二是关于消极的构成要件要素的规定的类推解释。

例如,《刑法》第 389 条在规定了行贿罪的构成要件后规定:"因被勒索给予国家工作人员以财物,没有获得不正当利益的,不是行贿。"这是关于行贿罪的消极的构成要件要素的规定。这种消极的构成要件要素,是否认犯罪成立的要素。反过来说,只有当因被勒索给予国家工作人员以财物,且获得了不正当利益时,才成立行贿罪。但是,《刑法》第 164 条在规定对非国家工作人员行贿罪时,没有作出类似规定。那么,当行为人因被勒索而给予公司、企业或者其他单位的非国家工作人员以财物,又没有获得不正当利益时,是否成立对非国家工作人员行贿罪呢?本书持否定回答。可以肯定的是,对非国家工作人员行贿罪的法益侵害性轻于行贿罪的法益侵害性,具有明显差异的法定刑就表明了这一点。既然因被勒索给予国家工作人员以财物,没有获得不正当利益的,不成立行贿罪,就没有理由认为,因被勒索给予非国家工作人员以财物,即使没有获得不正当利益的,也成立对非国家工作人员行贿罪。要为这种实质的解释寻找法律根据,就必须类推适用《刑法》第 389 条第 3 款。换言之,《刑法》第 389 条第 3 款关于消极构成要件要素的规定,应当类推适用于对非国家工作人员行贿的情形。

第三是关于法定从宽情节规定的类推解释。

《刑法》第 67 条第 2 款规定:"被采取强制措施的犯罪嫌疑人、被告人和正在服刑的罪犯,如实供述司法机关还未掌握的本人其他罪行的,以自首论。"首先,如前所述,就准自首的主体而言,这一规定应当类推适用

---

① 参见张明楷:《国民对国家的忠诚与国家对国民的保护》,载《社会科学》2008 年第 4 期,第 67 页以下。

于被处以治安拘留的违法人员、被劳动教养的违法人员。其次,就接受如实供述的机关而言,也需要类推解释。这是因为,无论如何对"司法机关"作扩大解释,都不可能认为纪委是司法机关。但事实上,纪委在从事办案工作。现实中的确存在犯罪分子如实供述司法机关以外的办案机关还未掌握的本人其他罪行的情形。对此,当然应以准自首论。正因为如此,最高人民法院、最高人民检察院2009年3月12日《关于办理职务犯罪案件认定自首、立功等量刑情节若干问题的意见》规定:"没有自动投案,但具有以下情形之一的,以自首论:(1)犯罪分子如实交代办案机关未掌握的罪行,与办案机关已掌握的罪行属不同种罪行的;(2)办案机关所掌握线索针对的犯罪事实不成立,在此范围外犯罪分子交代同种罪行的。"这一规定,显然属于有利于被告人的类推解释。

再如,《刑法》第390条第2款规定:"行贿人在被追诉前主动交待行贿行为的,可以减轻处罚或者免除处罚。"但《刑法》第391条、第393条在分别规定对单位行贿罪与单位行贿罪时,却没有作出类似规定,那么,行为人向单位行贿后在被追诉前主动交待行贿行为的,单位行贿后在被追诉前主动交待行贿行为的,能否减轻或者免除处罚呢?本书持肯定回答。实质的理由在于,法定刑表明,行贿罪重于对单位行贿罪与单位行贿罪;既然较重的行贿人在被追诉前主动交待行贿行为的,可以减轻处罚或者免除处罚,那么,较轻的向单位行贿的人或者行贿的单位,在被追诉前主动交待行贿行为的,更应减轻处罚或者免除处罚。要为这种实质的解释提供法律根据,就需要类推适用《刑法》第390条第2款。亦即,《刑法》第390条第2款关于减免处罚的规定,应类推适用于对单位行贿罪与单位行贿罪。

四、罪刑法定与扩大解释

(一) 扩大解释概述

罪刑法定原则并不禁止扩大解释,但这并不意味着扩大解释的结论都符合罪刑法定原则。换言之,扩大解释方法本身并不违反罪刑法定原则,但其解释结论则可能与罪刑法定原则相抵触。因为不合理的扩大解释,也可能超出国民的预测可能性,侵犯国民的自由,从而违反罪刑法定原则。在此意义上说,扩大解释与类推解释的界线是相对的。换言之,违反罪刑法定原则的扩大解释,实际上是类推解释。另一方面,某些扩大解释虽然并不一定违反罪刑法定原则,但其结论也可能不具有合理性。所以,在扩大解释内部,也需要进一步区分合理的扩大解释与不合理的扩大解释。当然,由于类推解释与扩大解释之间的界线具有相对性,由于合理的扩大解释与不合理的扩大解释之间的区别具有模糊性,区分扩大解释与类推解释的界线,与衡量扩大解释是否具有合理性,也是相对的和模糊的。

关于扩大解释与类推解释的区别,我们可以列举许多:(1)从形式上说,扩大解释所得出的结论,没有超出刑法用语可能具有的含义,即在刑法文义的"射程"之内进行解释;而类推解释所得出的结论,超出了用语可能具有的含义,即在刑法文义的"射程"之外进行解释。(2)从概念的相互关系说,扩大解释时没有提升概念的阶位;类推解释是将所要解释的概念提升到更上位的概念作出的解释。例如,将《刑法》第236条和第237条中的"妇女"解释为"人",进而认为妇女强奸男性、强制猥亵男性也分别成立强奸罪与强制猥亵妇女罪的解释,就是类推解释。因为"人"是"妇女"的上位概念。(3)从着重点上说,扩大解释着眼于刑法规范本身,仍然是对规范的逻辑解释;类推解释着眼于刑法规范之外的事实,是对事实的比较。(4)从论理方法上说,扩大解释是扩张性地划定刑法的某个概念,使应受处罚的行为包含在该概念中;类推解释则是认识到某行为不是刑法处罚的对象,而以该行为与刑法规定的相似行为具有同等的恶害性为由,而将其作为处罚对象。(5)从实质上而言,扩大解释没有超出公民预测可能性的范围;而类推解释则超出了公民预测可能性的范围。如此等等。

大体而言,人们迄今为止就区分类推解释与扩大解释所提出的标准,可以分为具体的标准与抽象的标准。上述第(1)和第(2)种标准可谓具体的区分标准;第(3)至第(5)种标准可谓抽象的区分标准。但是,即使采取相同的区分标准的人,也可能对同一解释持不同结论。例如,将《刑法》第259条的"同居"概念,解释为包括长期通奸或导致严重后果的通奸,既可能被人们认定为类推解释,也可能被人们认定为扩大解释。即使一些习以为常的解释,仔细思索后也会发现问题。尽管类推解释与扩大解释的界线模糊,我们依然要对二者作出适当区分。

(二) 具体判断标准

本书认为,同时从罪刑法定原则的形式侧面与实质侧面出发,在判断扩大解释的结论是否违反罪刑法定原则时,应当特别注意以下问题:

第一,判断某种解释是否违反罪刑法定原则,在考虑用语可能具有的含义的同时,还必须考虑处罚的必要性。"在判断解释的容许范围时,必须衡量与语言的本来的意义(核心)的距离和处罚的必要性。"[①]对一个行为的处罚必要性越高,将其解释为犯罪的可能性越大,但如果行为离刑法用语核心含义的距离越远,则解释为犯罪的可能性越小。换言之,处罚的必要性越高,作出扩大解释的可能性就越大。但是,如果行为超出了刑法用语可能具有的含义,则不管处罚的必要性有多高,也不得解释为犯罪。因为即使危害再严重的行为,如果事先没有将其可罚性告知国民,就不得对该行为定罪科刑。考虑处罚的必要性,是民主主义原理决定的;考虑用语可能具有的含义,是尊重人权主义的原理要求的。"可能具有的含义",是指依一般语言用法,或者立法者标准的语言用法,该用语还能够指称的意义。[②]"用语可能具有的含义"大体分为三种情况:一是一般人都能预想到的含义(核心内部);二是一般人都难以想到的边缘部分;三是上述二者的中间部分。如果行为符合第一种含义,应当肯定构成要件符合性;在第二种情况下原则上应否定构成要件符合性[③];对于第三种情况,则应通过考虑处罚的必要性来决定。[④]

---

① 〔日〕前田雅英:《刑法总论讲义》,东京大学出版会2006第4版,第79页。
② 参见〔德〕卡尔·拉伦茨:《法学方法论》,陈爱娥译,台湾五南图书出版公司1996年版,第227页。
③ 能否在处罚的必要性很高且没有侵犯国民的预测可能性的情况下,肯定构成要件符合性,则是需要慎重处理的问题。
④ 参见〔日〕前田雅英:《罪刑法定主义与实质的构成要件解释》,载《现代刑事法》2001年第1号,第31页。

需要特别指出的是,刑法用语可能具有的含义,并不完全等同于用语的日常含义或者口语含义;另一方面,按日常含义或者口语含义解释刑法用语,也有可能违反罪刑法定原则。德国学者罗克辛指出,对于行为人将盐酸泼洒到被害人脸上的案件,可以适用《德国刑法》第224条第1款第2项所规定的"使用武器"(或译为"使用凶器")伤害他人。因为作为口语的"化学武器"概念是众所周知的。① 但本书认为,这并不意味着按照某种用语的口语含义解释刑法,都符合罪刑法定原则。例如,在我国,"思想武器"、"精神武器"的概念十分普遍,但不能认为刑法中的"武器"包括"思想武器"与"精神武器"。再如,刑法分则有许多条文使用了"暴力"概念。现在,媒体与普通百姓经常使用"冷暴力"、"语言暴力"的概念,但至为明显的是,绝对不能认为"冷暴力"、"语言暴力"也属于刑法分则条文中的"暴力"。对于父母为了反对女儿嫁给外国人,而不和女儿讲话的案件,不可能因为父母实施了"冷暴力"而构成暴力干涉婚姻自由罪。由此可见,用语的日常含义或者口语含义并不是区分类推解释与扩大解释的基本标准。

第二,某种解释是扩大解释还是类推解释,应当根据本国或本地区的刑法及其用语进行判断,而不能根据外国刑法用语得出结论。例如,关于使请托人向第三者提供财物构成受贿犯罪的刑事立法,大体上有三种体例:一是对受贿罪的构成要件规定得比较简洁,没有明文指出使请托人向第三者提供财物是否构成受贿罪。如我国台湾地区"刑法"第121条第1款规定:"公务员或仲裁人对于职务上之行为,要求、期约或收受贿赂或其他不正利益者,处7年以下有期徒刑,得并科5千元以下罚金。"二是以《德国刑法》为代表,所规定的受贿罪构成要件包含了使请托人向第三者提供利益的情况。如其第331条第1款规定:"公务员或者对公共职务特别负有义务的人员就其职务活动为自己或者第三者要求、使被约定或者接受利益的,处3年以下自由刑或者罚金。"第332条第1款规定:"公务员或者对公共职务特别负有义务的人员就其已经从事或者将要从事的职

---

① Claus Roxin, Strafrecht Allgemeiner Teil, Band I, 4. Aufl., C. H. Beck 2006, S.150.

务行为和因此侵害了或者可能侵害其职务义务,作为回报,为自己或者第三者要求、使被约定或者接受利益的,处6个月以上5年以下自由刑。在较轻的严重情形中处3年以下自由刑或者罚金。"三是以《日本刑法》为代表,将使请托人向第三者提供贿赂规定为独立的罪名,其第197条之二规定:"公务员就其职务上的事项,接受请托,使请托人向第三者提供贿赂,或者要求、约定向第三者提供贿赂的,处5年以下惩役。"那么,能否因为外国刑法对使请托人向第三者提供贿赂有明文规定,而否认该行为在我国成立受贿罪?无罪说论者的理由往往是:我国实行罪刑法定原则,对于刑法没有明文规定的行为不得定罪处刑;日本、德国刑法明文将该行为规定为犯罪,而我国刑法对此没有明文规定,所以,在我国不得对该行为定罪处刑。但笔者认为,这种推论存在不能令人接受的缺陷。诚然,我国刑法并没有规定此罪名,但是,从客观上说,刑法所规定的收受他人财物,包括直接收受与间接收受;对方提供给第三者的财物,仍然是国家工作人员(所许诺的)职务行为的不正当报酬,因而具有贿赂性质;对方之所以提供给第三者,是因为有求于国家工作人员的职务行为或者因为国家工作人员已经为其实施了职务行为,这表明国家工作人员利用了职务上的便利。从主观上说,刑法所规定的受贿罪也并没有要求行为人具有接受贿赂据为己有的意图;退一步言,即使认为受贿罪要求行为人主观上具有不法占有贿赂的目的,但刑法从来没有将非法占有目的限定为本人占有的目的,而是包含了使第三者非法占有的目的,这是因为,行为人是为了本人非法占有还是为了第三者非法占有,对法益的侵犯程度并不产生影响。凡此种种,都证明国家工作人员使请托人向第三者提供财物的行为,完全符合受贿罪的构成要件。了解台湾学者的观点,更会增强我们作出这种解释的信心。如前所述,台湾地区"刑法"并没有明文规定使请托人向第三者提供贿赂罪,但学者们所作的解释则使该行为成立受贿罪。如林山田教授明确指出:"行为人之收受亦不以直接收受为限,即使为间接收受,亦可构成本罪之收受行为。"[1]这便包括了使请托人向第三者提供

---

[1] 林山田:《刑法各罪论》(下册),作者发行1999年增订2版,第51页。

贿赂的情况。陈朴生教授更为具体地指出:"《日本刑法》第 197 条之二并规定公务员或仲裁人关于其职务受请托,使交付于第三者,或要求期约其交付者,亦成受贿罪。本法虽无此项规定;但第 121 条第 1 项(该项规定了普通受贿罪——引者注)并无意图为自己或第三人不法所有之限制。故该条所称要求期约或收受贿赂或其他不正利益,并不以直接受贿为必要;即使对于第三人为交付者,亦包括在内。惟第三人如系知情者,则应依共犯之例或收受赃物等罪论处。"① 概言之,就对我国现行刑法有关受贿罪的规定而言,将使请托人向第三者提供财物的行为解释为受贿罪,并非类推解释。再如,德国、日本等国刑法均规定了要求(索取)、约定与收受三种受贿方式,而我国刑法只规定了索取与收受。但我们显然不能认为约定贿赂的行为在我国不成立犯罪。相反,我们完全能够以谁提出约定为标准,将约定归入索取与收受:国家工作人员先提出约定的,属于索取;对方先提出约定的,国家工作人员属于收受。② 反过来也能说明这一点。例如,德国、日本刑法没有规定抢夺罪,而是将通常的抢夺行为解释为盗窃,将利用机动车抢夺的行为解释为抢劫。③ 以中国学者的眼光来看,德国、日本的刑法理论与审判实践似乎在进行类推解释,但事实上并非如此。因为在刑法没有规定抢夺罪的情况下,完全可能将抢夺行为解释为盗窃或抢劫。④ 由此看来,孤立地就一个概念与外国刑法进行比较,进而得出某种解释是否类推解释的结论,是不妥当的。

第三,判断某种解释是扩大解释还是类推解释,在考虑用语原有含义的同时,还要考虑用语的发展趋势。如果解释结论符合用语的发展趋势,一般不宜认定为类推解释。例如,信件原本是书面邮件。但是,随着网络的发达,国民普遍使用电子邮件。于是,认为《刑法》第 252 条所规定的破坏通信自由罪中的"信件"包括电子邮件,就成为符合用语发展趋势的解释,因而不是类推解释。再如,随着手机的普遍使用,通过手机短信发送

---

① 陈朴生:《刑法各论》,台湾正中书局 1978 年第 6 版,第 24 页。
② 参见张明楷:《刑法学(下)》,法律出版社 1997 年版,第 921 页。
③ 参见〔日〕西田典之:《刑法各论》,弘文堂 2007 年第 4 版,第 158 页。
④ 如果刑法没有规定诈骗罪,解释者完全可能将诈骗行为解释为盗窃罪的间接正犯。

广告的现象也十分普遍。所以,认为《刑法》第222条所规定的虚假广告罪中的"利用广告"作虚假宣传,包括利用手机短信作虚假宣传,就是符合用语发展趋势的解释,因而不是类推解释。由此可见,以前属于类推解释的,以后可能属于扩大解释乃至普通的文义解释。

第四,判断某种解释是扩大解释还是类推解释,在考虑用语的基本含义的同时,还要考虑相关法条的保护法益。保护法益不同,对构成要件的解释就不同。所以,虽然分则的两个条文对行为对象使用了相同的概念,但是,倘若两个条文所保护的法益不同,则完全可能对这种相同的概念作出不同的解释。在这种情况下,不能轻易认为其中一种解释是类推解释。例如,最高人民法院2006年11月14日《关于审理走私刑事案件具体应用法律若干问题的解释(二)》第2条第1款规定:"走私各种弹药的弹头、弹壳,构成犯罪的,依照刑法第151条第1款规定,以走私弹药罪定罪处罚。"应当认为,这一解释不是类推解释。但是,如果认为持有弹头、弹壳的行为构成非法持有弹药罪,就属于类推解释。因为走私弹药罪与非法持有弹药罪的保护法益不同,故对于弹药的范围应作出不同的解释。由此可见,相对于此条文属于类推解释的,相对于彼条文可能属于扩大解释。

第五,判断某种解释是扩大解释还是类推解释,不能仅考虑某个用语在其他法律中的基本含义,还要考虑该用语在刑法中应有的含义。我国刑法分则所规定的犯罪不限于自然犯,而是广泛地包括了法定犯。法定犯大多是因为违反行政法、经济法等法律,造成严重后果或者具有严重情节而成立的。于是,法定犯的成立以行为违反行政法、经济法等法律为前提。问题是,对于刑法分则在规定法定犯时所使用的概念,是否应与行政法、经济法的相同概念作完全相同的解释?换言之,倘若对刑法分则所使用的概念,作出与行政法、经济法不同的解释,尤其扩大了行政法、经济法概念的外延时,是否属于违反罪刑法定原则的类推解释?例如,A公司就一项重大工程招标时,意欲投标的B公司委托C公司代理投标事项。C公司的甲为了能够使B公司中标,而与A公司中参与管理投标事项的乙串通,乙将其他投标公司的投标报价告诉给甲,甲以最低报价使B公司中标,导致重大工程遭受损失。甲与乙的行为是否成立串通投标罪?《刑法》第223条第2款规定:"投标人与招标人串通投标,损害国家、集体、公民的合法权益的",以串通投标罪论处。问题在于,如何理解其中的投标人与招标人?《招标投标法》第8条规定:"招标人是依照本法规定提出招标项目、进行招标的法人或者其他组织。"第25条规定:"投标人是响应招标、参加投标竞争的法人或者其他组织。"据此,只有A公司与B公司分别是招标人与投标人,C公司以及甲与乙都不是招标人与投标人。但是,本书认为,不能完全按照招标投标法的规定,解释《刑法》第223条所规定的招标人与投标人。其一,从实质上说,刑法规定串通投标罪,是为了保护招标投标竞争秩序,但并不是只有法人或者其他组织的行为才能侵害招标投标竞争秩序。换言之,上例中的甲与乙的行为严重侵害了招标投标竞争秩序。其二,从法律规定上说,《刑法》第231条规定:"单位犯本节第221条至230条规定之罪的,对单位判处罚金,并对其直接负责的主管人员和其他直接责任人员,依照本节各该条的规定处罚。"这表明,《刑法》第223条所规定的串通投标罪,不仅没有排除自然人犯罪主体,而且其规定的就是自然人主体。倘若按照招标投标法的规定解释《刑法》第223条的招标人与投标人,就意味着自然人不可能成为串通投标罪的主体,这便违反了刑法的规定。其三,在司法实践中,串通投标既可能是招标、投标的法人或者单位之间进行串通,也可能是主管、负责、参与招标、投标的人,为了谋取个人利益,就招投标事项进行串通。倘若将后一种情形排除在串通投标罪之外,必然不利于保护招标投标竞争秩序。基于上述理由,本书认为,应当将《刑法》第223条中的招标人与投标人,解释为主管、负责、参与招标、投标事项的人。这一解释虽然不符合招标投标法的规定,但符合刑法的规定。符合刑法规定的解释,不会违反罪刑法定原则。对刑法的概念没有必要完全按照其他法的规定作出解释。因为刑法具有独立性,有其特定的目的与特定的规制对象,对刑法概念的解释应当在刑法用语可能具有的含义内,选择符合刑法目的的解释。将《刑法》第223条中的招标人与投标人,解释为主管、负责、参与招标、投标事项的人,也没有超出该用语可能具有的含义。由此可见,即使刑法采用了行政法、经济法等法律的概念,也并不意味着必然按照行政法、经济法等法律的规定解释刑法上的概念。

　　第六,解释结论与刑法的相关条文内容以及刑法的整体精神相协调时,不宜认定为类推解释。当扩大解释与相关条文产生冲突,与刑法的整体精神相矛盾时,很容易形成类推解释。例如,当 A 条文规定对某种行为按 B 条文所规定的犯罪处罚时,如果不是法律拟制,只是注意规定,那么,对 A 条文所使用的用语能否作出扩大解释,要取决于 B 条文的规定。如《刑法》第 241 条第 2 款规定:"收买被拐卖的妇女,强行与其发生性关系的,依照本法第 236 条的规定定罪处罚。""发生性关系"的通常含义是发生性交,但即使是在日常生活中,也会对该用语作扩大解释,即完全可能存在性交以外的性关系。但是,由于《刑法》第 236 条规定的是强奸罪,《刑法》第 237 条又规定了强制猥亵、侮辱妇女罪与猥亵儿童罪,故强奸罪只能限于性交行为。既然如此,对《刑法》第 241 条中的"发生性关系"就不能作扩大解释,只能按通常含义解释。① 又如,当刑法条文一直明确将两种现象分别规定时,如果某个分则条文只是规定了一种现象,那么,原则上就不能将没有规定的另一现象解释成刑法分则条文所规定的现象,或者说不能将该分则条文的规定扩大解释为包括其没有规定的现象,否则,会被人们视为类推解释。例如,《刑法》第 67 条所规定的准自首的主体是"被采取强制措施的犯罪嫌疑人、被告人和正在服刑的罪犯",第 316 条第 1 款规定的犯罪主体为"依法被关押的罪犯、被告人、犯罪嫌疑人",第 2 款规定的对象为"押解途中的罪犯、被告人、犯罪嫌疑人",第 400 条规定的是"在押的犯罪嫌疑人、被告人或者罪犯"。这说明,刑法严格区分了罪犯与被告人、犯罪嫌疑人。因此,当刑法明文将犯罪主体限于"依法被关押的罪犯"时(《刑法》第 315 条),不能将"罪犯"解释为罪犯、被告人与犯罪嫌疑人。否则便有类推解释之嫌。但是,刑法总则与分则对"犯罪分子"与"犯罪的人"、"有罪的人"的规定,则并不限于已被法院依法判决有罪的罪犯,因而可能包括被告人与犯罪嫌疑人。② 这种解释不是类

---

　　① 只有对强奸罪中的"奸"作扩大解释,才有可能相应地对《刑法》第 241 条第 2 款中的"发生性关系"作扩大解释。
　　② 参见张明楷:《刑法分则的解释原理》,中国人民大学出版社 2004 年版,第 360 页以下。

推解释,甚至不是扩大解释,而是刑法用语的相对性。

　　第七,某种解释是否违反罪刑法定原则的类推解释,不能仅从解释者的文字表述上作出判断,还要联系解释结论的合理性作出判断。换言之,有的解释理由与解释结论的文字表述,给人以违反罪刑法定原则的感觉,但实际上却不一定如此。① 在不影响处罚范围的前提下,只要变换文字表述,就不会给人以违反罪刑法定原则的感觉。例如,根据《刑法》第264条的规定,只有盗窃公私财物"数额较大"或者"多次盗窃"的,才构成盗窃罪。根据最高人民法院1998年3月10日《关于审理盗窃案件具体应用法律若干问题的解释》,盗窃公私财物价值人民币500元至2000元以上的,为"数额较大"。但该司法解释第6条第1项同时规定:"盗窃公私财物接近'数额较大'的起点,具有下列情形之一的,可以追究刑事责任:1.以破坏性手段盗窃造成公私财产损失的;2.盗窃残疾人、孤寡老人或者丧失劳动能力人的财物的;3.造成严重后果或者具有其他恶劣情节的。"有学者针对这一司法解释指出:"这实际上是在《刑法》第264条的规定之外另立盗窃罪之罪与非罪的其他区分标准,明显属于类推解释。2002年7月15日最高人民法院发布的《关于审理抢夺刑事案件具体应用法律若干问题的解释》等司法解释中也存在这种现象。"② 诚然,倘若仅从文字表述来说,上述司法解释的确违反罪刑法定原则。因为《刑法》第264条明文规定只有盗窃公私财物"数额较大"才成立盗窃罪,但司法解释却说盗窃公私财物"接近""数额较大"时,也成立盗窃罪。换言之,司法解释的文字表述给人们的感觉是,即使盗窃行为不符合刑法所规定的"数额较大"的要求,也构成盗窃罪。然而,在笔者看来,《刑法》第264条所规定的"数额较大",应是一个相对的概念。首先是相对于地区而言:由于中国地域辽阔,各地经济发展不平衡,故各省、自治区、直辖市高级人民法院可根据本地区经济发展状况,并考虑社会治安状况,在上述数额幅

---

　　① 当然也存在相反的情形,即解释理由与解释结论的文字表述似乎并不违反罪刑法定原则,但实际上却可能违反罪刑法定原则。
　　② 陈志军:《刑法司法解释应坚持反对类推解释原则》,载《中国人民公安大学学报(社会科学版)》2006年第2期,第38—39页。

度内,分别确定本地区执行的"数额较大"标准。其次是相对于情节而言:如果其他方面的情节严重,数额要求则应相对低一些;如果其他方面的情节轻微,数额要求则应相对高一些。所以,司法解释作出了上述规定。倘若司法解释变换文字表述,则不会给人以违反罪刑法定原则的感觉。亦即,倘若司法解释首先规定一般情形下的"数额较大"标准(假定为 500 元),再规定具有严重情节时的"数额较大"标准(假定为 300 元)①,然后规定情节较轻时的"数额较大"标准(假定为 1000 元),那么,尽管处罚范围没有变化,但不会有违反罪刑法定原则之嫌。

第八,应当通过一般人的接受程度判断某种解释是否会侵犯国民的预测可能性、是否违反罪刑法定原则。一种解释结论能否被一般人接受,常常是判断解释结论是否侵犯国民的预测可能性的重要线索。因为当解释结论被一般人接受时,就说明没有超出一般人预测可能性的范围;当一般人对某种解释结论大吃一惊时,或者说当一般人对某种解释感到特别意外时,常常表明该解释结论超出了一般人预测可能性的范围。例如,旧中国与国外刑法都将非法侵入住宅罪的构成要件规定为:"无故侵入他人住宅或者经要求退出但仍不退出。"我国的新旧刑法均只有"非法侵入他人住宅"的表述,但刑法理论千篇一律地将本罪定义为"未经允许非法进入他人住宅或者经要求退出无故拒不退出的行为"②,人们却习以为常而没有异议。但当笔者提出,非法吸收公众存款,包括"公众有权提取存款时不允许公众提取存款"时③,人们却提出了疑问。④ 其实,两者的解释原理完全相同。如果说将不支付存款解释为"非法吸收"存在疑问,那么,

---

① 例如,在将一般情形的盗窃数额较大的起点规定为价值人民币 500 元至 2000 元的前提下,上述司法解释第 6 条第 1 项,宜采取以下表述:"盗窃公私财物,具有下列情形之一的,'数额较大'的起点为价值人民币 300 元至 1000 元:1. 以破坏性手段盗窃造成公私财产损失的;2. 盗窃残疾人、孤寡老人或者丧失劳动能力人的财物的;3. 造成严重后果或者具有其他恶劣情节的。"

② 参见高铭暄、马克昌主编:《刑法学》,北京大学出版社、高等教育出版社 2007 年第 3 版,第 541 页。

③ 参见张明楷:《刑法学》(下),法律出版社 1997 年版,第 633 页。

④ 参见马克昌主编:《经济犯罪新论:破坏社会主义市场经济秩序罪研究》,武汉大学出版社 1998 年版,第 321 页。

将不退出解释为"侵入"也存在问题。反之,如果将不退出解释为"侵入"是合理的,那么,将不支付存款解释为"非法吸收"也是合理的。由此看来,一种解释结论被人们接受的程度是一个重要问题。所要强调的是,解释者不仅要考虑刑法学家、司法人员的接受程度,更要考虑一般人的接受程度。

犯罪可以大体上分为自然犯与法定犯。一般人容易认识自然犯的可罚性,故对有关自然犯的法条的扩大解释,不致侵害国民的预测可能性;一般人难以认识法定犯的可罚性,故对有关法定犯的法条的扩大解释,容易侵害国民的预测可能性。所以,与对有关法定犯的法条的扩大解释的允许程度与范围相比较,对有关自然犯的法条的扩大解释的允许程度与范围,可以略为缓和、宽泛。

总之,某种解释是类推解释还是扩大解释,并不是单纯的用语含义问题。换言之,某种解释是否被罪刑法定原则所禁止,要通过权衡刑法条文的目的、行为的处罚必要性、国民的预测可能性、刑法条文的协调性、解释结论与用语核心含义的距离等诸多方面得出结论。在许多情况下,甚至不是用语的问题,而是如何考量法条目的与行为性质,如何平衡法益保护机能与人权保障机能的问题。

至于在扩大解释内部如何区分合理的扩大解释与不合理的扩大解释,虽然原则上也可以适用上述扩大解释与类推解释的区分标准,但更重要的是需要联系具体法条与案件事实作出具体判断。

五、罪刑法定与其他解释

其他解释方法本身,一般不存在违反罪刑法定原则的问题。但是,类推解释之外的解释方法所得出的结论,并不必然是合理的,相反也有可能违反罪刑法定原则。

(一) 限制解释

没有任何人认为限制解释违反罪刑法定原则,但这并不意味着限制解释与罪刑法定原则无关。

如前所述,在应当作出而不作出限制解释的情况下,也会损害国民的预测可能性。例如,《刑法》第345条所规定的滥伐林木罪的行为对象是"森林或者其他林木"。倘若按照字面含义将所有林木都解释在内,必然过于限制国民的自由,因而违反罪刑法定原则的本旨。正因为如此,司法解释将房前屋后、自留地种植的林木排除在本罪对象之外。①

需要指出的是,对消极的构成要件要素和有利于被告人的减免处罚的适用条件作限制解释,可能(但不是必然)违反罪刑法定原则。例如,《刑法》第389条第3款规定:"因被勒索给予国家工作人员以财物,没有获得不正当利益的,不是行贿。"倘若将其中的"被勒索"限制解释为"被严重胁迫的勒索",或者将其中的"没有获得不正当利益"解释为"没有实际获取不正当利益,或者没有得到获取不正当利益的许诺",就会不当扩大处罚范围,进而违反罪刑法定原则。但是,这并不意味着对轻罪的构成要件都不能作限制解释,更不意味着对轻罪的构成要件作限制解释就违反了罪刑法定原则。况且,对轻罪的构成要件作限制解释,也不意味着原本符合轻罪构成要件的行为一定构成重罪。换言之,有利于被告不是刑法解释原则;存疑时有利于被告(In dubio pro reo)也仅适用于事实存在合理疑问的场合;当法律存在疑问或争议时,应当依一般的法律解释原则消除疑问,而非一概作出有利于被告人的解释。② 法律上的疑问是需要解释来消除的。人们在对某个法条进行解释时,可能同时使用多种方法,也可能在不同的场合使用不同的方法,而目的都是为了追求解释结论的合理性。当各种解释方法得出不同的解释结论时,最终起决定性作用的是目的论解释,而不是有利于被告。"因此当法律问题有争议时,依一般的法律解释之原则应对被告为不利之决定时,法院亦应从此见解。"③例如,行为人拾得他人信用卡后在ATM上取款的,是成立盗窃罪、信用卡诈骗

---

① 参见最高人民法院2000年11月22日《关于审理破坏森林资源刑事案件具体应用法律若干问题的解释》第3条、第9条。
② 参见〔德〕Claus Roxin:《德国刑事诉讼法》,吴丽琪译,台湾三民书局1998年版,第145页。
③ 同上。

罪还是侵占罪,在理论上存在争议。不能认为,主张该行为成立侵占罪的观点,由于对行为人有利,所以符合罪刑法定原则。

值得研究的是关于立功的司法解释。《刑法》第68条第1款规定:"犯罪分子有揭发他人犯罪行为,查证属实的,或者提供重要线索,从而得以侦破其他案件等立功表现的,可以从轻或者减轻处罚;有重大立功表现的,可以减轻或者免除处罚。"最高人民法院1998年4月17日《关于处理自首和立功具体应用法律若干问题的解释》第5条指出:"根据刑法第六十八条第一款的规定,犯罪分子到案后有检举、揭发他人犯罪行为,包括共同犯罪案件中的犯罪分子揭发同案犯共同犯罪以外的其他犯罪,经查证属实;提供侦破其他案件的重要线索,经查证属实;阻止他人犯罪活动;协助司法机关抓捕其他犯罪嫌疑人(包括同案犯);具有其他有利于国家和社会的突出表现的,应当认定为有立功表现。"首先,该解释将"其他有利于国家和社会的突出表现"都认定为自首,显然是有利于被告人的扩大解释;另一方面,该解释将立功限定为"到案后"的表现,则是不利于被告人的限制解释。① 这便涉及以下三个情形究竟应当如何处理的问题:(1)行为人到案后向地震灾区捐款1000万元的,是否属于立功?(2)行为人犯罪后到案前揭发他人犯罪行为的,能否认定为立功?(3)行为人犯罪后到案前向地震灾区捐款1000万元的,是否属于立功?

可以肯定的是,既然法条表述的立功主体是"犯罪分子",就表明行为人在犯罪前的任何行为都不可能构成《刑法》第68条的立功,只在有犯罪后才可能有立功表现。其次,按照同类解释规则,《刑法》第68条的立功应当仅限于与抑制犯罪有关的举止。因为第68条所列举的两种立功表现是有利于查获犯罪的举止,即使进行扩大解释,也只能限于与预防、查获、制裁犯罪有关的举止。再次,从实质上说,刑法规定对犯罪人从宽处罚,无非是基于两个方面的理由,即法律的理由与政策的理由。联系刑罚的正当化根据考虑,法律的理由无非是以下几个方面:一是客观违法

---

① 最高人民法院、最高人民检察院2009年3月12日《关于办理职务犯罪案件认定自首、立功等量刑情节若干问题的意见》没有要求"到案后"。

性轻,二是主观有责性小,三是预防的必要性小。刑法之所以设立立功制度,其实质根据有两点:一是从法律上说,行为人在犯罪后揭发他人犯罪行为,或者提供重要线索,从而得以侦破其他案件,表明行为人对犯罪行为的痛恨,因而其再犯罪的可能性会有所减少。二是从政策上说,行为人揭发他人犯罪行为,或者提供重要线索,有利于司法机关发现、侦破其他犯罪案件,从而实现刑法的确证。所以,不能将犯罪人的任何"好表现"都认定为立功。正如有的学者在论述在什么情形下应当进行刑事和解时所言:"重要的不是赔偿,而是为什么赔偿,以及为什么没能赔偿。一个农民在交通肇事之后,为了赔偿被害人的损失,省吃俭用,甚至卖血,也只赔偿了被害人损失的极小部分,尽管如此,也可以进行刑事和解。一个杀人恶魔在故意杀人之后,赔偿了被害人的家属 100 万元,以便自己不被判刑,目的在于出狱之后继续杀害他人。虽然这个恶魔赔偿了 100 万元,也不能进行刑事和解。不是因为赔偿了被害人的损失,恢复或者弥补了法益,就必须进行刑事和解,而是只有赔偿行为表明行为人变得忠诚于法规范,责任减轻了,才能进行刑事和解。因此,只有在行为人不仅赔偿了被害人的损失,而且真诚悔过时,才存在刑事和解的必要性。相反,如果行为人出于某种利己的目的(如获得释放)而赔偿了被害人的损失,却毫无悔过之心时,就缺乏进行刑事和解的正当性。"①显然,犯罪人到案后向地震灾区捐款 1000 万元,不一定表明他对犯罪行为的痛恨,也不一定表明他再犯罪的可能性减少,更不是有利于实现刑法的确证的行为。倘若他是为了尽快出狱后再犯罪,而捐款 1000 万元,那么,该举止就绝对不可能成为立功表现。所以,不管是根据同类解释规则,还是根据立功制度的实质,都不宜将与预防、查获、制裁犯罪无关的举止认定为立功。所以,对上述第(1)、(3)种情形都不应认定为《刑法》第 68 条的立功。如果行为人与预防、查获、制裁犯罪无关的举止确实表明行为人具有悔罪表现,也只能作为酌定的量刑情节。最后,将立功限定为到案后的表现,并不合适。从理论上说,因为行为人犯罪后所实施的有利于预防、查获、制裁犯罪的

---

① 冯军:《刑事和解的理念与制度设计》,载《人民法院报》2007 年 11 月 22 日,第 5 版。

行为,都在某种程度上表明行为人对犯罪的痛恨,其再犯罪的可能性减少。而不是只有在到案后所实施的有利于预防、查获、制裁犯罪的举止,才成为从宽处罚的根据。在此意义上说,司法解释将立功限定为到案后的表现,是对行为人不利的限制解释,也是不利于保障人权的解释。从事实上说,否认到案前有立功表现也明显不当。例如,甲与乙、丙、丁等人共同实施重大犯罪后,各自逃匿。过了一段时间后,甲向公安机关打电话,告知乙、丙、丁的藏匿地址,希望公安机关抓获乙、丙、丁,并向公安机关说明:"如果我先投案,乙、丙、丁肯定会杀害我的亲属。"公安机关根据甲提供的地址,抓获了乙、丙、丁。对于这样的案件,不管甲事后是自动归案,还是被公安机关抓获归案,均应认定其有立功表现。当然,司法解释之所以将立功限定为到案后的表现,是因为司法解释将"其他有利于国家和社会的突出表现"都视为立功。亦即,倘若与预防、查获、制裁犯罪无关而有利于国家和社会的突出表现都是立功,又不将立功限定为到案后的表现,那么,立功就会漫无边际因而难以认定了。但笔者认为,解决问题的出路不应当是将立功限定在到案后的表现,而应当将立功内容限定为在犯罪后所实施的有利于预防、查获、制裁犯罪的行为。

(二) 补正解释

一般来说,补正解释,是指在刑法文字发生错误时,统观刑法全文加以补正,以阐明刑法真实含义的解释方法。如认为《刑法》第63条中的"以下"不包括本数,则是补正解释。不难发现,任何一种补正解释都会找到明文的或者隐含的法律根据。例如,就《刑法》第63条所规定的"以下"而言,倘若直接根据《刑法》第99条关于"本法所称以上、以下、以内包括本数"的规定,认为《刑法》第63条中的"以下"包括本数(不对《刑法》第63条进行补正解释),就意味着从轻处罚与减轻处罚存在交叉。这显然不合适。换言之,认为《刑法》第63条中的"以下"不包括本数,是以刑法将从轻处罚与减轻处罚并列规定,以及《刑法》第62条的规定为根据的。概言之,罪刑法定原则下的补正解释,必须符合立法目的,符合刑法的整体规定。所以,一般来说,补正解释只限于根据刑法的目的与相关规定,对使用不当的用语作出与刑法整体相协调的解释。①

从广义上说,对刑法条文的补正解释,还发生在对于犯罪性质的补正解释上。例如,德国旧刑法将非法侵入住宅罪规定在其刑法分则第七章"对公共秩序的重罪与轻罪"中;德国现行刑法也将非法侵入住宅罪规定在其刑法分则第七章"妨害公共秩序的犯罪"中。但是,德国刑法理论的通说认为,非法侵入住宅罪的法益是住宅权,属于对个人法益的犯罪。②受德国旧刑法的影响,日本现行刑法将非法侵入住宅罪规定在对社会法益的犯罪中。但日本刑法理论几乎没有争议地认为,非法侵入住宅罪属于对个人法益的犯罪;各种教科书都是在"对自由的犯罪"中讨论非法侵入住宅罪。正如大谷实教授所言:"关于本罪(即侵入住宅罪——引者注)的特性与保护法益,立法上并不一致。过去的立法例大多将本罪视为对社会法益之罪的一种,我国旧刑法也将本罪规定在对社会法益的犯罪中。而且,从本罪在现行刑法典的位置来看,也可以认为,现行刑法的立法者是将本罪理解为对社会法益的犯罪的。这样的立法,立足于侵害住宅给家族整体或者近邻造成了不安的观点,但在现在,将侵入住宅罪理解为对个人法益之罪的一种的个人法益说,成为通说。"③显而易见的是,在将刑法典中的侵害社会法益的犯罪补正解释为侵害个人法益的犯罪时,对构成要件的解释也必然随之发生变化。类似这种对犯罪性质的补正解释,在国外(尤其是德国)并不罕见。

那么,我国是否也存在需要进行类似补正解释的情形呢? 回答是肯定的。例如,《刑法》第 323 条规定:"故意破坏国家边境的界碑、界桩或者永久性测量标志的,处 3 年以下有期徒刑或者拘役。"司法解释认为本条规定了两个犯罪,即破坏界碑、界桩罪与破坏永久性测量标志罪。由于破坏永久性测量标志罪被规定在"妨害国(边)境管理罪"一节中,且根据条文的表述,本罪的永久性测量标志,似应限于国家边境的永久性测量标

---

① 根据刑法规定的犯罪构成要件及其关联性,增加不成文的构成要件要素时,一般不认为是补正解释。例如,"非法占有目的"是盗窃罪的不成文的主观的构成要件要素,但不宜认为这是一种补正解释。
② 参见张明楷:《法益初论》,中国政法大学出版社 2003 年修订版,第 443 页以下。
③ 〔日〕大谷实:《刑法讲义各论》,成文堂 2007 年第 2 版,第 123—124 页。

志。然而,许多永久性测量标志,如水准点、地形点、天文点、导线点、炮控点等,并不位于国家边境,却值得刑法保护(在旧刑法中也受到保护),但破坏这些永久性测量标志的行为,并不会妨害国(边)境管理。因此,可以认为,本罪虽然规定在"妨害国(边)境管理罪"一节中,但并不属于妨害国(边)境管理的犯罪,永久性测量标志也不限于"国家边境的永久性测量标志"。这便是对本罪性质的补正解释。就本罪而言,对犯罪性质的补正解释的结果是扩大了本罪的处罚范围。

仔细研究刑法分则条文就会发现,对于许多条文所规定的犯罪,都有可能作补正解释。例如,在现行刑法典中,强迫他人吸毒罪、强迫卖淫罪、引诱幼女卖淫罪、嫖宿幼女罪都属于对社会法益的犯罪,但完全有可能将这些犯罪补正解释为对个人法益的犯罪。当然,从我国解释现状来看,这些犯罪是属于对社会法益的犯罪还是对个人法益的犯罪,似乎对构成要件的解释并无直接影响。但是,就某些犯罪而言,是否对犯罪性质进行补正解释,会对构成要件直接产生重要影响。下面以诬告陷害罪和引诱未成年人聚众淫乱罪为例展开说明。

国外刑法理论关于诬告罪(或者虚假告诉罪,即我国的诬告陷害罪)的保护法益,存在不同观点。[①] 第一种观点认为,诬告罪的保护法益首先是国家法益,其次才是个人法益。这里的国家法益,是指以国家的审判作用为前提的、国家的侦查权以及其他处分的调查权的正确行使;个人法益,是指个人私生活的安定,因为被诬告人作为嫌疑人被有关机关调查,就使其私生活的安定受到了侵害。根据这一观点,即使诬告行为得到了被诬告人的同意(承诺诬告),也不妨害本罪的成立,因为这种行为仍然侵害了国家法益,但在量刑时可以考虑从轻处罚。[②] 第二种观点认为,诬告罪的保护法益首先是(或主要是)个人法益,其次才是国家法益。据此,自我诬告与承诺诬告,以及诬告虚无人的,不构成诬告罪。[③] 第三种

[①] 德国、日本刑法都将诬告罪规定为独立的一章,而没有归入其他章节中。
[②] 〔日〕大谷实:《刑法讲义各论》,成文堂2007年第2版,第588页;〔日〕西田典之:《刑法各论》,弘文堂2007年第4版,第438页。
[③] 〔日〕平野龙一:《刑法概说》,东京大学出版会1977年版,第290页。

观点认为,诬告罪的保护法益包括国家法益与个人法益,二者没有主次、轻重之分,属于同等程度的保护法益。因此,仅使国家法益遭受危险而没有使个人法益遭受危险的(如承诺诬告),或者虽使个人法益遭受危险但没有使国家法益遭受危险的(如向外国刑事司法机关诬告他人),不成立诬告罪。① 第四种观点认为,诬告罪的保护法益只是国家法益——国家的刑事司法作用及处分作用,因此,得到了被诬告人同意的诬告行为,也成立诬告罪,而且量刑时没有必要考虑从轻处罚。②

关于诬告陷害罪的保护法益的争议,主要涉及自己诬告、得承诺的诬告、诬告虚无人以及向外国刑事司法机关诬告是否构成犯罪的问题。我国刑法将诬告陷害罪规定在刑法分则"侵犯公民人身权利、民主权利罪"一章中,换言之,刑法将诬告陷害罪规定为对个人法益的犯罪。那么,是否需要对此进行补正解释,使之成为对国家法益的犯罪("妨害司法罪")呢?本书目前持否定回答。首先,我国《刑法》第243条将诬告陷害罪的对象限定为"他人"。这意味着自己诬告不可能构成诬告陷害罪。其次,《刑法》第243条使用了"陷害"他人的表述,这意味着并非单纯的虚假告发行为就可成立犯罪,只有"陷害"他人的行为才可能成立诬告陷害罪。而"陷害"他人,意味着对个人法益的侵害。再次,旧刑法将诬告陷害罪与伪证罪均规定在"侵犯公民人身权利、民主权利罪"一章中。1997年修订刑法时,虽然将伪证罪从对个人法益的犯罪调整到对国家法益的犯罪("妨害司法罪")中,但并没有将诬告陷害罪调整到"妨害司法罪"中。这表明,现行刑法鉴于"文化大革命"的历史教训,依然将诬告陷害罪的保护重点放在个人法益上。最后,鉴于我国的司法机关的权力还没有受到应有的限制,倘若将诬告陷害罪补正解释为妨害司法罪,不利于保障国民的人权。

总之,我国刑法所规定的诬告陷害罪,仍然是对个人法益的犯罪。如果诬告行为没有侵犯个人法益,即使妨害了刑事司法,也不能认定为诬告

---

① 〔日〕中森喜彦:《刑法各论》,有斐阁1996年第2版,第325页。〔日〕林幹人:《刑法各论》,东京大学出版会2007年第2版,第457页。
② 〔日〕团藤重光:《刑法纲要各论》,创文社1990年第3版,第106页。

陷害罪。所以，自己诬告、得承诺的诬告①、诬告虚无人三种情形，因为没有侵犯他人的法益，不成立诬告陷害罪。但是，向外国刑事司法机关诬告我国公民的，虽然没有妨害我国的刑事司法，却侵犯了我国公民的个人法益，应认定为诬告陷害罪。

《刑法》第301条规定了聚众淫乱罪与引诱未成年人聚众淫乱罪，该条位于刑法分则第六章的第一节扰乱公共秩序罪中。可以肯定的是，聚众淫乱罪是对社会法益的犯罪。既然如此，就不能按字面含义从形式上理解聚众淫乱罪的罪状。刑法理论没有争议地将"众"解释为三人以上，但不能认为三人以上聚集起来实施淫乱活动的，一律构成本罪。刑法规定本罪并不只是因为该行为违反了伦理秩序，而是因为这种行为侵害了公众对性的感情。② 因此，三个以上的成年人，基于同意所秘密实施的性行为，因为没有侵害公众对性的感情，不属于刑法规定的聚众淫乱行为。只有当三人以上的聚众淫乱行为具有某种程度的公然性，即以不特定人或者多数人可能认识到的方式实施淫乱行为时，才宜以本罪论处。问题在于，《刑法》第301条第2款规定的引诱未成年人聚众淫乱罪，是否属于对社会法益的犯罪？本书持否定回答。换言之，刑法理论应当将引诱未成年人聚众淫乱罪补正解释为对个人法益的犯罪，亦即，刑法规定本罪是为了保护未成年人的身心健康。因此，一方面，对本罪中的"参加"应作广义解释，不要求引诱未成年人实际从事淫乱活动，引诱未成年人观看他人从事淫乱活动的，也成立本罪。另一方面，本罪中的聚众淫乱活动不要求具有公然性。换言之，引诱未成年人参加秘密聚众淫乱活动的，也应以本罪论处。

刑法学中的补正解释的核心解释在于"正"，而不是在于"补"，即刑法学中的补正解释的核心，在于纠正刑法的文字表述错误与体系安排错误，以阐明法条的真实含义，而不是将刑法没有明文规定的"犯罪"补充解释为犯罪，否则便违反罪刑法定原则。

---

① 当然，由于对生命的承诺是无效的，故诬告他人所犯之罪应当判处死刑时，即使得到被害人承诺，也应以犯罪论处。但这种诬告行为属于诬告陷害罪与故意杀人罪的想象竞合犯。
② 参见〔日〕平野龙一：《刑法概说》，东京大学出版会1977年版，第268页以下。

(三) 当然解释

当然解释,是指刑法规定虽未明示某一事项,但依形式逻辑、规范目的及事物属性的当然道理,将该事项解释为包括在该规定的适用范围之内的解释方法。如修改前的《刑法》第 201 条规定,"因偷税被税务机关给予二次行政处罚又偷税的",构成偷税罪,认为因偷税被给予三次、四次行政处罚又偷税的构成偷税罪,则是当然解释。

当然解释的解释方法,蕴含了在出罪时举重以明轻、在入罪时举轻以明重的当然道理。在适用刑法上,举重以明轻意味着,如果刑法没有将更严重的 A 行为规定为犯罪,那么,比 A 行为更轻微的 B 行为,就应无罪;举轻以明重意味着,如果刑法将较轻的甲行为规定为犯罪,那么,比甲行为更严重的乙行为,应当构成犯罪。显然,举重以明轻,是就出罪而言的;举轻以明重,是就入罪而言的。

举重以明轻和举轻以明重,是解释刑法时应当遵循的一项规则,这一规则的突出意义表现在,法官在解释刑法时,必须维护刑法的公平正义性;在处理案件时,必须实现案件之间的协调一致性。因此,法官不应孤立地解释任何一个刑法条文,而必须将一个刑法条文作为刑法整体下的一个部分进行解释。

举重以明轻规则的适用,要求法官确定哪些与案件相关的行为在刑法上没有被规定为犯罪;然后,将刑法没有规定为犯罪的行为,与自己所面对的案件事实进行比较,判断孰轻孰重;再不断对构成要件进行解释,将面对的案件事实排除在犯罪之外。但是,在适用举轻以明重的解释原理进行当然解释时,也要求案件事实符合刑法规定的构成要件,而不能简单地以案件事实严重为由以犯罪论处。换言之,当然解释的结论,也必须能为刑法用语所包含。根据修改前的《刑法》第 201 条的规定,因偷税被税务机关给予三次行政处罚又偷税的之所以构成偷税罪,是因为"三次"中包含了"二次",因而完全达到了"二次"的要求。再如,根据修改前的刑法第 201 条、第 211 条和第 212 条的规定,偷税数额占应纳、应缴税额的 10% 以上不满 30% 并且偷税数额在 1 万元以上不满 10 万元的,处 3

年以下有期徒刑或者拘役,并处偷税数额1倍以上5倍以下罚金;偷税数额占应纳、应缴税额30%以上并且偷税数额在10万元以上的,处3年以上7年以下有期徒刑,并处偷税数额1倍以上5倍以下罚金。但是,实践中可能发生这样的现象,即偷税数额占应纳、应缴税额的30%以上但不满10万元,或者偷税数额10万元以上但没有达到应纳、应缴税额的30%(但已占10%以上)。从字面上看,这两种情况既不属于"偷税数额占应纳、应缴税额的10%以上不满30%并且偷税数额在1万元以上不满10万元",也不属于"偷税数额占应纳、应缴税额30%以上并且偷税数额在10万元以上",于是,不少人认为,刑法出现了漏洞。其实,根据举重以明轻的原则,对上述两种情况完全应当适用"偷税数额占应纳、应缴税额的10%以上不满30%并且偷税数额在1万元以上不满10万元"的法定刑。因为这两种情况已经在符合该法定刑适用条件的前提下有多余部分,而非不符合该法定刑的适用条件。由此可见,一个行为如果没有达到法条的要求,当然不能适用该法条;但一个行为如果在符合法条要求的前提下超出了该法条的要求,也没有其他可适用的法条,则依然应适用该法条。又如,《刑法》第329条第1款规定:"抢夺、窃取国家所有的档案的,处5年以下有期徒刑或者拘役。"倘若行为人以暴力相威胁"抢劫"国有档案,应当如何处理?或许人们会解释道:"既然刑法只规定了抢夺,而没有规定抢劫,根据罪刑法定原则,当然应以无罪论处。"可是,从规范意义上说,抢劫行为已经在符合抢夺、窃取要求的前提下超出了抢夺、窃取的要求,既然如此,当然可以将抢劫国有档案的行为认定为抢夺、窃取国有档案罪。①

所应注意的是,在刑法解释中,如果解释结论不能为刑法用语所包含,即使是当然解释的结论,也不能被采纳。例如,刑法规定了聚众淫乱、组织淫秽表演等侵犯性行为秩序的犯罪,却没有规定公然猥亵罪;但刑法

---

① 当然,如果以国有档案也具有财物的属性,而且抢劫罪不要求数额较大为由,主张对抢劫国有档案的行为以抢劫罪论处,也是一种思路。笔者只是以抢夺与抢劫的关系为例,说明可以通过当然解释将抢劫国有档案的行为认定为抢夺国有档案罪。至于对抢劫国有档案的行为是认定为抢劫罪,还是认定为抢夺国有档案罪,还是需要进一步讨论的问题。

关于聚众淫乱、组织淫秽表演等罪的文字表述,不可能包含公然猥亵,所以,无论如何进行当然解释,也不可能得出公然猥亵构成犯罪的结论。再如,《刑法》第227条第2款规定了倒卖车票、船票罪,而没有规定倒卖飞机票罪,以前也曾出现过倒卖飞机票的行为。应当说,倒卖飞机票的行为对法益的侵害性更为严重,似乎可以由"举轻以明重"的解释原理来说明其构成犯罪。但是,车票、船票的概念不能包含飞机票,所以,不可能根据《刑法》第227条第2款的规定处罚倒卖飞机票的行为。如有可能,只应在其他刑法条文中寻找处罚根据。不难看出,对不同性质的行为,是不可能进行所谓当然解释的,否则必然违反罪刑法定原则。因为刑法分则条文对不同性质的行为使用了不同的用语,对于与刑法规定的行为性质不同的行为,不可能解释为刑法用语所包含的行为。

需要讨论的是,对于实施暴力犯罪被判处死缓的人,能否适用假释?《刑法》第81条规定了假释的适用条件,第2款规定:"对累犯以及因杀人、爆炸、抢劫、强奸、绑架等暴力性犯罪被判处10年以上有期徒刑、无期徒刑的犯罪分子,不得假释。"刑法似乎没有明文规定对被判处死缓的犯人能否假释。最高人民法院1997年11月8日《关于办理减刑、假释案件具体应用法律若干问题的规定》第15条规定:"对死刑缓期执行罪犯减为无期徒刑或者有期徒刑后,符合刑法第81条第1款和本规定第9条第2款规定的,可以假释。"①可是,根据当然解释的原理,既然对于因杀人、爆炸、抢劫、强奸、绑架等暴力性犯罪被判处10年以上有期徒刑、无期徒刑的犯罪分子不得假释,那么,对于因实施暴力犯罪被判处死缓的犯罪分子,在没有立功表现而被减为无期徒刑或者因为有立功表现而减为15年以上20年以下有期徒刑的情况下,更不能假释。否则就导致刑法条文之间不协调,得出不公平的结论。

值得研究的是,对于以收养等为目的,使用暴力抢劫、抢夺、窃取儿童的行为,能否认定为拐骗儿童罪?如果说拐骗儿童罪的行为仅限于使用

---

① 该解释第9条第2款规定:"对死刑缓期执行罪犯经过一次或几次减刑后,其实际执行的刑期,不得少于12年(不含死刑缓期执行的2年)。"

欺骗方法使儿童脱离家庭或者监护人,那么,即使抢劫、抢夺、窃取儿童的行为并不轻于甚至明显重于欺骗儿童的行为,也不能认为抢劫、抢夺、窃取行为符合"拐骗"的含义。所以,本问题取决于如何解释"拐骗"。从字典含义来说,拐也是骗的意思。但是,以字典含义诠释法条用语含义不一定能够得出妥当结论。相反,根据或者联系刑法的相关规定,以及参考人们的日常用法来解释"拐骗",更为合适。首先,"拐"在刑法中并不限于"骗"。例如,《刑法》第240条第1款规定的是"拐卖"妇女、儿童罪,同条第2款规定:"拐卖妇女、儿童是指以出卖为目的,有拐骗、绑架、收买、贩卖、接送、中转妇女、儿童的行为之一的。""卖"不可能包括绑架行为,但《刑法》第240条第1款将绑架规定为拐卖的严重情形之一。反过来说,属于拐卖妇女、儿童严重情形之一的"使用暴力、胁迫或者麻醉方法绑架妇女、儿童",也是一种"拐"的行为。这一解释性规定虽然只是对"拐卖"的解释,但对于解释《刑法》第262条的"拐骗"具有指导意义。一方面,这一解释性规定并不是特别规定与法律拟制,可以认为是一种提示性解释。另一方面,在根据体系解释的原理,"如果法律在不同的地方采用相同的概念与规定,则应认为这些概念与规定实际上是一致的。有疑义时某项概念的内容则与另一处的相同"①。既然对拐骗的解释存在疑问,就有必要按照《刑法》第240条对"拐"卖的规定来解释"拐"骗。其次,根据人们的日常用法,也可以将抢劫、抢夺、窃取儿童的行为解释为拐骗儿童。例如,一名农村妇女下地干活时,将2岁的女儿带到田边。行为人趁妇女没有注意时,将女孩强行抱走。农村妇女在报案时会说自己的女儿被"拐"走了。所以,将抢劫、抢夺、窃取儿童的行为解释为拐骗儿童,是没有超出刑法用语可能具有的含义的当然解释。

---

① 伯阳:《德国公法导论》,北京大学出版社2008年版,第24页。当然,这并不意味着否认刑法用语的相对性。当A、B两个条文都使用了"甲"用语,而且没有疑问地对两个条文中的"甲"用语作出不同解释时,应当承认用语的相对性。当C、D两个条文都使用了"乙"用语,只能明确"乙"用语在C条文中的含义,而对D条文中的"乙"用语存在疑问时,就需要考虑"乙"用语在A条文中的含义。倘若对D条文中的"乙"用语作出与A条文相同的解释,能得出合理结论,就必然作出相同解释。不过,如果具备充分理由(包括结论的合理性),也可能作出与A条文不同的解释。

更有争议的是,对真正的军警人员抢劫的,能否适用《刑法》第263条关于"冒充军警人员抢劫"的规定?从实质上说,军警人员显示其真实身份抢劫比冒充军警人员抢劫,更具有提升法定刑的理由。因为,刑法将"冒充军警人员抢劫"规定为法定刑升格的条件,主要是基于两个理由:其一,由于军警人员受过特殊训练,其制服他人的能力高于一般人,故冒充军警人员抢劫给被害人造成的恐怖心理更为严重,因而易于得逞。其二,由于冒充军警人员抢劫,导致严重损害国家机关的形象。然而,真正的军警人员显示军警人员身份抢劫时,同样具备这两个理由。而且,冒充军警人员抢劫后,由于被害人及其他人事后得知行为人的真相,可以挽回国家机关的形象;而真正的军警人员抢劫,对国家机关形象的损害更为严重。既然如此,对真正的军警人员显示军警人员身份抢劫的,应当比冒充军警人员抢劫的,受到更为严厉的制裁。由此可见,根据举轻以明重的当然解释原理,对真正的军警人员抢劫适用"冒充军警人员抢劫"的规定,具有实质的合理性。法理学者也指出:"对于真军警实施抢劫行为如何量刑,通常认为,不仅应比一般人,还应比冒充军警人员更重。……真正的理由是,冒充军警人员抢劫比一般人抢劫量刑要重,是以军警人员抢劫为前提的,无军警人员抢劫便无冒充者抢劫,冒充军警人员抢劫是从军警人员抢劫发展而来,只有军警人员抢劫是犯罪,冒充军警人员抢劫才是犯罪,二者先在犯罪上具有递进关系;既然对冒充军警者抢劫量刑要重,对被冒充者抢劫量刑要更重,这又在量刑上形成递进关系,递进引起加重。"①这一理由无疑是成立的。问题是,在适用刑法关于"冒充军警人员抢劫"的规定时,仍然必须说明,真军警人员抢劫的行为,属于或者符合"冒充军警人员抢劫"。换言之,对"冒充"的解释必须能够涵摄真军警。刑法也有条文使用了"假冒"一词,故或许可以认为,冒充不等于假冒。亦即,"冒充"包括假冒与充当,其实质是使被害人得知行为人为军警人员,故军警人员显示其身份抢劫的,应认定为冒充军警人员抢劫。

不难看出,当然解释首先是一种目的性推论,而不是演绎性推论;其

---

① 郑永流:《法律方法阶梯》,北京大学出版社2008年版,第200页。

次也包含了扩大解释与缩小解释的内容(包括扩大的当然解释与缩小的当然解释),而不是一种单纯的轻重比较。换言之,不管是作出扩大的当然解释还是作出缩小的当然解释,都是为了实现法条的目的。例如,对正在进行行凶、杀人等严重危及人身安全的暴力犯罪,采取防卫行为的,即使没有造成伤亡结果,只是剥夺不法侵害人人身自由的,当然也是正当防卫。因为只有这样解释才符合《刑法》第 20 条的目的。但是,法官不能因为刑法某个条文规定了死刑(杀害),就采用当然解释的原理(既然允许杀害就必然允许伤害),对被告人判处"轻于"死刑的身体刑(伤害)。①因为这种做法明显不符合刑罚的目的。

(四) 反对解释

反对解释,是指据刑法条文的正面表述,推导其反面含义的解释方法。如《刑法》第 50 条前段规定,判处死缓在缓期执行期间没有故意犯罪的,"2 年期满后,减为无期徒刑"。据此,没有满 2 年的不得减为无期徒刑,此即反对解释。

反对解释只有在以下两种情况下才能采用:一是法条所确定的条件为法律效果的全部条件;二是法律规定所确定的条件为法律效果的必要条件。否则其结论不可能正确(法定条件只是法律效果的充分条件时,不能进行反对解释)。例如,《刑法》第 18 条第 4 款规定:"醉酒的人犯罪,应当负刑事责任。"如果不遵守反对解释的规则,作出所谓"没有醉酒的人犯罪,不负刑事责任"的解释结论,虽然不一定违反罪刑法定原则,但至为荒谬。

另应注意的是,由于反对解释包含了形式逻辑推理(反向推论),而刑法条文大多表现为规范,如果用形式逻辑而不是用规范逻辑进行推理,则可能导致违反罪刑法定原则的结论。例如,《刑法》第 15 条第 2 款规定:"过失犯罪,法律有规定的才负刑事责任。"如果人们作出如下反对解

---

① 参见〔日〕增田丰:《语用论的意义理论与法解释方法论》,劲草书房 2008 年版,第 241 页。

释:"故意犯罪,没有法律规定的也负刑事责任",则必然违反罪刑法定原则。其实,就"过失犯罪,法律有规定的才负刑事责任"的规定而言,即使进行反对解释或者反向推论,充其量也只能得出"过失犯罪,法律无规定的不负刑事责任"的结论。人们习惯于这样的诘难:既然是"法律无规定",怎么是"过失犯罪"呢?既然是"过失犯罪",怎么能"不负刑事责任"呢?其实,一方面,"过失犯罪,法律有规定的才负刑事责任"这一规定,只是意味着当刑法分则条文没有明确规定某种犯罪的责任形式是过失时,过失实施该行为的,不构成犯罪。另一方面,"犯罪"一词具有不同含义,亦即,仅有法益侵害而无故意过失时,也是一种意义上的犯罪。在此意义上说,既存在法律无规定的"犯罪",也存在"不负刑事责任"的犯罪。基于同样的理由,《刑法》第14条第2款所规定的"故意犯罪,应当负刑事责任",只是意味着当刑法分则条文没有明确规定某种犯罪的责任形式时,该犯罪只能由故意构成,不能由此推论出"过失犯罪的,不应当负刑事责任"的结论(只有在刑法仅处罚故意犯罪的情况下,该结论才成立)。

(五)体系解释

体系解释,是指根据刑法条文在整个刑法中的地位,联系相关法条的含义,阐明其规范意旨的解释方法。"整体只能通过对其各部分的理解而理解,但是对其各部分的理解又只能通过对其整体的理解。"① 同样,只有将刑法作为一个整体,才能理解各个条文的含义;但对各个条文的理解,又依赖于对刑法这一整体的理解。因为"法律条文只有当它处于与它有关的所有条文的整体之中才显出其真正的含义,或它所出现的项目会明确该条文的真正含义。有时,把它与其他的条文——同一法令或同一法典的其他条款——一比较,其含义也就明确了"②。体系解释的目的在于避免断章取义,以便刑法整体协调。刑法是存在于法律体系中的一个整体,它不仅要与宪法协调,而且本身也是协调的。因为刑法体现正义,要

---

① 金克木:《比较文化论集》,生活·读书·新知三联书店1984年版,第243页。
② 〔法〕亨利·莱维·布律尔:《法律社会学》,许钧译,上海人民出版社1987年版,第70页。

对相同的案件作相同的处理,对相似的案件作相似的处理,对不同的案件作不同的处理,绝对不能自相矛盾。如果作出不协调的解释,必然有损刑法的正义性。所以,使刑法条文相协调是最好的解释方法。

例如,《刑法》第 50 条规定:"判处死刑缓期执行的,在死刑缓期执行期间,如果没有故意犯罪,2 年期满以后,减为无期徒刑;如果确有重大立功表现,2 年期满以后,减为 15 年以上 20 年以下有期徒刑;如果故意犯罪,查证属实的,由最高人民法院核准,执行死刑。"由于刑法对前两种情况都规定了"2 年期满以后",而没有对第三种情况作相同规定,从文理上看,似乎故意犯罪,查证属实的,不需要等到 2 年期满以后就可以执行死刑。可是,疑问在于:未等到 2 年期满就执行死刑的做法合理吗?联系相关条文进行体系解释,就会发现,即使死缓犯人在考验期内故意犯罪,也只有在 2 年期满以后才可以执行死刑。第一,规定死缓制度的第 48 条告诉人们,死缓是判处死刑同时宣告"缓期 2 年执行",如果没有等到 2 年期满后就执行,是否违反死缓的本质?① 死缓的宗旨是给犯罪人以自新之路,这就要综合考察犯罪人在 2 年缓期执行期间的表现,没有等到 2 年期满就执行死刑,是否有悖死缓的宗旨?当然,如果故意犯罪要等到 2 年期满以后才执行死刑,可能因为故意犯罪与执行死刑的时间间隔长,而出现根据法律应当执行死刑,但基于情理不需要执行死刑的情况。但权衡利弊,尤其是为了减少死刑执行,应承认故意犯罪 2 年期满以后再执行死刑的合理性。第二,刑法的总体精神是减少死刑执行的。解释为 2 年期满以后执行死刑,并不只是让犯人多活几天,而是具有减少执行死刑的可能。这涉及先故意犯罪后有重大立功表现的应如何处理的问题。如果认为即使故意犯罪后也要待 2 年期满以后执行死刑,那么,犯人便有可能通过重大立功免除死刑的执行。这正好实现了减少死刑执行的理念与目的。

在与罪刑法定原则相关联的意义上,以下几点特别值得说明:

---

① 在本书看来,第 50 条之所以没有对第三种情况写明"2 年期满以后",是因为第 48 条已经写明死缓为"缓期 2 年执行"。

第一是同类解释规则。例如,《刑法》第 237 条第 1 款规定:"以暴力、胁迫或者其他方法强制猥亵妇女或者侮辱妇女的,处 5 年以下有期徒刑或者拘役。"根据同类解释规则,这里的其他方法仅限于与其前面列举的暴力、胁迫性质相同、作用相当的方法,而非泛指一切其他方法,否则必然扩大处罚范围,违反罪刑法定原则。显然,按照同类解释规则进行的解释,与罪刑法定原则所禁止的类推解释存在本质区别。因为同类解释是对刑法所规定的"其他"、"等"内容的具体化,而不是将法无明文规定的行为以犯罪论处。

第二是刑法总则规定应当贯穿于刑法分则。例如,刑法总则规定了故意犯罪及其处罚原则。刑法分则第 236 条规定了奸淫幼女犯罪是故意犯罪,其成立以行为人明确自己的行为会发生危害幼女身心健康的结果为前提,进而以行为人明知行为对象为幼女为前提。倘若认为奸淫幼女犯罪为严格责任犯罪,则违反罪刑法定原则。

第三是刑法用语的相对性。同一个刑法用语,可能具有不同的含义;之所以如此,其实也是体系解释的结果。如果对任何一个用语,在任何场合都作出完全相同的解释,其结论必然违反罪刑法定原则的本旨。例如,对刑法分则中的"暴力"、"胁迫"不可能作出完全相同的解释,否则必然导致罪刑法定原则的实质侧面所禁止的不均衡的刑罚。再如,对于作为盗窃罪情形之一的"多次"盗窃与作为法定刑升格条件的"多次"抢劫中的"次"的认定,就不宜相同,对后者的认定应当比前者严格。

第四是对解释结论的检验。当解释者对某个用语得出某种解释结论时,常常会心存疑虑,在这种情况下,如果解释结论能够得到其他条文的印证,解释者便会消解疑虑。因为"对一个本书某一部分的诠释如果为同一本书的其他部分所证实的话,它就是可以接受的;如果不能,是应舍弃"[①]。基于同样的理由,如果一个解释结论能够得到相关条文的印证,就不宜认为该解释结论违反罪刑法定原则。

[①] 奥古斯丁在《论基督教义》中所述,转引自〔意〕艾科等著:《诠释与过度诠释》,王宇根译,生活·读书·新知三联书店 1997 年版,第 78 页。

第五是解释结论的协调性。一个解释结论与公认为合理的解释结论不协调时,就难以被人接受。体系解释不只是使法条文字相协调,更要求解释结论的协调。例如,根据《刑法》第269条的规定,只有"犯盗窃、诈骗、抢夺罪"的,才可能进而成立事后抢劫。那么,能否将部分抢劫评价为盗窃,进而认为部分普通抢劫可以成立事后抢劫?这是需要对相关案件进行比较,权衡定罪量刑是否协调,才能得出结论的。例如,甲犯盗窃罪时(窃取现金5000元),为抗拒抓捕,而当场使用暴力,导致被害人重伤。甲的行为无疑符合《刑法》第269条的规定,成立事后抢劫;根据《刑法》第263条的规定,其适用的法定刑为"10年以上有期徒刑、无期徒刑或者死刑"。乙使用暴力抢劫他人现金5000元(暴力本身仅致人轻伤),为抗拒抓捕,而当使用暴力,导致另一被害人重伤。倘若认为,不能将乙先前的普通抢劫评价为盗窃,进而不能对乙适用《刑法》第269条,就意味着乙的行为成立普通抢劫与故意伤害两个罪;数罪并罚的结局是,对乙可能判处的刑罚为3年以上20年以下有期徒刑。可是,任何人都不会认为,乙的行为的法益侵害性与有责性轻于甲。既然如此,就不能使乙承担较甲更轻的刑事责任。人们习惯于说,乙的处罚轻于甲的处罚是法律问题,不是解释问题。但本书认为,这是解释问题而不是法律问题。只有妥当地理解盗窃的含义,只要认为盗窃与抢劫不是对立关系而是包容关系,亦即抢劫中包含了盗窃,就能将乙的行为评价为一个事后抢劫,进而适用"10年以上有期徒刑、无期徒刑或者死刑"的法定刑。

对刑法进行体系解释,要求使刑法条文之间相协调。① 但是,"使刑法条文相协调是最好的解释方法"这句话,是有前提的。亦即,对法条(尤其是对基本法条)作出了合理解释。由于刑法条文之间具有密切关系,对一个条文作出不恰当解释后,为了保持条文之间的"协调",可能甚至必然导致对相关的另一个条文作出不合理解释。换言之,进行体系解释时,应防止因为错释一条进而错释一片的局面。与之密切相关的是,应

---

① 刑法与宪法以及其他法律之间的协调,也是十分重要的。本书在此仅讨论刑法条文之间的协调问题。

当选择哪一法条作为基本法条,使之成为被比照、被类比的对象,也显得特别重要。

例如,《刑法》第 226 条规定:"以暴力、威胁手段强买强卖商品、强迫他人提供服务或者强迫他人接受服务,情节严重的,处 3 年以下有期徒刑或者拘役,并处或者单处罚金。"倘若将本条作为基本法条,认为凡是有交易存在的行为,都仅成立强迫交易罪,而不成立财产犯罪,那么,必然导致体系性的错误。详言之,倘若解释者认为,行为人使用严重暴力迫使他人用 1000 元购买自己价值 2 元的圆珠笔的,仅属于强买强卖商品,仅成立强迫交易罪,那么,该解释者就会认为,只要有交易存在就不成立抢劫、敲诈勒索等罪,否则就违反了罪刑法定原则(第一种协调,如后所述,这种协调只是表面的)。反之,倘若解释者认为,强迫交易罪不是财产犯罪,其成立不以给被害人造成财产损失为条件,那么,该解释者就会认为,使用严重暴力迫使他人用 1000 元购买自己价值 2 元的圆珠笔的行为,成立抢劫罪。即使认为该行为同时触犯了强迫交易罪,也只是一种竞合关系,而不能否认其行为成立抢劫罪(第二种协调)。不难看出,在《刑法》第 226 条与《刑法》第 263 条的关系之间,存在两种不同的协调,采取哪一种协调解释,就至关重要了。

笔者认为,在上述场合,解释者不能事先根据《刑法》第 226 条的字面含义,将部分抢劫、敲诈勒索行为也仅解释为强迫交易罪。换言之,解释者在解释《刑法》第 226 条时,应当考虑到强迫交易罪与抢劫罪、敲诈勒索罪之间的关系;应当考虑使用严重暴力迫使他人用 1000 元购买自己价值 2 元的圆珠笔的行为,是认定为抢劫罪合适,还是认定为强迫交易罪合适;还应当考虑到强迫交易罪与抢劫罪、敲诈勒索罪是一种对立关系,还是非对立关系。在笔者看来,由于强迫交易罪的保护法益是自愿、平等交易的市场秩序,并不以造成他人财产损失为要件(可以表明这一点的是,本罪以情节严重为前提,而且法定刑很轻),故对于造成他人财产损失的行为,必须再次判断其是否符合更重的财产犯罪的构成要件。即使认为造成了他人财产损失的行为符合强迫交易罪的构成要件,也不妨碍认定该行为符合财产犯罪的构成要件。换言之,即使认为,使用严重暴力迫使他人用1000元购买自己价值2元的圆珠笔的行为,成立强迫交易罪,也不妨碍将该行为认定为抢劫罪。

其实,上述第一种"协调"的解释,并不协调。比较两例就可以说明这一点。根据第一种"协调"的解释,使用严重暴力迫使他人用1000元购买自己价值2元的圆珠笔的行为,成立强迫交易罪,不成立抢劫罪;但使用严重暴力迫使他人单纯交付500元人民币的行为,因为不存在交易,只能成立抢劫罪。然而,就对被害人造成财产损失而言,后者轻于前者,可第一种"协调"解释却得出了相反结论。姑且不论抢劫罪是对个别财产的犯罪,即使认为抢劫罪是对整体财产的犯罪,也应当认为上述两种行为都成立抢劫罪。

再如,在司法实践中,为了区分所谓诈骗罪与民事欺诈的界线,常常以是否存在交易为标准。从体系解释的角度来说,存在如何理解《刑法》第140条与第266条的关系问题。《刑法》第140条规定:"生产者、销售者在产品中掺杂、掺假,以假充真,以次充好或者以不合格产品冒充合格产品,销售金额5万元以上不满20万元的,处2年以下有期徒刑或者拘役,并处或者单处销售金额50%以上2倍以下罚金;销售金额20万元以上不满50万元的,处2年以上7年以下有期徒刑,并处销售金额50%以上2倍以下罚金;销售金额50万元以上不满200万元的,处7年以上有期徒刑,并处销售金额50%以上2倍以下罚金;销售金额200万元以上的,处15年有期徒刑或者无期徒刑,并处销售金额50%以上2倍以下罚金或者没收财产。"本条所规定的生产、销售伪劣产品罪,也表现为一种交易行为。倘若解释者认为,本条规定表明,只要有交易行为存在,就不可能构成诈骗罪,那么,该解释者就会认为,诈骗罪只能是"空手套白狼",行为人在使用欺骗手段取得他人财物的同时支付了一定对价的,只能是销售伪劣产品罪或者民事欺诈(第一种协调解释)。反之,倘若解释者认为,《刑法》第140条所规定的生产、销售伪劣产品罪与诈骗罪存在竞合关系,即使存在交易关系,也可能构成诈骗罪,那么,该解释者就会认为,诈骗罪并不限于"空手套白狼",即使行为人在使用欺骗手段取得他人财物的同时支付了一定对价的,也不妨碍诈骗罪的对立(第二种协调解释)。

例如，甲使用欺骗手段，将仅有 1 万吨储煤量的煤矿谎称为有 100 万吨储煤量的煤矿，以 700 万元的成交价出卖给乙。按照第一种"协调"解释，由于存在交易，而不是"空手套白狼"，甲的行为既不成立诈骗罪，也不成立生产、销售伪劣产品罪，仅属于民事欺诈。但按照第二种协调解释，甲的行为依然成立诈骗罪。

笔者认为，在上述场合，解释者不能事先根据《刑法》第 140 条的字面含义，将生产、销售伪劣产品罪与诈骗罪解释为对立关系，进而认为诈骗罪仅限于没有支付对价的情形。换言之，解释者在解释《刑法》第 140 条时，应当考虑到生产、销售伪劣产品罪与诈骗罪的关系；应当考虑对使用欺骗手段使他人遭受财产损失的行为，是认定为诈骗罪合适，还是认定为生产、销售伪劣产品罪合适；还应当考虑《刑法》第 140 条与第 266 条是一种对立关系，还是非对立关系。在笔者看来，由于生产、销售伪劣产品罪的保护法益为诚实交易秩序，并不以造成他人财产损失为要件，故对于造成他人财产损失的行为，必须再次判断其是否符合更重的财产犯罪的构成要件。即使认为造成了他人财产损失的行为符合生产、销售伪劣产品罪的构成要件，也不妨碍认定该行为符合财产犯罪的构成要件。

同样，上述第一种"协调"的解释，并不协调。稍作比较就可以说明这一点。根据第一种"协调"的解释，上述甲的行为不成立任何犯罪，仅属于民事欺诈。可是，根据《刑法》第 140 条的规定，倘若行为人销售的其他伪劣商品，"销售金额 200 万元以上的，处 15 年有期徒刑或者无期徒刑，并处销售金额 50% 以上 2 倍以下罚金或者没收财产"。而上述甲的销售金额在为 700 万元，却反而不构成任何犯罪。这说明，第一种"协调"解释得出的结论，并不协调。另一方面，金融诈骗罪与合同诈骗罪大多存在交易关系，倘若认为诈骗罪只能是"空手套白狼"（上述第一种"协调"的解释），就使得诈骗罪与金融诈骗罪、合同诈骗罪之间不协调。

以上论述表明，单纯使得刑法条文之间的"文字含义"协调，还称不上最好的解释方法，只有既使刑法条文之间的文字含义协调，也使案件事实得到协调处理的解释方法，才是最好的解释方法。

（六）历史解释

历史解释，是指根据制定刑法时的历史背景以及刑法发展的源流，阐明刑法条文真实含义的解释方法。历史解释并不意味着只是探讨立法原意，而是要根据历史参考资料得出符合时代的结论。千万不要认为，与立法原意不符的解释就是违反罪刑法定原则的解释。如前所述，罪刑法定原则，是指罪刑由"刑法"确定，但不是由"立法者的意图"确定，"刑法"与"立法者的意图"并非一体，具有法律效力的是用文字表达出来的、具有外部形式的刑法，而不是存在于立法者大脑中的内心意思。刑法由文字构成，通过文字规定犯罪与刑罚，故罪刑法定原则本身就要求对刑法进行客观解释。如前所述，刑法是人民意志的反映，不仅在制定时必须符合人民意志，在解释时也必须符合人民意志，解释者要在解释中反映不断变化的人民意志。可见，客观解释不仅符合罪刑法定原则的形式要求，而且符合其实质要求与思想基础。相反，探讨立法原意的结局，往往是探讨甚至直接询问起草者的意图。我们从这里看到的似乎不是法治，而是人治。这显然与罪刑法定原则的精神相违背。

进行历史解释，意味着要参考法条的来龙去脉等因素得出解释结论。问题是，在刑法对法条的文字或者体系地位进行了修改时，是否仍然要按照该法条原来的意图与含义解释该法条。例如，1979年《刑法》第183条将遗弃罪规定在妨害婚姻家庭罪一章中，该条规定："对于年老、年幼、患病或者其他没有独立生活能力的人，负有扶养义务而拒绝扶养，情节恶劣的，处5年以下有期徒刑、拘役或者管制。"据此，遗弃者与被遗弃者之间必须存在婚姻家庭关系；亦即，其中的"扶养义务"只限于具有婚姻家庭关系的配偶与亲属之间。但是，现行《刑法》第261条将遗弃罪规定在侵犯公民人身权利、民主权利罪一章中，虽然对遗弃罪的构成要件表述没有变化，但遗弃罪的体系地位及其保护法益发生了变化。那么，能否完全按照旧刑法解释现行刑法中的遗弃罪的构成要件？质言之，对于非亲属之间的遗弃行为，能否认定为遗弃罪？

例如，1996年至1999年8月间，被告人刘晋新、田玉莲、沙依丹·胡加基、于永枝,在乌鲁木齐精神病福利院院长王益民的指派下,安排该院工作人员将精神病福利院的28名"三无"公费病人遗弃在甘肃省及新疆昌吉附近。经四病区科主任被告人刘晋新的认可和护士长田玉莲的参与,送走"三无"公费病人4次,病人19名。被遗弃的"三无"公费病人中,只有杜建新已安全回到家中,其他27名被遗弃的病人均下落不明。乌鲁木齐新市区人民法院依照《刑法》第261条的规定,对被告人的行为以遗弃罪论处。对于这一判决,有的学者主要从历史解释(沿革解释)的角度提出了异议。

有的刑法学者在肯定"随着社会的发展,扶养也呈现出社会化的趋势"的同时指出:"对于扶养义务,存在一个如何解释的问题。根据语义解释,……扶养包括家庭成员间的扶养和社会扶养机构的扶养。就此而言,由于我国《刑法》第261条并没有将扶养义务明文规定为是家庭成员间的扶养义务,因而将非家庭成员间的扶养义务,这里主要是指社会扶养机构的扶养义务解释为遗弃罪的扶养义务似乎并无不妥。但从立法沿革上来说,我国刑法中的遗弃罪从来都是家庭成员间的遗弃,而并不包括非家庭成员间的遗弃。""至于语义解释与沿革解释之间存在矛盾,到底是选择语义解释还是选择沿革解释,这是一个值得研究的问题。自从萨维尼以来,法律解释方法一般都分为:语义解释、逻辑解释、沿革解释和目的解释。关于这四种解释方法之间是否存在位阶关系,在理论上并无定论。一般认为,虽然不能说各种解释方法之间存在着固定不变的位阶关系,但也不应认为各种解释方法杂然无序,可由解释者随意选择使用。我赞同这种观点,尤其是在两种解释方法存在冲突的情况下,应当根据一定的规则进行选择以便确保解释结论的合理性。在一般情况下,语义解释当然是应当优先考虑的,在语义是单一的、确定的情况下,不能进行超出语义可能范围的解释。但在语义是非单一的、不明确的情况下,则应根据立法沿革进行历史解释以符合立法精神。在这种情况下,沿革解释具有优于语义解释的效力。对于扶养的解释也是如此,根据语义解释,扶养包括家庭成员间的扶养和非家庭成员间的扶养。那么,非家庭成员间的扶养是否包括在遗弃罪的扶养概念中呢?根据沿革解释,遗弃罪属于妨害婚姻、家庭罪，自不应包括非家庭成员间的扶养。如此解释，才是合乎法律规定的。""王益民等人遗弃病人案，由于精神病福利院具有社会扶养机构性质，因而其遗弃病人是一种不履行扶养义务的遗弃行为，若致被遗弃者死亡，定过失致人死亡罪也是可以的，但在没有致人死亡的情况下，以遗弃罪论处，则大可商榷。"①法理学界的学者也指出："在1997年修订的刑法中，遗弃罪被纳入侵犯公民人身权利、民主权利罪，扶养义务是否扩展至非亲属间呢？从文义上解释，似无不可，但有歧义。这时应寻求历史解释，此时历史解释优于文义解释。因此对非亲属间的遗弃行为若要作为犯罪处理，需要在《刑法》中加以专门规定。"②本书不赞成上述观点，相反，对乌鲁木齐新市区人民法院的上述判决表示赞赏。

第一，对构成要件的解释要以保护法益为指导。"一切犯罪之构成要件系针对一个或数个法益（这里的法益是指法律所保护之利益、刑法规范之保护客体，基本上相当于我们所说的犯罪客体——引者注），构架而成。因此，在所有之构成要件中，总可找出其与某种法益之关系。换言之，即刑法分则所规定之条款，均有其特定法益为其保护客体。因之，法益可谓所有客观之构成要件要素与主观之构成要件要素所描述之中心概念。准此，法益也就成为刑法解释之重要工具。"③根据结果无价值论的观点，认为遗弃罪的保护法益是家庭成员间的伦常关系，并不合适；遗弃罪的保护法益应是被害人的生命安全。换言之，遗弃罪是对被害人的生命产生危险的犯罪。④ 既然如此，就应将遗弃行为解释为对被害人的生命产生危险的行为；或者说应当将"拒不扶养"解释为导致被害人的生命产生危险的行为。显然，并非只有家庭成员之间的遗弃行为才能产生对被害人生命的危险，非家庭成员但负有扶养义务的其他人的遗弃行为，也可能对被害人的生命产生危险。既然如此，就不应当继续将遗弃罪限定于家庭成

---

① 陈兴良：《非家庭成员间遗弃行为之定性研究》，载《法学评论》2005年第4期，第141、142、143页。
② 郑永流：《法律方法阶梯》，北京大学出版社2008年版，第170页。
③ 林山田：《刑法特论》上册，台湾三民书局1978年版，第6页。
④ 对身体造成危险的行为是否构成遗弃罪，在国外存在争议（参见〔日〕山中敬一：《刑法各论》，成文堂2009年第2版，第90页），本书对此不展开讨论。

员之间。

　　第二，单纯从婚姻法上理解刑法上的"扶养义务"概念，只是一种思维惯性。不可否认，婚姻法确认了配偶、亲属之间的扶养义务，但这并不意味着除此之外不再存在扶养义务。更为重要的是，"扶养"概念并非产生于《婚姻法》之后，而是存在于《婚姻法》颁布之前。既然如此，就没有理由必须按照《婚姻法》的规定理解扶养概念。

　　第三，既然学者承认，随着社会的发展，扶养呈现出社会化的趋势，如各种养老院和福利院就成为专门的社会扶养机构，也承认我国目前非家庭成员间的遗弃以及不履行救助义务的遗弃行为是客观存在的，且有多发趋势，就应当作出同时代的解释，使刑法实现保护法益的目的。在刑法只作出了概括性规定的情况下，人为地严格区分扶养义务与扶助义务、扶养义务与救助义务，只能导致部分法益得不到应有的保护，使刑法不能适应社会发展的需要。

　　第四，对刑法的解释，总是从刑法用语的含义出发，得出符合刑法目的的解释结论。如果进行语义解释还不能得出符合刑法目的的结论，就要采取其他解释方法，直到得出符合刑法目的的解释结论为止。这是因为，"正确的解释，必须永远同时符合法律的文言与法律的目的，仅仅满足其中一个标准是不够的"①。符合刑法的文言，意味着实现了刑法的自由保障机能，符合刑法的目的，意味着实现了刑法的法益保护机能。从刑法的文言出发，到刑法的法益保护目的的实现，其间可以采取某种或者多种解释方法。但是，不应当认为，采用此解释方法得出了符合刑法目的的结论后，还不能采纳此结论，只有采用其他解释方法也能得出此结论时，才能认为该结论具有合理性。例如，在采取扩大解释方法得出了符合刑法目的的结论后，就不能要求采用限制解释方法也能得出此结论。既然解释者认为，将《刑法》第261条中的扶养义务包括社会扶养机构的扶养义务并无不妥，既然对社会扶养机构拒不履行扶养义务的行为有必要进行刑法规制，就意味着从刑法用语的含义出发，也能得出符合刑法目的的解

---

① Claus Roxin, Strafrecht Allgemeiner Teil, Band I, 4. Aufl., C. H. Beck 2006, S.151.

释结论。在这种情况下,其实已经没有必要考虑遗弃一词的历史含义,更没有必要修改刑法。换言之,当符合刑法目的的解释结论没有超出刑法用语可能具有的含义,也不与刑法的其他条文产生冲突与矛盾时,就应当采纳这种解释结论,而不是要求采用所有的解释方法都能得出该解释结论时,才采纳该结论。反过来说,对遗弃概念进行沿革解释,其实就是限制解释,但是,当限制解释的结论不符合刑法目的时,就必须弃舍这种解释结论,通过其他解释得出合理结论。

第五,在语义解释与沿革解释之间存在矛盾的情况下,不应当一概以沿革解释优先。如上所述,如果语义解释得出符合刑法目的的结论,就应当采取这一解释。换言之,既然"根据语义解释,扶养人包括家庭成员间的扶养与非家庭成员间的扶养",而且这样解释完全符合刑法保护被害人生命安全的目的,就应当认为遗弃罪可以发生在非家庭成员之间,而不应当产生"非家庭成员间的扶养是否包括在遗弃罪的扶养概念中"的疑问。反之,如果沿革解释不能得出符合刑法目的的结论,就不应当采取沿革解释。将遗弃限定为家庭成员之间,虽然可谓一种沿革解释,但不利于实现刑法保护法益的目的。而且,如果一概以沿革解释优先,刑法的修改就没有意义了。笔者也不赞成法理学者的前述观点(即只要解释有歧义,就必须寻求历史解释,而且历史解释结论优于文义解释的结论)。因为在刑法学上,几乎任何概念都有歧义,如果一有歧义就寻求历史解释,刑法学就不可能发展了。

在笔者看来,我国司法实践存在的重大问题之一,恰恰在于过于重视沿革解释(过于重视某个概念在旧刑法时代的含义),忽视了刑法的修改。例如,旧《刑法》第160条将"侮辱妇女"规定为流氓罪的一种表现形式,而流氓罪属于扰乱公共秩序的犯罪。现行《刑法》第237条所规定的强制猥亵、侮辱妇女罪中也有"侮辱妇女"的表述。一方面,现行刑法所规定的侮辱妇女,要求行为人采取"暴力、胁迫或者其他方法";这里的"其他方法"显然不是指任何方法,而必须是与暴力、胁迫一样具有强制性的方法。另一方面,现行刑法已将"侮辱妇女"规定为对妇女人身权利的犯罪。然而,有的教科书一方面认为,本罪的"其他方法,是指暴力、胁迫方法以外的使妇女不能反抗的方法,如用酒灌醉、用药物麻醉等",同时又认为,本罪的行为包括"向妇女显露生殖器"的行为。① 许多论著都将男性的单纯露阴行为归入强制猥亵、侮辱妇女罪的行为。然而,其一,这是不顾刑法对犯罪性质的重新确定,原封不动地将旧刑法流氓罪的"侮辱妇女"的行为与"其他流氓活动"照搬过来了;其二,与公然性交相比,露阴行为的危害显然轻得多;如果认为露阴行为构成强制猥亵、侮辱妇女罪,也与公然性交无罪不相适应。这正是所谓沿革解释造成的混乱局面。

再以寻衅滋事罪为例。旧刑法将寻衅滋事罪规定为流氓罪的一种表现形式。最高人民法院、最高人民检察院1984年11月2日《关于当前办理流氓案件中具体应用法律的若干问题的解答》指出:"在刑法上,流氓罪属于妨害社会管理秩序罪。流氓罪行虽然往往使公民的人身或公私财产受到损害,但它的本质特征是公然蔑视法纪,以凶残、下流的手段破坏公共秩序,包括破坏公共场所的和社会公共生活的秩序。"现行刑法已经取消了流氓罪,而是分别规定了聚众斗殴、寻衅滋事等罪。由于寻衅滋事罪是从流氓罪中分解出来的,故上述司法解释的内容依然影响了人们对现行刑法中的寻衅滋事罪的解释。例如,有学者指出:"寻衅滋事罪的责任形式是故意,并且具有寻求精神刺激的目的。"②有的教科书指出:"本罪的主观方面为故意。本罪的犯罪目的与动机较为复杂,有的是以惹是生非来获得精神刺激,有的是用寻衅滋事开心取乐,有的是为了证明自己的'能力'和'胆量'等等。"③还有论著提出:"本罪的本质特征是,公然蔑视国家法纪和社会公德,故意用寻衅滋事,破坏社会秩序的行为,来寻求精神刺激,填补精神上的空虚。……行为人具有寻求精神刺激、发泄不良情绪、耍威风、取乐等流氓动机,并在此动机的支配下实施了寻衅滋事行为,表明了行为人主观上具有公然向社会公德挑战、向社会成员应共同遵

---

① 高铭暄、马克昌主编:《刑法学》(下编),中国法制出版社1999年版,第831页。当然,作者是否认为单纯向妇女显露生殖器的行为构成本罪,还不能肯定,但其表述至少包含了这种可能性。
② 陈兴良:《规范刑法学》,中国政法大学出版社2003年版,第555页。
③ 高铭暄、马克昌主编:《刑法学》,北京大学出版社、高等教育出版社2007年第3版,第609页。

守的社会秩序挑战的故意,……行为人在流氓动机的支配下,实施寻衅滋事行为,达到某种精神上的满足,这种通过寻衅滋事行为所要达到的精神满足,就是本罪的犯罪目的。"①笔者也曾指出:"主观上的流氓动机与客观上的无事生非,是本罪的基本特征,也是本罪与故意伤害罪、抢劫罪、敲诈勒索罪、故意毁坏财物罪的关键区别。"②但现在看来,这种观点值得反思。

第一,所谓"流氓动机"或者"寻求精神刺激"是没有具体意义、难以被人认识的心理状态,具有说不清、道不明的内容,将其作为寻衅滋事罪的主观要素,并不具有限定犯罪范围的意义。凡是随意殴打他人的,都可以判断为出于流氓动机;凡是强拿硬要公私财物的,也都可以评价为寻求精神刺激。所以,将流氓动机作为寻衅滋事罪的主观要素,不能像人们所想象的那样起到区分罪与非罪、此罪与彼罪的作用。况且,要求寻衅滋事罪出于流氓动机,是旧刑法时代的观念(因为旧刑法将寻衅滋事规定为流氓罪的一种表现形式)。可是,现行刑法并没有流氓罪,解释者大脑中也不应再有流氓罪的观念,故不应将流氓动机作为寻衅滋事罪的主观要件要素。虽然不可否认,寻衅滋事罪是从旧刑法的流氓罪中分解出来的,但这并不意味着仍然应按流氓罪的观念解释寻衅滋事罪。倘若永远按照旧刑法解释现行刑法,就意味着现行刑法对旧刑法的修改毫无意义。换言之,在刑法对某罪的保护法益已作修改的情况下,如果沿革解释优先,必然导致刑法的修改丧失意义。

第二,本书之所以认为"流氓动机"不是寻衅滋事的主观要素,是因为即使没有这种流氓动机的行为也可能严重侵犯了寻衅滋事罪的保护法益。因为行为是否侵犯了公共秩序与他人的身体安全、行动自由、名誉以及财产,并不取决于行为人主观上有无流氓动机。在公共场所,出于流氓动机殴打他人,与出于报复动机殴打他人,对于他人身体安全与公共场所秩序的侵犯没有任何区别。出于流氓动机强拿硬要,与因为饥饿而强拿

---

① 王作富主编:《刑法分则实务研究》(中),中国方正出版社2007年第3版,第1280—1281页。
② 张明楷:《刑法学》,法律出版社2003年第2版,第812页。

硬要,对他人财产与社会生活安宁的侵害没有任何区别。既然即使不是出于流氓动机的行为,也完全可能侵犯寻衅滋事罪的保护法益,那么,要求行为人出于流氓动机,就是多余的。

第三,不将流氓动机作为寻衅滋事罪的主观要素,也完全可以从客观上区分是否寻衅滋事行为,因而完全可以区分罪与非罪、此罪与彼罪。例如,故意造成他人轻伤的,就是伤害行为;多次殴打他人没有造成伤害的行为,就不是伤害行为,而是随意殴打他人的行为。以足以压制他人反抗的暴力、胁迫手段取得他人财物的,是抢劫行为;以轻微暴力强行索要他人少量财物的,是强拿硬要行为;如此等等。

第四,不要求行为人主观上出于流氓动机,并不意味着不要求行为人主观上具有故意,因而不会导致客观归罪。寻衅滋事罪是故意犯罪,这是没有疑问的,但其故意内容应当根据客观构成要件的内容以及刑法关于故意的一般规定来确定。倘若以寻衅滋事罪的客观构成要件内容为根据,就不可能将流氓动机作为故意内容。所以,传统观点所要求的流氓动机只是一种"主观的超过要素",这种要素不是故意本身的内容,而是故意之外的一种主观内容,因此,不要求流氓动机,并不等于不要求有犯罪故意,不会因此而导致客观归罪。

第五,要求行为人主观上出于流氓动机,是过于重视主观因素的表现。认定犯罪,应以客观要素为基础。客观主义刑法理论,有利于发挥刑法的机能,有利于实现刑法的正义、合目的性与法的安定性的理念,有利于合理保护社会利益与个人利益,有利于合理对待犯罪化与非犯罪化,有利于合理区分刑法与道德,有利于合理处理刑事立法与刑事司法的关系。因此,刑法理论与司法实践应当将客观要素置于比主观要素更为重要的地位,在评价行为的法益侵害性以及区分此罪与彼罪时,首先着眼于客观要素。具体到寻衅滋事罪而言,行为是否侵害了法益,首先要从客观行为着眼。不能认为,出于其他动机强拿硬要公私财物的,没有侵害《刑法》第293条所要保护的法益,只有出于流氓动机的强拿硬要,才侵害《刑法》第293条保护的法益。要求寻衅滋事罪主观上必须出于流氓动机的观点,实质上过于重视了主观侧面,过高地估计了主观内容所起的作用。过于重视主观因素的结果,常常是不考虑行为是否侵犯了法益,而只考虑行为人主观上有没有恶性。我们不可忽视这种观点的缺陷。

第六,要求行为人主观上出于流氓动机,可能是来源于对客观事实的归纳。但是刑法学是规范学而不是事实学,什么样的因素是构成要件要素,只能根据刑法的规定来确定①,而不能根据已经发生的事实来确定,也不能根据所谓"人之常情"来确定。何况,犯罪现象极为复杂,任何人也不能担保不会出现并非出于流氓动机的寻衅滋事案件。正因如此,刑法并没有将"出于流氓动机"规定为主观要件要素。换言之,即使绝大多数寻衅滋事的行为人主观上都有流氓动机,但这也只是事实现象,而不是法律规定。况且,实践中完全可能出现非出于流氓动机的寻衅滋事行为。

第七,要求行为人主观上出于流氓动机,导致一些具体案件不能得出妥当结论。例如,2004 年 5、6 月间,被告人吕某在湖南省长沙市公交车上卖唱乞讨,并认识了同样在公交车上卖唱乞讨的车某、刘某。2005 年 2 月中旬,吕某提出:春节前后有很多农民工乘火车,利用外出务工人员胆小怕事的心理,到农民工相对集中的旅客列车上去卖唱乞讨,由他和车某负责唱歌、要钱,刘某负责望风、保管钱款,大家态度凶蛮些可以赚更多的钱,要到的钱三人平分。于是,三人分别于 2 月 23 日、28 日先后来到江西信丰县,登记住宿在信丰县先锋宾馆。2005 年 3 月 2 日凌晨,吕某、车某、刘某来到信丰火车站。5 时许,潢川开往深圳的 2013 次旅客列车途经并停靠该站。三人撬开车窗,不顾车上旅客阻止,强行爬入该次列车 2 号车厢。上车后,吕某对车窗边阻止其上车的旅客大声斥骂。而后,按事先分工,由刘某前往车厢连接处负责望风、保管要来的钱款,吕某、车某分别挂拐杖假扮残疾人对旅客唱歌、讨钱。吕某让一位旅客让出座位后,站在座位上叫喊"我们兄弟不是小偷,今天来给大家献唱了,大家把钱准备好,装睡的,都给我醒醒,不然把你整醒,就对不起了",然后和车某一起挥舞拐

---

① 有一些因素刑法也没有明文规定,但刑法理论根据刑法条文的关系、刑法所规定的客观行为的性质认为其为构成要件的现象是存在的,也是合理的。例如,刑法并没有规定盗窃罪必须具有非法占有的目的。但盗窃一词本身就意味着行为人主观上具有非法占有的目的;如果没有非法占有的目的,就不可能与盗用行为相区别,也不可能与毁坏财物的行为相区别。

杖、用拐杖使劲敲击车厢地板。随后,车某唱歌,吕某以收取听歌费为名,从 2 号到 5 号共四节车厢向旅客索取一元、二元不等的零钱。对部分不给钱的旅客,吕某、车某就用拐杖敲击地板,催着要钱。吕某还用头撞向一位不愿给钱并假装睡觉的旅客,辱骂一番后才离去。当日 6 时许,列车乘警接到报案后,在 5 至 6 号车厢连接处将被告人抓获。第一审法院对三被告人以抢劫罪论处,第二审法院改判为强迫交易罪。之所以没有认定为寻衅滋事罪,就是因为行为人不具有流氓动机。但本书认为,一、二审法院的判决均不妥当。

首先,本案不成立抢劫罪。抢劫罪的成立,要求暴力、胁迫或者其他手段达到足以压制他人反抗的程度,抢劫既遂的成立,要求暴力、胁迫或者其他手段已经压制了被害人的反抗,但本案并非如此。

其次,本案不成立强迫交易罪。表面上看,先卖唱后强行收费的行为,符合了强迫交易罪的构成要件。其实不然。强迫交易罪,属于侵害公平竞争、平等交易的经济秩序的犯罪。但本案客观存在的行为方式及其发生的时间与地点表明,其严重扰乱了公共场所秩序,而不是侵害了公平竞争、平等交易的经济秩序。从社会的一般经验考察,类似本案中的所谓卖唱,并不是在出卖商品或者提供服务,只是乞讨财物的手段或者索要财物的借口。所以,不能认为本案行为人是在强迫他人购买商品或者强迫他人接受服务。一方面,如果说卖唱是出卖商品或者提供服务,那么,听了歌而不给钱的人,都逃避了债务,反而违反了民法。这明显不妥。另一方面,如果将本案行为评价为强迫交易,那么,不法分子在抢劫前、敲诈勒索前先唱几句、哼几声,然后使用暴力、胁迫等方式索要财物的,就都有可能被认定为强迫交易罪。这显然不当。

最后,本案成立寻衅滋事罪。(1) 从犯罪本质考察,本案行为的实质正是侵害了公共场所秩序,侵犯了乘客在列车上的正常活动与财产。(2) 本案完全符合寻衅滋事罪的客观构成要件,即强拿硬要公私财产,且情节严重。(3) 本案完全符合寻衅滋事罪的主观构成要件,因为行为人对自己行为的内容、社会意义与危害结果具有认识,且希望结果发生。否认本案构成寻衅滋事罪的最大理由在于,寻衅滋事罪的行为人必须出于满足耍威风、取乐等不正常的精神刺激或者其他不健康的心理需要(以下简称流氓动机),而本案行为人以前曾从事卖唱乞讨活动,此次也属卖唱行为,没有流氓动机。但本书不同意这种观点。虽然本案被告人并无流氓动机,但其行为严重侵害了寻衅滋事罪保护的法益。在此基础上,只要行为人对自己的行为扰乱公共场所秩序具有认识与希望或者放任内容,就具备了寻衅滋事罪的主观故意。

总之,在现行刑法之下,不能凭空要求寻衅滋事罪出于流氓动机。随意添加动机是当前刑法理论与司法实践的重大缺陷之一,值得反思。① 习惯于按照旧刑法的规定与旧刑法时代的解释内容解释现行刑法的规定,也是当前刑法理论与司法实践的重大缺陷之一,值得注意。

(七) 比较解释

将刑法的相关规定或外国立法与判例作为参考资料,借以阐明刑法规定的真实含义,是一种有效的解释方法(比较解释)。但在进行比较解释时,不可忽视中外刑法在实质、内容、体例上的差异,不能只看文字上的表述与犯罪的名称,而应注重规定某种犯罪的条文在刑法体系中的地位,从而了解相同用语在不同国家的刑法中所具有的不同含义。不能因为某种行为在国外属于刑法规定的 A 罪,而我国刑法没有规定 A 罪,便得出"将某种行为认定为犯罪违反罪刑法定原则"的结论。

例如,就某类犯罪而言,有的国家刑法规定得非常详细(可能有多个罪名),有的国家刑法则规定得十分简单(可能只有一个罪名)。在这种情况下,后者的一个罪名可能包含了前者的多个罪名的内容;而不能简单地认为,后者只处罚一种情形,前者处罚多种情形。例如,《德国刑法》第

---

① 最高人民法院 2006 年 1 月 11 日《关于审理未成年人刑事案件具体应用法律若干问题的解释》第 8 条规定:"已满 16 周岁不满 18 周岁的人出于以大欺小、以强凌弱或者寻求精神刺激,随意殴打其他未成年人、多次对其他未成年人强拿硬要或者任意损毁公私财物,扰乱学校及其他公共场所秩序,情节严重的,以寻衅滋事罪定罪处罚。"显然,这样的规定,并不是定义寻衅滋事罪,也不是限制寻衅滋事罪的成立条件,只是列举可能成立寻衅滋事罪的情形。换言之,这一规定并没有将出于其他动机随意殴打其他未成年人、多次对其他未成年人强拿硬要或者任意损毁公私财物,扰乱学校及其他公共场所秩序,情节严重的行为,排斥于寻衅滋事罪之外。

211条、第212条、第216条、第220条a分别规定了谋杀罪、故意杀人罪、受嘱托杀人罪、灭绝种族罪;而我国《刑法》仅第232条规定了故意杀人罪。我们显然不能认为,谋杀、受嘱托杀人以及灭绝种族的行为,没有被我国刑法规定为犯罪,如果定罪量刑则违反罪刑法定原则;相反只能认为,这些行为都包含在我国《刑法》第232条规定的故意杀人罪中。再如,《日本刑法》第246条规定了诈骗罪,第246条之二规定了使用计算机诈骗罪,第248条规定了准诈骗罪①;而我国《刑法》没有规定后两种罪名。我们当然不能认为,使用计算机诈骗与准诈骗的行为,没有被我国《刑法》规定为犯罪,根据罪刑法定原则不得定罪处刑;相反只能认为,这些行为包含在我国《刑法》第264条规定的盗窃罪与第266条规定的诈骗罪中。由此看来,我们不能只比较文字上的表述与犯罪的名称,而应注重规定某种犯罪的条文在刑法体系中的地位,从而了解相同用语在不同国家的刑法中所具有的不同含义。

再以遗弃罪为例。反对我国刑法中的遗弃罪包括非家庭成员间的遗弃行为的学者指出:"在关于遗弃罪的讨论中,都涉及外国法律规定的借鉴问题。例如在王益民案的裁判理由中指出:如果按外国刑法的规定,王益民等人无疑构成无义务遗弃犯罪的主体,同样要受到审判,被处以刑罚。但根据外国刑法构成遗弃罪并不意味着根据我国刑法也一定能构成遗弃罪,关键在于:外国刑法与我国刑法关于遗弃罪的规定是有所不同的。例如,日本刑法中遗弃的犯罪,是指将需要扶助的人置于不受保护的状态,由此使其生命、身体遭受危险的犯罪,基本上是针对被遗弃者的生命、身体的危险犯,但是,另一方面也一并具有作为遗弃者对被遗弃者的保护义务懈怠罪的性质。因此,日本刑法中的遗弃犯罪分为单纯遗弃罪、保护责任者遗弃罪、不保护罪和遗弃等致死伤罪。由此可见,日本刑法中的遗弃罪是十分宽泛的,既包括不履行扶养义务遗弃,又包括不履行救助义务的遗弃。确实,日本刑法关于遗弃罪的规定是值得我国立法借鉴的,

---

① 准诈骗罪,是指利用未成年人的知虑浅薄或者他人的心神耗弱,使之交付财物,或者取得财产上的不法利益或者使他人取得的行为。

但在刑法没有修改的情况下,不能根据日本刑法对遗弃罪的规定来解释我国刑法中的遗弃罪。……因此,借鉴外国立法只是对立法者而言的。对于司法者来说,只能根据我国刑法定罪而不能根据外国刑法规定解释我国刑法的规定。毕竟,罪刑法定是具有国别性的。"[①]笔者完全赞成"不能根据日本刑法对遗弃罪的规定来解释我国刑法中的遗弃罪"的观点,但是,需要明确我国刑法关于遗弃罪的规定与日本刑法关于遗弃罪的规定究竟存在什么区别。其实,二者的区别仅在于以下两点:其一,日本刑法规定了作为的遗弃罪,由于行为表现为作为,所以不以行为人具有保护义务为前提;其二,日本刑法规定了遗弃致死伤罪,而我国刑法没有规定。就保护责任者的不作为成立遗弃罪而言,日本刑法与我国刑法的规定只是表述不同,实质上并无区别。换言之,日本刑法所规定的保护责任者遗弃罪与我国现行刑法所规定的遗弃罪实际上是等同的,后者的范围甚至宽于前者。日本《刑法》第218条所规定的保护责任者遗弃罪的主体是"对于老年人、幼年人、身体障碍者或者病人负有保护责任"的人;我国《刑法》第261条规定的遗弃罪的主体是"对于年老、年幼、患病或者其他没有独立生活能力的人,负有扶养义务"的人。从中可以看出,我国刑法所规定的遗弃对象宽于日本刑法所规定的遗弃对象。日本刑法所规定的遗弃行为包括"遗弃,或者对其生存不进行必要保护";我国刑法规定的遗弃行为是"拒绝扶养"。表面上看,日本刑法除规定了不作为的不保护行为外,还规定了作为形式的遗弃,而我国刑法仅规定了不作为的遗弃。其实,具有扶养义务的人,将扶养对象移置于危险场所(如将年迈的母亲置于无人扶养的他乡)的行为,完全可以评价为拒绝扶养。更为重要的是,日本刑法将遗弃罪规定在杀人罪、伤害罪之后,我国刑法也将遗弃罪规定在"侵犯公民人身权利、民主权利罪"一章;日本刑法没有将保护责任者遗弃罪限定在家庭成员之间,我国现行刑法也没有将遗弃罪限定在家庭成员之间。既然如此,至少就行为主体与行为对象而言,我们当然可

---

① 陈兴良:《非家庭成员间遗弃行为之定性研究》,载《法学评论》2005年第4期,第142—143页。

以借鉴日本刑法关于保护责任者遗弃罪的解释。在这一点上,不存在违反罪刑法定原则的问题。

(八) 目的解释

目的解释,是指根据刑法规范的目的,阐明刑法条文真实含义的解释方法。与其他的法解释一样,在解释刑法时,必须考虑刑法最终要实现何种目的,进而作出符合该目的的合理的解释。在采用文理解释、历史解释、体系解释等方法不能得出唯一解释结论时,以及在采取上述解释方法提示了解释结论时,必须由目的论解释来最终决定。如果说刑法解释与其他法解释有什么不同,也仅仅在于刑法目的与其他法律目的的不同。[①] 在此意义上说,目的解释也未必是一种具体的解释方法,而可谓一种解释方向。

立法活动与司法活动,都是有目的的活动。耶林(Jhering)认为,法是为了人而存在的,法的任务是为人的目的服务。他"在一部他所撰写的重要的法理学著作的序言中指出,'本书的基本观点是,目的是全部法律的创造者,每条法律规则的产生都源于一个目的,即一种实际的动机。'他宣称,法律是根据人们欲实现某些可欲的结果的意志而有意识地制定的。他承认,法律制度中有一部分是植根于历史的,但是他否认历史法学派关于法律只是非意图的、无意识的、纯粹历史力量的产物的论点。根据他的观点,法律在很大程度上是国家为了有意识地达到某个特定目的而制定的"[②]。耶林还认为,法学的最高使命,是探究法的目的。[③] 依此类推,目的是刑法的创造者,刑法是国家为了达到特定目的而制定的,刑法的每个条文尤其是规定具体犯罪与法定刑的分则性条文(本条)的产生,都源于一个具体目的。刑法学的最高使命,便是探究刑法目的。

---

① 参见〔日〕町野朔:《刑法总论讲义案Ⅰ》,信山社 1995 年第 2 版,第 68 页以下。
② 〔美〕E. 博登海默:《法理学:法律哲学与法律方法》,邓正来译,中国政法大学出版社 1999 年版,第 109 页。
③ 参见〔日〕木村龟二编:《刑法学入门》,有斐阁 1957 年版,第 110 页。

阿图尔·考夫曼认为,"从哪里获得对目的的评价"是耶林的目的法学的唯一致命的弱点。① 从刑法学角度而言,刑法目的究竟是什么,什么目的具有正当性,一直存在争议。可以认为,在这个世界上,并没有彻底认识也没有充分实现刑法目的。但大体能够肯定的是,刑法的确是在特定目的指导下制定的,也是在特定目的指导下适用的,刑法目的从来没有被抛弃过。

庞德将耶林视为社会功利主义者,认为需要借助心理学和社会学来修正耶林的目的法学。庞德指出:"实际的情形是,我们在立法和司法决策过程中并没有那么精确地根据各种各样的目的来对各种权益进行考量或评价。实际进行的调整在层出不穷的各种主张、要求和预期的压力下往往会走样,并且扰乱法律秩序。"②在庞德看来,立法与司法并不完全是由目的决定的,偏离目的的现象总是不断地出现。但是,庞德又承认:"社会功利主义法学的不可磨灭的贡献就是它提醒我们有意识地并且明智去做那些我们曾经下意识地和莽撞从事的行为,并且使我们不断地思考法律的目的,思考这些目的在实践中被律令规则推进的程度。"③由此看来,庞德似乎认为,耶林的"目的是全部法律的创造者"的观点不是实然,而是应然。

我国《刑法》第1条规定:"为了惩罚犯罪,保护人民,根据宪法,结合我国同犯罪作斗争的具体经验及实际情况,制定本法。"第2条明确规定:"中华人民共和国刑法的任务,是用刑罚同一切犯罪行为作斗争,以保卫国家安全,保卫人民民主专政的政权和社会主义制度,保护国有财物和劳动群众集体所有的财物,保护公民私人所有的财产,保护公民的人身权利、民主权利和其他权利,维护社会秩序、经济秩序,保障社会主义建设事业的顺利进行。"尽管从立法学的角度而言,上述两条的表述还有研究的余地,但可以肯定以下几点:其一,《刑法》第2条关于刑法任务的规定,

---

① 〔德〕阿图尔·考夫曼、温弗里德·哈斯默尔主编:《当代法哲学和法律理论导论》,郑永流译,法律出版社2002年版,第166—167页。
② 〔美〕罗斯科·庞德:《法理学》(第一卷),余履雪译,法律出版社2007年版,第111页。
③ 同上。

是《刑法》第 1 条的"为了惩罚犯罪,保护人民"的具体化。其二,第 1 条中的"惩罚犯罪"与第 2 条中的"用刑罚同一切犯罪行为作斗争"都可谓实现刑法目的、完成刑法任务的手段。其三,完成任务的过程,就是实现目的的过程;《刑法》第 2 条关于刑法任务的规定,就是关于刑法目的的规定;应当从刑法目的的角度理解《刑法》第 2 条。① 其四,刑法的任务与目的是保护法益。②

刑法整体目的的变易性很小,在任何时候,都可以将刑法目的归纳为保护法益。但是,具体目的会经常变化,对具体目的的评价比对整体目的的评价更困难。即使人们能够有根据地肯定法益保护目的的正当性,但由于法益并不是像人的生命一样预先给定的,而是可以通过立法者创设的,所以,在有些情况下,对于具体法益的认识与确定,以及具体法益是否值得刑法保护,会产生困惑。于是,出现了以下现象:其一,以往没有意识到某种现实存在属于法益,现在、将来意识到该现实存在属于法益,或者相反。例如,我国立法机关一直没有意识到私文书的信用是一种法益,或许将来会意识到这一点。再如,以往认为政治信仰、意识形态是一种法益,现在不会认为它们属于法益。其二,以往没有意识到某种利益值得刑法保护,现在、将来可能意识到该利益值得由刑法保护,或者相反。例如,以前没有将环境资源作为法益予以保护,但现在越来越重视环境资源是值得刑法保护的重要法益。再如,进出国(边)境的管理秩序,现在由刑法保护,将来或许会认为这种法益不值得刑法保护。

基于同样的原因,还会出现以下现象:虽然法条文字没有变化,但对保护内容(法益)的解释会发生变化。换言之,即使法条表述没有发生变化,但法条目的也可能发生变化。例如,有关淫秽物品的罪刑规范、有关卖淫的罪刑规范,其法条文字不一定变化,但法条目的可能发生变化。所以,不能机械地理解"目的是全部法律的创造者"这句名言。因为刑法目

---

① 参见张明楷:《刑法的基础观念》,中国检察出版社 1995 年版,第 41 页以下。
② 参见张明楷:《法益初论》,中国政法大学出版社 2003 年修订版,第 269 页以下。当然,主张刑法的任务是维护社会伦理秩序的人会认为,其中的维护社会秩序就是指"维护社会伦理秩序"。但笔者不赞成这样的解释,本书也不讨论此问题。

的并不等于立法者的纯粹心愿和喜好,某种利益是否值得作为法益由刑法保护,不是由立法者是否喜欢该利益来决定,而是取决于诸多要素。概言之,任何一个刑法条文都是立法者在特定目的指导下形成的,但在时过境迁之后,即使法条文字没有任何变化,法条目的也可能已经改变。时过境迁之后的新的目的,是时过境迁之后的法律的真实含义的创造者。

进行目的论解释时,是仅考虑整体目的还是需要考虑具体罪刑规范的目的?有人认为,目的论解释中的目的,是指某法的整体目的,非指某法条之立法趣旨或立法本旨。[1] 我国台湾地区学者杨仁寿指出,解释法律应以贯彻法律目的为主要任务,法律目的的发现有三种情形:一是法律明定其目的;二是法律虽未明定其目的,但可从法律名称觅得其目的;三是在法律既未明定目的,也不能从法律名称觅得其目时,必须采取逆推法,先发现个别规定或多数规定所欲实现的基本价值判断,进而加以分析、整合,探求法律目的。[2] 这也是从整体目的的角度而言的。本书认为,目的论解释并非仅仅考虑整体目的,而是既要考虑整体目的,也要考虑具体目的。因为仅考虑整体目的,不一定能够得出妥当结论;只有同时考虑具体目的,才能实现具体法条的目的。例如,仅考虑法益保护目的,并不能妥当解释侵犯财产罪的构成要件;只有考虑具体目的,即考虑刑法规定侵犯财产罪的目的是保护所有权、本权还是某种占有,才能妥当地解释侵犯财产罪的构成要件。

六、罪刑法定与判断方法

定罪不是一个标准的三段论的推理过程。其一,在三段论的推理过程中,大前提是固定的,但在定罪时,作为法律规范的大前提的含义并不是固定的,因为法律的基本含义是在社会生活中不断发现的,是通过审理案件发现的。其二,在三段论的推理过程中,小前提也是清楚明白的,但

---

[1] 高仰止:《刑法总则之理论与实用》,台湾五南图书出版公司1986年版,第112页。
[2] 参见杨仁寿:《法学方法论》,台湾三民书局1999年版,第127页。

在定罪时，作为小前提的案件事实，具有多个侧面、多重属性，对之可以作出多种判断。其三，在三段论的推理过程中，结论是最后形成的，但在定罪时，往往会出现先有结论，后寻找大前提（所谓三段论的倒置）的情况。

但是，大体而言，定罪也是一个三段论的推理过程。"从形式逻辑规则的观点来看，对法律案件的决定是根据三段论法作出的，其中法律规范是大前提，案件的情况是小前提，案件的决定是结论。把案件的决定看做是按照三段论法的规则得出的结论，对于彻底确立法制原则具有重要的意义，法制的实质就在于使所有主体的行为符合法律规范的要求。而在法的适用方面，只有当适用法的机关准确地和正确地把法律规范适用于一定的具体情况，即按照三段论法的规则决定法律案件时，才能出现这种相符合的情况。"[①]因此，我们在判断构成要件符合性时，应当以法定的构成要件为大前提，以具体的事实为小前提，从而得出正确结论。具体地说，法官必须把应当判决的、具体的个案与规定犯罪构成要件、法定刑升格条件的刑法规范联系起来；刑法规范与案件事实是法官思维的两个界线；法官要从案件到规范，又从规范到案件，对二者进行比较、分析、权衡。对于案件事实，要以可能适用的刑法规范为指导进行分析；反之，对于刑法规范，要通过特定个案或者案件类型进行解释；刑法规范与案件事实的比较者就是事物的本质、规范的目的，正是在这一点上，形成构成要件与案例事实的彼此对应。也就是说，一方面要将案件事实向刑法规范拉近，另一方面要将刑法规范向案件事实拉近。

根据罪刑法定原则，也必须先考虑刑法的规定，即先有大前提，然后才审视现实中的某种行为是否构成犯罪，这样便限制了司法权力。表现在司法机关总是被动的，只有发现某种行为符合刑法规定时才适用刑法；如果事先随意确定各种行为的性质，再拿来与刑法相对照，必然不利于限制司法权力，因而与罪刑法定原则的精神相抵触。这是因为，如果将事实

---

① 〔苏〕C.C.阿列克谢耶夫：《法的一般理论》（下册），黄良平、丁文琪译，法律出版社1991年版，第729页。另参见〔德〕卡尔·拉伦茨：《法学方法论》，陈爱娥译，台湾五南图书出版公司1996年版，第168页以下；〔日〕团藤重光：《法学的基础》，有斐阁1996年版，第213页以下；〔美〕E.博登海默：《法理学：法律哲学与法律方法》，邓正来译，中国政法大学出版社1999年版，第491页以下；等等。

作为大前提,将法律作为小前提,则可以做到为所欲为:"想入罪便入罪,想出罪即出罪。"例如,当判断者想将某种行为认定为抢劫罪时,他便可以进行如下推理:该行为是抢劫行为,我国刑法规定了抢劫罪,所以对该行为应当以抢劫罪定罪处刑;又如,当判断者欲将某种行为认定为受贿罪时,他就能够进行如下推理:该行为是受贿行为,我国刑法规定了受贿罪,所以对该行为应当以受贿罪论处。反之亦然。例如,当判断者不想将某抢劫行为认定抢劫罪时,他便可以进行如下推理:该行为是一种强制行为,我国刑法没有规定强制罪,所以对该行为不得定罪处刑;当判断者不愿将溺婴行为认定为故意杀人罪时,他就能够进行如下推理:该行为属于溺婴行为,我国刑法没有规定溺婴罪,所以对该行为不得定罪处刑。

　　刑法理论上也出现了这种现象。例如,有人认为,单位贷款诈骗时,对直接负责的主管人员与其他直接责任人员不得认定为贷款诈骗罪;其判断过程便是:该行为属于单位贷款诈骗,而刑法没有规定单位可以成为贷款诈骗罪的主体,所以该行为无罪。[①] 其实,法官在判断构成要件符合性时,应当采取以下方法:首先确定贷款诈骗罪的构成要件,然后判断案件事实是否符合贷款诈骗罪的构成要件,再得出是否符合构成要件的结论。显然,所谓的单位贷款诈骗的案件事实,完全符合贷款诈骗罪的构成要件。所以,应对其中的自然人以贷款诈骗罪论处,只是不处罚单位而已。而不是先对案件事实得出结论,后考察刑法如何规定。即不能先得出案件事实为单位贷款诈骗的结论,后以刑法没有将单位规定为贷款诈骗罪的主体为由,否认自然人构成贷款诈骗罪。

　　再如,在发生了所谓单位盗窃的案件时,人们常说:这是单位盗窃,但刑法没有规定单位可以成为盗窃罪的主体,所以,只能宣告无罪。有的学者认为,单位盗窃时,对单位中的直接负责的主管人员和其他直接责任人员不得以盗窃罪论处;其判断仍然是:该行为属于单位盗窃行为,应以单位犯罪论处,但刑法没有规定单位可以成为盗窃罪的主体,故该行为无

---

① 参见王发强:《单位行为不能构成贷款诈骗罪》,载《人民法院报》1998年8月4日,第3版。

罪。① 于是认为有罪结论违反罪刑法定原则。其实,这种逻辑推理是错误的,表现在它将案件事实作为大前提,将刑法规范作为小前提,然后得出了无罪的结论。正确的做法是,在遇到所谓单位盗窃的案件时,首先明确盗窃罪的构成要件,然后判断案件事实是否符合盗窃罪的构成要件,再得出是否构成犯罪的结论。如果按照这个顺序判断,所谓单位盗窃的案件事实就完全符合盗窃罪的构成要件,对其中的有关自然人,应以盗窃罪追究刑事责任(遇到的唯一"障碍"是,他们不是以本人非法占有为目的,而是以单位非法占有为目的。但是,这并不影响犯罪主观要件的符合性。因为盗窃罪中的非法占有目的,并不仅指以行为人本人非法占有为目的,而是包括以使第三者非法占有为目的,其中的"第三者"当然包含单位)。

又如,有人认为,对已满14周岁不满16周岁的人在绑架过程中故意杀人的,不得认定为故意杀人罪。因为《刑法》第17条未规定绑架罪是立法者的疏漏,应通过完善立法来解决,不得通过解释来补正,否则便违反罪刑法定原则。② 其实,《刑法》第17条并无疏漏,因为该条不只是考虑犯罪的严重,还要考虑犯罪的常发性,即已满14周岁不满16周岁的人通常所实施的严重行为的范围。将已满14周岁不满16周岁的人在绑架过程中故意杀人的行为认定为故意杀人罪,并不违反罪刑法定原则。绑架过程中的故意杀人行为完全符合《刑法》第232条规定的故意杀人罪的构成要件,认定其行为构成故意杀人罪,并不缺少任何构成事实,相反舍弃了过剩的绑架部分。而且在判断已满14周岁不满16周岁的人是否负刑事责任时,首先要将《刑法》第17条规定的8种犯罪的构成要件作为大前提,然后将他们实施的具体行为作为小前提,再得出是否构成犯罪的结论。当已满14周岁不满16周岁的人单独或者共同绑架他人并故意杀害他人时,司法机关应当将故意杀人罪的构成要件作为大前提,然后将这一事实作为小前提,再得出结论。这样的判断结论必然是成立故意杀人罪,而且不违反罪刑法定原则。如果将绑架事实作为大前提,将《刑法》第17

---

① 参见陈兴良主编:《刑事法判解》第1卷,法律出版社1999年版,第35页以下。
② 参见牟伦祥:《绑架罪条款有疏漏之处》,载《法律与监督》1999年第3期,第24页;另参见陈兴良:《社会危害性理论》,载《法学研究》2000年第1期,第10页以下。

条的规定作为小前提,则必然得出否定结论,从而不当地批判肯定结论违反罪刑法定原则。

由此看来,以错误的判断方式为依据,批判合理的三段论得出的正确结论违反罪刑法定原则的做法,应当止步了。

接下来需要说明的是,三段论的倒置并不违反罪刑法定原则。换言之,司法工作人员面对案件时,即使先得出有罪结论(也可谓一种假设),再寻找适用的刑法条文,并且使案件事实与刑法条文规定的构成要件相对应,也完全符合罪刑法定原则。这是因为:"三段论的大前提和小前提往往不表现为既定的因素,而是需要人们去认真探索、发现的。在探索的过程中,法学家们从事实出发来寻找恰当的规则,然后又回到案件的具体情况中来检验是否一致。""在探求的过程中,法学家也经常会从答案出发。这就是推理的倒置。""在实践中,一旦事实得到确证,法律规则的适用通常是差不多自动的。""当事实和法律因素不确定时,法官就常常会从他直觉地认为公平的解决方案出发,只是到了司法决定的形式起草阶段才使用三段论推理。我们可以称之为倒置的三段论,'上升式的'或'逆退式的'三段论。此时法官就会运用其选择前提的自由,以使制作出能够证明已定结论的三段论。"①换言之,"法官首先凭直觉找到结果,然后形成这一结果的逻辑理由。这本身就是一种心理现象,并不奇怪。法律秩序意在促进和法官经由其职业活动十分熟悉的所有目标,可能已成为其本身天性的一部分。他成功地找到了一个理性结果,而没有事先向自己表明所有的论点,这些论点可以通过演绎推理,就结果给出理由或使结果合法化"②。例如,就众所周知的许霆案而言,法学家与法官都完全可能在知道案件事实真相之后,先凭借自己经过训练的直觉得出其行为构成盗窃罪的结论(或假设),然后再论证案件事实与盗窃罪的构成要件的符合性。甚至可能出现这样的现象:法学家与法官在找到适用的刑法

---

① 〔法〕雅克·盖斯旦、吉勒、古博:《法国民法总论》,陈鹏等译,法律出版社2004年版,第40—41页。
② 〔挪威〕斯坦因·U.拉尔森主编:《社会科学理论与方法》,任晓等译,上海人民出版社2002年版,第304页。

条文之前认为,凭直觉认为许霆的行为肯定构成犯罪,至于构成什么犯罪,需要对相关法条所规定的构成要件进行再探索、再发现,从而使案件事实与特定犯罪的构成要件相符合。这些做法都很正常,完全符合罪刑法定原则。当然,倘若在查清事实之后,先得出有罪结论(或假定),后来没有寻找到可能适用的刑法条文,却依然定罪处刑,则违反了罪刑法定原则。同样,如果为了维护有罪结论,而歪曲法条的规范意义或者歪曲事实,也是违反罪刑法定原则的。

七、罪刑法定与阻却事由

本章以上侧重于对构成要件及其符合性展开讨论。刑法除规定了犯罪构成要件外,还规定了违法阻却事由(正当化事由)与责任阻却事由(本节以下简称为犯罪阻却事由)。由于犯罪阻却事由否认犯罪的成立(所谓消极的构成要件要素),所以,对犯罪构成要件的扩大解释与对犯罪阻却事由的限制解释,所起的作用相同;对犯罪构成要件类推解释与对犯罪阻却事由的目的性限缩,所起的作用相同。

众所周知,与限制解释不同,目的性限缩,是指依照法条之文义,某一事实类型已被涵盖其中,但按照立法目的,该事实类型本不应包括在内,于是将该事实类型排除在法律适用范围之外。一般来说,对构成要件进行扩大解释是被允许的,因此,对犯罪阻却事由进行限制解释也是可能的。根据罪刑法定原则,对构成要件进行类推解释,是被禁止的,那么,对犯罪阻却事由进行目的性限缩,是否也为罪刑法定原则所禁止?[①]

例如,根据我国《刑法》第 20 条的文义,对不法侵害国家、公共利益的行为,也可以进行正当防卫。倘若认为,对不法侵害国家、公共利益的行为,只有在不能期待国家机关有效保护的紧迫情况下,才可以进行正当防卫,则是限制解释。如若认为,对不法侵害国家、公共利益的行为,不得

[①] 关于肯定说与否定说的各种理由,参见〔日〕增田丰:《语用论的意义理论与法解释方法论》,劲草书房 2008 年版,第 175 页以下。

进行正当防卫,则是目的性限缩。显然,按照目的性限缩的观点,对不法侵害国家、公共利益的行为进行防卫的,虽然符合《刑法》第 20 条的文义,但并不成立正当防卫,相反构成犯罪。易言之,对法定的犯罪阻却事由进行目的性限缩,意味着根据法条文义不构成犯罪的行为,也能被解释为犯罪行为。这是否被罪刑法定原则所禁止?本书认为,应当禁止对法定的犯罪阻却事由进行目的性限缩。

其一,如上所述,对法定的犯罪阻却事由进行目的性限缩,与对犯罪构成要件进行类推解释,在原理上完全相同,所起的作用完全相同。不仅如此,前者对罪刑法定原则的违反甚至更为严重。因为后者是将法律没有明文规定为犯罪的行为解释为犯罪行为,前者是将法律明文规定为无罪的行为(正当行为)解释为犯罪行为。既然要禁止后者,就必然也禁止前者。

其二,虽然刑法理论上一般只是强调对犯罪构成要件的类推解释违反了罪刑法定原则,但这并不意味着罪刑法定原则不适用于犯罪阻却事由。一方面,在某种意义上说,法定的犯罪阻却事由实际上是消极的构成要件要素,成立犯罪不仅要求具备积极的构成要件要素,而且必须不具备消极的构成要件要素(即不具备正当化事由与责任阻却事由)。对消极的构成要件要素作目的性限缩,就是对积极的构成要件要素作类推解释。另一方面,在构成要件符合性、违法性、有责性的体系中,构成要件本身并不能担保罪刑法定主义的实现,因为构成要件只是在"法无明文规定不为罪"这种与存在刑罚法规的关系上起到罪刑法定主义的机能;事实上,只有同时在违法阻却事由、责任阻却事由、客观处罚条件等领域贯彻罪刑法定主义,才能保障人权。例如,无视法律所规定的容许性要件(阻却违法性的要件)而认定犯罪的做法(如将正当防卫认定为犯罪),依然违反了罪刑法定主义。再如,当责任年龄以 14 周岁为起点时,将年仅 13 周岁的人的杀人行为认定为犯罪(无视法定的责任阻却事由),也违反了罪刑法定主义。又如,对不具备客观处罚条件的行为科处刑罚,同样不符合罪刑法定主义。① 可见,为了保障罪刑法定主义的实现,认定犯罪必须在任何方面都具有法律的明文规定。这种保障罪刑法定主义的实现所要求的全部要件,叫做保障构成要件(Garentientatbestand)。② 显然,只有对保障构成要件全面贯彻罪刑法定原则上,才能充分发挥罪刑法定主义的机能。

其三,罪刑法定原则并不是仅适用于刑法分则,同样也适用于刑法总则。③ 哪些内容规定在总则中,哪些内容规定在分则中,往往是一个立法技术问题。一方面,完全有可能仅在刑法分则有关杀人、伤害等犯罪的条文中规定正当防卫、紧急避险等正当化事由。另一方面,事实上总则规定了成立犯罪的共同要素。倘若认为罪刑法定原则不适用刑法总则,就意味着对分则规定的特别要素不得进行类推解释,而对总则规定的共同要素可以进行类推解释。这是难以令人赞同的。

其四,对法定的犯罪阻却事由进行目的性限缩,明显侵害了国民的预测可能性。例如,当公民根据《刑法》第 20 条的文义,对不法侵害国家、公共利益的行为进行正当防卫时,倘若司法机关却进行目的性限缩,认为公民的行为不成立正当防卫,反而构成犯罪,就严重侵害了国民的预测可能性,进而违反罪刑法定原则。

其五,既然承认超法规的正当化事由与超法规的责任阻却事由,就不能容许对法定的犯罪阻却事由进行目的性限缩。

其六,就具体情形而言,对法定的犯罪阻却事由进行目的性限缩,也明显不当。例如,正当防卫是正对不正的关系。不法侵害国家、公共利益的行为,属于"不正";与这种不正行为的抵抗或反击,就是"正"。如果认为对不法侵害国家、公共利益的行为不得进行正当防卫,就与正当防卫的性质相矛盾。

---

① 〔日〕芝原邦尔等编:《犯罪论的现代的展开总论 I》,日本评论社 1988 年版,第 13 页。
② Wessels/Beulke, Strafrecht Allgemeiner Teil, 30. Aufl., C. F. Mueller 2000, S.37.
③ 德国学者 Supert 认为,禁止类推以及罪刑法定原则,仅与刑法分则的规定相关,并不适用于刑法总则,因此,对刑法总则规定的正当化事由,可以进行目的性限缩(参见〔日〕增田丰:《语用论的意义理论与法解释方法论》,劲草书房 2008 年版,第 183 页)。

第三章　罪刑法定与分则概念

就刑事司法而言,贯彻罪刑法定原则的关键之一,是禁止类推解释。而所谓禁止类推解释的关键,是禁止对刑法分则关于犯罪构成要件的规定进行类推解释。因为行为是否成立犯罪,取决于行为是否符合犯罪的客观构成要件与主观构成要件,而构成要件主要是由刑法分则规定的。虽然刑法总则规定了故意犯罪与过失犯罪的定义,但就具体犯罪而言,故意的认识内容以及过失时应当预见的内容,由分则所规定的客观要件决定。所以,如何解释分则概念就成为能否贯彻罪刑法定原则的重要问题。

类推,有时指将某种刑法上没有明文规定但实质上值得处罚的行为,适用刑法分则最相类似的条文定罪量刑,有时也可能指对刑法概念的一种解释。不过,即使是对刑法分则概念的一种解释,也不可能离开具体案件事实。没有需要定罪量刑的案件事实,就不可能也没有必要对刑法概念进行解释。所以,本章按刑法分则规定的顺序,就存在争议的相关概念与案件事实展开讨论。由于刑法用语具有相对性,以下所讨论的概念,基本上只是针对特定条文而言。

一、汽　　车

案例

被告人陈某曾是某镇粮食收购站的拖拉机司机,因为多次盗窃柴油被判处 1 年有期徒刑。刑满释放后，陈某为了报复以前曾揭发自己的盗窃行为后来成为拖拉机司机的刘某，深夜破坏刘某驾驶的大型拖拉机（800 型）的刹车装置，制造行车事故隐患。次日，刘某为运输粮食至某县城而驾驶拖拉机行驶在公路上时，因刹车不灵撞死路边骑自行车的朱某。

《刑法》第 116 条规定："破坏火车、汽车、电车、船只、航空器，足以使火车、汽车、电车、船只、航空器发生倾覆、毁坏危险，尚未造成严重后果的，处 3 年以上 10 年以下有期徒刑。"第 119 条第 1 款规定："破坏交通工具……造成严重后果的，处 10 年以上有期徒刑、无期徒刑或者死刑。"显而易见，拖拉机不可能属于火车、电车、船只、航空器，那么，能否认为大型拖拉机属于《刑法》第 116 条所规定的汽车，进而认定陈某的行为成立破坏交通工具罪呢？

一种观点认为，"《刑法》第 116 条明确规定本罪犯罪对象只限于上述五种交通工具，没有使用'等'或'其他交通工具'词语予以概括规定，基于罪刑法定原则，破坏作为交通工具的大型拖拉机的，不宜定本罪"①。"因为拖拉机无论哪种类型，其工作原理与结构都与汽车不完全相同，将拖拉机包括在汽车中，只能说是一种不严肃的解释，而且会破坏'汽车'固有概念的内涵。"②

另一种观点则认为，可以将大型拖拉机解释为汽车。因为"拖拉机与汽车的基本性质、危害性，没有重大区别"③。将拖拉机解释为汽车，并没有超出一般国民的预测可能性；拖拉机与汽车在功能上没有什么不同；破坏拖拉机与破坏汽车，在社会危害性上也没有什么不同。④

将大型拖拉机解释为汽车，或者说认为《刑法》第 116 条所规定的汽车包括大型拖拉机，的确会让人产生违反罪刑法定原则的感觉。但是，本书认为，可以进行这种解释。

---

① 高铭暄主编：《新编中国刑法学》上册，中国人民大学出版社 1998 年版，第 521—522 页。
② 林亚刚：《危害公共安全罪新论》，武汉大学出版社 2001 年版，第 151 页。
③ 王作富主编：《刑法分则实务研究》（上），中国方正出版社 2007 年第 3 版，第 96 页。
④ 行江：《试论刑法学中类推解释与扩大解释的区别》，载《甘肃政法学院学报》2007 年第 1 期，第 151 页。

第一，不可否认，从日常用语来说，汽车与拖拉机是不同的。但是，汽车与拖拉机的外形都越来越多样化，而且越来越接近。事实上，一些大型拖拉机与卡车越来越难以区分。此外，倘若一辆越野吉普车后面挂着拖车在马路上行驶，一般人恐怕难以分辨是拖拉机还是汽车。

第二，"汽车"（automobile）英文原意为"自动车"（在日本也称自动车），其他文种也多称为"自动车"。倘若将《刑法》第116条中的汽车按原意理解为自动车，那么，大型拖拉机当然也属于自动车。

第三，从对拖拉机与汽车的科学界定来说，二者的区别并不具有刑法上的重要意义。拖拉机（tractor）是由发动机、底盘、电气等系统组成的主要用于牵引和运输的多用途行走机械。按照国家最新标准GB/T 3730.1-2001对汽车的定义：由动力驱动，具有四个或四个以上车轮的非轨道承载的车辆，主要用于载运人员和（或）货物，牵引载运人员和（或）货物的车辆，以及特殊用途。美国汽车工程师学会标准SAEJ 687C对汽车的定义是：由本身动力驱动，装有驾驶装置，能在固定轨道以外的道路或地域上运送客货或牵引车辆的车辆。日本工业标准JISK 0101对汽车的定义是：自身装有发动机和操纵装置，不依靠固定轨道和架线能在陆上行驶的车辆。这些标准的汽车定义，明显可以包括大型拖拉机。不可否认，拖拉机与汽车在燃料与功能方面存在一定区别。如拖拉机以柴油作为燃料，汽车一般以汽油为燃料。但是，这种区别不具有刑法上的意义。在此，有必要先考察日本的相关判例。《日本刑法》第129条规定："过失致火车、电车或者船舶的交通发生危险，或者致使火车、电车颠覆或者破坏，或者使船舶颠覆、沉没或者破坏的，处30万元以下的罚金。""从事交通业务的人犯前项之罪的，处3年以下监禁或者50万元以下罚金。"被告人驾驶着在语言学意义上不属于火车、电车的汽油车（车上有90余名乘客）时，为了赶时间，在通过S型弯道时转弯过急，导致该汽油车倾覆，造成多人死伤。原审判决认为，被告人的行为除成立业务上过失致死伤罪之外，还成立《日本刑法》第129条的过失导致交通危险罪。被告人则以《日本刑法》第129条规定的犯罪对象不包括汽油车为由，提起上诉。日本大审院1950年8月22日的判决指出，火车与汽油车仅仅是燃料不同，就在铁路线上行驶,装载大量货物与人员,进行交通运输这一点而言,二者是相同的。因此,《日本刑法》第 129 条中的火车包括汽油车在内。① 据此,大审院驳回了被告人的上诉。日本学者大多认为,上述解释处于被允许的扩大解释范围之内。② 基于同样的理由,大型拖拉机与汽车虽然存在燃料、功能等方面的差异,但二者都有自身装备的动力装置驱动,都在非固定轨道上迅速行驶,都能装载大量货物与人员。更为重要的是,二者性能的完整性对公共安全的保障,是同等重要的。换言之,破坏汽车与破坏大型拖拉机对公共安全所造成的危害,并无区别。既然如此,也可以认为,将大型拖拉机解释为汽车,处于被允许的扩大解释的范围之内。

第四,笔者注意到,依据《道路交通安全法》及《农业机械化促进法》有关规定,拖拉机的监管机关为农机安全监理部门,而汽车的监管机关是公安机关交通管理部门。然而,这并不妨碍将大型拖拉机解释为汽车。《道路交通安全法》第 121 条规定:"对上道路行驶的拖拉机,由农业(农业机械)主管部门行使本法第 8 条、第 9 条、第 13 条、第 19 条、第 23 条规定的公安机关交通管理部门的管理职权。"第 8 条、第 9 条规定的是机动车登记制度,第 13 条规定的是定期安全技术检验制度,第 19 条与第 23 条规定的是驾驶证的取得与审验制度。至于对上道路行驶的拖拉机的其他方面的管理,仍由公安机关交通管理部门负责。这说明,大型拖拉机的安全行驶,同样关系到公共安全。

第五,将大型拖拉机解释为汽车,将破坏大型拖拉机进而危害公共安全的行为认定为破坏交通工具罪,不会损害国民的预测可能性,更没有将不值得处罚的行为以犯罪论处。

虽然将大型拖拉机解释为汽车,不属于违反罪刑法定原则的类推解释,但是,破坏大型拖拉机的行为是否构成破坏交通工具罪,则不是一个简单的大型拖拉机是否属于汽车的问题,而是要联系破坏交通工具罪的

---

① 日本《大审院刑事判例集》第 19 卷,第 540 页。
② 参见〔日〕西原春夫主编:《日本刑事法的形成与特色》,法律出版社·成文堂 1997 年版,第 131 页;〔日〕大塚仁:《刑法概说(总论)》,有斐阁 1997 年第 3 版,第 66 页;〔日〕西田典之:《刑法总论》,弘文堂 2006 年版,第 52 页;〔日〕浅田和茂:《刑法总论》,成文堂 2007 年补正版,第 63 页。

实质进行判断。换言之,只有破坏用于交通运输的大型拖拉机,足以危害公共安全的行为,才能成立破坏交通工具罪。据此,上例中的陈某的行为构成破坏交通工具罪。

与上述问题相联系的是,缆车、电瓶车能否归入电车或者汽车？

首先,应将缆车解释为电车。电车是用电做动力的公共交通工具,电能从架空的电源线供给,分无轨和有轨两种。缆车(cable car),是指利用钢绳牵引,实现人员或货物输送目的之设备。车辆和钢绳在地面沿轨道行走的缆车设备定义为地面缆车；车辆和钢绳架空运行的缆车设备,称为架空索道。地面缆车与一般电车几乎没有区别,将其解释为电车,不存在障碍。架空索道与一般电车的区别主要在于,前者在空中行走,后者在地面行驶。更为重要的是,破坏架空索道所造成的公共危险,比破坏地面电车所造成的公共危险可能更为严重。所以,将架空索道解释为电车,既不存在用语含义的障碍,也能得出合理结论。

其次,电瓶车既可以归入汽车,也可以归入电车。电瓶车是由电池驱动的机动车。目前国内的电瓶车主要用于观光载客、搬运货物之用,电动观光车的主要用途是在公园、景区、休闲度假村、大学、医院、高尔夫球场、房地产公司等场所用作载客,电动搬运车的主要用途是在工厂、港口码头、物流库房等处搬运货物。现在,已经出现了双模机动车,汽车中既有以汽油为燃料的发动机,也有铁电池。显然,我们不能说,当这种车以发动机驱动时属于汽车,而以铁电池驱动时不是汽车。换言之,随着科学技术的进步,汽车的驱动力完全可能是电池。既然如此,我们当然可以认为电瓶车是汽车。另一方面,电瓶车是由电池驱动的机动车。在此意义上说,称之为电车也没有不当之处。总之,认为破坏电瓶车足以危害公共安全的行为,成立破坏交通工具罪,不是类推解释,甚至不是扩大解释。

二、印　　鉴

案例

　　身为某公司的法定代表人的刘某,在开立支票存款账户时,在银行预留了其本人的签名。刘某为了骗取他人财物,向某销售电脑的公司打电话,声称购买10台手提电脑,以支票付款。对方派人送来10台电脑后,刘某将一张与预留签名不同的支票交给对方,让对方三天后到银行取款。次日,刘某逃逸。被害人持支票在银行取款被拒付,遭受财产损失9万余元。

　　《刑法》第194条将"签发……与其预留印鉴不符的支票,骗取财物"规定为票据诈骗罪的情形之一。一般来说,所谓"签发……与其预留印鉴不符的支票",是指票据签发人在其签发的支票上加盖与其预留于银行或者其他金融机构处的印鉴不一致的财务公章或者支票签发人的名章。"与其预留印鉴不符",可以是与其预留的某一个印鉴不符,也可以是与所有预留印鉴不符。在司法实践中,行为人签发与其预留印鉴不符的支票,是为了使持票人遭受拒付,从而实现骗取他人财物的目的。问题是,行为人签发与其预留签名不符的支票骗取财物的行为,是否属于"签发……与其预留印鉴不符的支票,骗取财物"? 质言之,签名是否属于印鉴?

　　《票据法》第82条第3款规定:"开立支票存款账户,申请人应当预留其本名的签名式样和印鉴。"根据中国人民银行《支付结算办法》第11条的规定,票据的签章,为签名、盖章或者签名加盖章。单位、银行在票据上的签章和单位在结算凭证上的签章,为该单位、银行的盖章加其法定代表人或其授权的代理人的签名或盖章。个人在票据和结算凭证上的签章,应为该个人本名的签名或盖章。据此,支票的签章可能只是签名或盖章,也可能是签名加盖章。因此,行为人完全可能通过签发与其预留签名式样不符的支票骗取财物,而且这种行为和签发与其预留印鉴不符的支票骗取财物,性质完全相同。但是,《刑法》第194条只是规定了"签发……与其印鉴不符的支票,骗取财物"。那么,行为人以非法占有为目的签发与其预留签名不符的支票骗取财物的,应当如何处理?

可以设想以下几种答案:(1)将《刑法》第194条第1款第4项修改为"签发空头支票或者与其预留印鉴、签名不符的支票,骗取财物"。但这只是立法建议(作为立法建议也不一定具有合理性),并不能处理现实已经发生的这类案件。(2)对这种行为不以犯罪论处。但这种答案显然违反了刑法的公平正义性,没有实现刑法的法益保护目的。(3)对这种行为以普通诈骗罪或者合同诈骗罪论处。这不失为一种思路,因为即使认为该行为不符合《刑法》第194条的规定,也会符合普通诈骗罪或者合同诈骗罪的构成要件。如一种观点指出:"我国刑法只将签发与其预留印鉴不符的行为规定为票据诈骗罪的一种行为表现形式,而签发与其预留签名式样不符合的行为,则未作任何规定。从严格的罪刑法定原则的立场出发,签发与其预留签名式样不符的行为因刑法无明文规定而不能认定为犯罪。但这样一来,不仅使刑法与票据法的相关规定不能保持协调一致,而且因签发与其预留签名式样相同的行为不能纳入到刑事规制的视野,最终违反了罪责刑相适应原则的基本要求。因此笔者建议,在今后的刑法修改中,立法机关应将此种情形增加规定为票据诈骗罪客观方面的表现形式之一,以弥补现行刑法在此问题上的缺漏。而在刑法典修改完善之前,司法实务部门对于此种情形,宜按照普通诈骗或者合同诈骗罪论处,而不应认定为票据诈骗罪。"[1]但是,签发与其预留签名式样不符的支票骗取财物,与签发与其预留印鉴不符的支票骗取财物,在行为手段、性质与危害程度上,没有任何差异,而票据诈骗罪与普通诈骗罪、合同诈骗罪的法定刑不同,如果将这种行为认定为普通诈骗罪或者合同诈骗罪,依然导致刑法的不协调,有损刑法的公平正义性。(4)对《刑法》第194条的印鉴作扩大解释,即"签发……与其预留印鉴不符的支票"包含"签发与其预留签名式样不符的支票"。

---

[1] 李文燕主编:《金融诈骗犯罪研究》,中国人民公安大学出版社2002年版,第151—152页。

本书倾向于对印鉴作扩大解释，使之包括签名式样。印，除具有印章的含义外，还有痕迹与相互符合之意，手印、指印等即是痕迹之意，而印证、心心相印则是相互符合之意；现实生活中也存在签名章；鉴则是审察之意。所谓预留印鉴，实际上是就是出票人事先在银行留下的某种痕迹，由银行审察某种支票是否由出票人所签发。所以，预留签名式样与预留印章底样所起的作用完全相同，一般国民也不会认为二者存在实质差异。《票据法》第102条规定："签发空头支票或者故意签发与其预留的本名签名式样或者印鉴不符的支票，骗取财物的"，"依法追究刑事责任"。这表明，在《票据法》上，预留的本名签名式样与预留的印鉴，性质也完全相同。既然如此，将签发与其签名式样不符的支票归入"签发与其预留印鉴不符的支票"的行为类型，不至于侵害国民的预测可能性。所以，认为"签发……与其预留印鉴不符的支票"包含"签发与其预留签名式样不符的支票"，并不违反罪刑法定原则。

与此相联系的是，预留密码也应认定为预留印鉴。中国人民银行《支付结算办法》第123条和第124条分别规定："支票的出票人预留银行签章是银行审核支票付款的依据。银行也可以与出票人约定使用支付密码，作为银行审核支付支票金额的条件。""出票人不得签发与其预留银行签章不符的支票；使用支付密码的，出票人不得签发支付密码错误的支票。"在出票人与银行约定使用支付密码的情况下，如果出票人签发密码错误的支票，同样会被银行拒付。如果行为人签发与其预留印鉴（狭义）、密码均不符的支票骗取财物的，无疑成立票据诈骗罪。问题在于：行为人以非法占有为目的，故意签发与其预留银行的密码不符但与预留印鉴（狭义）一致的支票骗取财物的，能否认定为票据诈骗罪？

一种观点指出："这是票据诈骗罪立法中的一个明显漏洞。上述行为是一种很典型的票据诈骗行为，与签发与其预留印鉴不一致的支票进行诈骗几无二致，但是印鉴毕竟不同于密码，即使对印鉴作扩大解释，也无法包含密码。因为新《刑法》第194条对此无明文规定，所以对上述行为不能按'签发与其预留印鉴不一致的支票'行为定罪，只能以普通诈骗罪论处。"①

如果说印鉴仅限于印章,或者认为印鉴包括印章与签名,那么,对于行为人签发与其预留的密码不符但与预留印章、签名式样一致的支票而骗取财物的,当然不能认定为票据诈骗罪;但是,如果认为印鉴包括密码在内,则上述行为依然属于签发与其预留印鉴不符的支票骗取财物,仍然成立票据诈骗罪。如前所述,《票据法》第 102 条规定:"签发空头支票或者故意签发与其预留的本名签名式样或者印鉴不符的支票,骗取财物的","依法追究刑事责任";中国人民银行《支付结算办法》第 125 条、第 222 条将签发空头支票、签发与预留签章不符的支票、签发与密码错误的支票完全等同看待。所以,从实质合理性考察,对于签发支付密码错误的支票骗取财物的行为,应当与签发与预留印鉴不符的支票骗取财物的行为,作出相同处理。

但是,如果说将签名解释为印鉴具有可能性,那么,将密码解释为印鉴就更困难了。倘若从字面含义考察密码与印鉴的关系,难以得出密码属于印鉴的结论。可是,对刑法用语的解释,不仅要考察其原本的意义,而且要了解其扩展的含义;不仅要考察其字面含义,还需要以社会生活事实为根据。刑法用语的字面含义与刑法规范指称的行为类型并不完全等同。刑法描述的犯罪行为类型是开放的,而不是封闭的。所以,社会生活事实的变化,必然促使刑法人对刑法用语进行新的解释,以实现刑法的正义性。从印鉴的功能考察,预留印鉴旨在使银行核对持票人所持支票,是否由特定的出票人签发。在以往仅使用狭义的预留印章底样的情况下,当然没有必要将印鉴作扩大解释。但是,当银行普遍使用印章底样以外的签名式样、密码等预留标记时,解释者必须对"预留印鉴"作出新的解释。在当下,应当将预留印鉴解释为,出票人预留在银行用于核对持票人提示的支票是否由出票人签发的印记、标记。唯此,才能使文字不变的刑法适应不断变化的社会生活事实。况且,支票密码是由出票人填写在支

---

① 肖斐:《票据诈骗罪行为方式探究》,http://www.bestxy.com/2004/11-12/2172-2.htm(访问日期:2005-03-28)。

票上的,也是有"痕迹"的。因此,将支票密码解释为"印鉴",没有超出"印鉴"可能具有的含义。而且,对有关自然犯的刑法规范作出这样的扩大解释,不会侵犯国民的预测可能性。

综上所述,支票上的印章、签名、密码的区分,在票据法的功能相同,在刑法上也没有区分意义。将《刑法》第194条中的印鉴解释为包括预留的签名、密码,属于合理的扩大解释,并不是违反罪刑法定原则的类推解释。

三、猥　　亵

案例

某日,13岁的少年吴某被其35岁的婶婶宋某叫住,宋某让吴某帮她看家,吴某同意。当晚,在宋某的逼迫和利诱下,吴某被迫和其发生了性交。此后,宋某以威胁等手段对吴某频频"性侵犯"。吴某的性格开始变得抑郁、暴躁,并对周围的人有恐惧心理。后来,吴某想逃离这种关系,但是宋某以将性关系"公之于众"吓唬吴某。受到伤害的吴某没有办法,最后,走上了辍学的道路。宋某的行为是否成立猥亵儿童罪?

本案的关键在于,如何理解《刑法》第237条的猥亵?倘若认为猥亵只是狭义性交以外的行为,那么,宋某的行为便不构成犯罪;倘若认为猥亵也可能包括狭义性交行为,则宋某的行为构成猥亵儿童罪。

我国的刑法理论习惯于使犯罪之间形成对立关系,避免犯罪之间的包容关系,从而区分此罪与彼罪。由于强奸罪是强制性交的行为,所以认为强制猥亵妇女罪只能是性交以外的行为,进而认为猥亵儿童也都只能是性交以外的行为。例如,刑法教科书在论述强制猥亵妇女罪时指出:"猥亵妇女,是指对妇女实施奸淫行为以外的,能够满足性欲和性刺激的有伤风化的淫秽行为,例如,搂抱、接吻、捏摸乳房、抠摸下身,等等。"在论述猥亵儿童罪时指出:"所谓'猥亵',是指奸淫行为以外的,为寻求性刺激而对他人实行的淫秽性的行为。猥亵儿童,主要表现为抠摸幼女生殖器、让儿童为自己手淫、鸡奸儿童、脱光幼女衣服进行搂抱、玩弄,等等。"①按照这样的观点,上述宋某的行为便不构成猥亵儿童罪。但是,这样的结论难以让人接受。倘若宋某和吴某实施性交以外的猥亵行为,宋某无疑构成猥亵儿童罪,而宋某与吴某发生性交,反而不成立犯罪。这是正义的刑法不能容忍的结论。在解释结论形成这种不正义的局面时,解释者习惯于将责任推卸到立法者,认为这是立法造成的。其实,这是对立法者的冤枉,因为刑法并没有说"猥亵"只能是性交以外的行为。

在国外,猥亵罪一般包括强制猥亵罪、猥亵儿童罪与公然猥亵罪;猥亵罪侵犯的是性的不可侵犯权与性的风尚。② 为了说明猥亵行为的相对性,这里暂且将公然猥亵行为也列入进来予以讨论。不可否认,在不同的猥亵罪中,猥亵行为的范围并不相同。例如,倘若行为人强行对妇女与幼女实施性交行为,则应以强奸罪论处(在此意义上说,强制猥亵妇女与猥亵幼女的行为,是性交以外的行为。可是,如后所述,强奸妇女与奸淫幼女行为,是在符合强制猥亵妇女罪与猥亵儿童罪的前提下,进一步触犯了更重的强奸罪)。但是,猥亵幼男的行为则包括性交行为,即已满 16 周岁的妇女与幼男发生性交的,构成猥亵儿童罪。③ 同样,假如公然猥亵被刑法规定为犯罪,那么,其中的猥亵行为也包括性交。如男女自愿在公共场所发生性交的,没有争议地属于公然猥亵。另一方面,强制猥亵妇女的行为,包括强行与妇女接吻、搂抱的行为,但男女自愿在公共场所公开接吻、搂抱的,则不可能构成公然猥亵。

---

① 高铭暄主编:《新编中国刑法学》下册,中国人民大学出版社 1998 年版,第 702、704 页。还有其他一些教科书也持这样的观点。参见高铭暄、马克昌主编:《刑法学》,北京大学出版社、高等教育出版社 2007 年第 3 版,第 529、531 页;陈兴良:《规范刑法学》下册,中国人民大学出版社 2008 年第 2 版,第 693—694 页。

② 强制猥亵罪与猥亵儿童罪侵犯的是性的不可侵犯权,公然猥亵罪侵犯的是性的风尚。尽管日本、奥地利等国刑法将这几种犯罪规定在同一章,并置于侵犯社会秩序罪之中,但刑法理论没有争议地认为,前者属于对个人法益的犯罪,后者属于对社会法益的犯罪。参见〔日〕平野龙一:《刑法概说》,东京大学出版会 1977 年版,第 179 页。

③ 旧中国司法院 1932 年院字第 718 号解释便认定,妇女诱令未满 16 岁男子与其相奸的行为,构成猥亵儿童罪(参见林山田:《刑法特论》上册,台湾三民书局 1977 年版,第 681 页)。至于幼男本人具有奸淫的意图时,妇女的行为能否构成猥亵儿童罪,则另当别论。

从理论上看,将与幼男发生性交的行为解释为猥亵行为,符合罪刑法定原则。即使对猥亵概念不作规范性解释,而按照汉语词义理解为淫乱、下流的语言或动作①,那么,不正当的性交应当是最淫乱、最下流的行为。从规范意义上来理解,"强奸行为也是强制猥亵行为的一种,但由于刑法特别规定了强奸罪,理所当然认为强奸行为不属于强制猥亵罪"②。也就是说,猥亵行为本来是包括强奸行为的,只是由于刑法对强奸罪有特别规定,所以不将强奸行为认定为猥亵罪;但在刑法没有对其他不正当性交行为作出特别规定的情况下,其他不正当性交行为当然应包括在猥亵概念之中。在此意义上说,关于猥亵罪的规定与关于强奸罪、奸淫幼女罪的规定,实际上是普通法条与特别法条的关系;特别法条没有规定的行为,就可能属于普通法条规定的行为。

从实践上看,如果否认猥亵行为的相对性,一概认为猥亵行为必须是性交以外的行为,那么,妇女对幼男实施性交以外的行为构成猥亵儿童罪,而妇女与幼男发生性交的反而不构成犯罪,这明显导致刑法的不协调。罗马法格言教导我们,"使法律之间相协调是最好的解释方法"。我们显然不能将刑法解释得自相矛盾,然后再对刑法本身或者立法者进行攻击;相反"必须作出有利于立法者的假定"③,作出协调的解释。既然将猥亵行为一概解释为性交以外的行为不利于刑法的协调,那么,就应当对猥亵行为作相对解释,即承认猥亵行为的相对性。

为什么会出现上述猥亵行为相对性的局面呢?这首先是由刑法的复杂规定造成的。刑法基于社会现实,对妇女进行略为特殊的保护。刑法规定了以女性为对象的强奸罪(包括奸淫幼女),如果强行与妇女发生性交则构成普通强奸罪,如果奸淫幼女则构成特殊的强奸罪。所以,强行与妇女发生性交的行为以及与幼女发生性交的行为,不再被认定为猥亵行为。但妇女以胁迫手段迫使男子与其发生性交的现象尽管少见却确实存

---

① 参见中国社会科学院语言研究所词典编辑室编:《现代汉语词典》,商务印书馆2005年第5版,第1421页。
② 〔日〕大塚仁:《刑法概说(各论)》,有斐阁2005年第3版增补版,第99页。
③ 西班牙经院哲学家弗朗斯科·休雷斯(Francisco Suarez)之语,转引自〔美〕E.博登海默:《法理学:法律哲学与法律方法》,邓正来译,中国政法大学出版社1999年版,第337页。

在,至于妇女以幼男作为性行为对象的现象,虽然并不多见但也的确存在。后者行为的违法性与有责性肯定重于前者,对于前者目前只能认定为无罪①,而对于后者宣告无罪则明显不当。一方面,儿童本身就是刑法的特殊保护对象;另一方面,后者比前者的违法性与有责性严重得多。因此,在刑法没有规定奸淫儿童罪而是规定奸淫幼女犯罪的情况下,对与幼男发生性交的行为必须解释为猥亵儿童的行为。② 其次是不同的猥亵行为所侵犯的法益不同,因而对猥亵行为的要求不同。强制猥亵妇女与猥亵儿童的行为,侵犯的是妇女与儿童的性的不可侵犯权,是对个人法益的犯罪,而公然猥亵行为侵犯的是社会的性风尚,是对社会法益的犯罪。因此,侵犯了他人性的不可侵犯权的行为(如强行与妇女接吻),属于强制猥亵;没有侵犯他人性的不可侵犯的权利的行为(如男女自愿在公共场所发生性交),属于公然猥亵。后一种行为显然没有侵犯个人权利,只是侵犯了社会的性风尚,故不可能成为强制猥亵行为。反之,如果男女自愿在公共场所接吻,则不可能成立公然猥亵。因为在现代社会,人们对男女自愿公然接吻已经习以为常,故这种行为不会侵犯社会的性风尚。

由此可见,那种一概认为猥亵行为只能是性交以外的行为的观点,是难以成立的。换言之,虽然强制与妇女发生性交以及与幼女发生性交的行为成立强奸罪,但妇女与幼男发生性交的,成立猥亵儿童罪。所以,认定上述宋某的行为构成猥亵儿童罪,是体系解释、当然解释的合理结论,完全符合罪刑法定原则。

---

① 妇女以胁迫手段迫使男性与其发生性交的行为,在国外没有争议地被认定为强制猥亵罪。

② 《德国刑法》第176条规定了"对儿童的性行为",并将"与儿童发生性交的行为"规定为"情节重大"情形之一。于是,对儿童的性行为包括了奸淫幼女以及与幼男发生性交的行为。我国最高人民法院也曾经核准将鸡奸幼男的行为类推为奸淫幼女罪。虽然在旧刑法时代这种类推存在问题,但说明对儿童实施的各种性行为都是危害极为严重的行为。

四、同 居

> 案例一

徐旭清破坏军人婚姻案

自诉人曹桂书,男,39岁,中国人民解放军驻青海省格尔木89207部队军医。

被告人徐旭清,男,28岁,原在湖南省株洲市塑料八厂工作,后调到市人防办公室石峰山服务部任采购员。

自诉人曹桂书与孙蔚芸(女,36岁,湖南省株洲市塑料八厂出纳员),1974年2月建立恋爱关系,同年10月27日结婚,婚后感情尚好。1976年1月,孙生一男孩。后因家庭琐事,夫妻发生过争吵。

被告人徐旭清与孙蔚芸原在塑料八厂同一班组工作。1980年4月,徐、孙先后调到本厂供销股工作。孙因不熟悉业务,常向徐咨询,两人关系日渐密切,并一起看电影、逛马路。1981年初,孙蔚芸从原住地搬到建宁新村16栋104号居住后,两人来往更为频繁。2月的一天,孙打电话让徐帮助买煤,又留徐在家里午休,主动与徐发生两性关系。此后,徐经常到孙的宿舍,给孙买煤、买米、买菜、做饭等,帮助孙料理家务事。两人多次发生两性关系,致孙怀孕堕胎。7月,孙骑自行车不慎摔伤,就把徐叫到家中住了多日。邻居都以为他俩是夫妻,有的人问孙:"他是小曹吗?"孙默认;有的人问徐:"你姓曹吗?"徐答:"是。"同年9月,徐与孙一起到武汉市,以旅行结婚的名义,在江汉区团结旅社同居两夜。10月初,曹、孙在上海市孙的母亲家探亲期间,孙多次吵闹,要与曹离婚,拒绝与曹同居,并独自返回株洲市。11月22日,曹带着5岁男孩从上海到株洲市。当曹到建宁新村16栋104号找孙时,群众对曹说:"她丈夫天天在家,怎么会是你呢?"后群众向曹揭发了徐、孙同居的事实。12月2日,曹桂书向株洲市东区人民法院自诉。

1982年2月6日,湖南省株洲市东区人民法院审理认定,被告人徐旭清明知孙蔚芸是现役军人之妻而与之同居,已构成破坏军人婚姻罪。依照(旧)刑法第 181 条的规定,对被告人徐旭清予以刑事处罚。徐没有提出上诉。

案例二

宋印生破坏军人婚姻案

自诉人李富廷,男,31 岁,中国人民解放军 57371 部队某中队技术员。

被告人宋印生,男,41 岁,北京市珐琅厂工人。

自诉人李富廷于 1977 年与杨淑婷(女,29 岁,北京市珐琅厂工人)恋爱,1979 年 4 月办理结婚登记,同年 10 月举行结婚仪式。

被告人宋印生与杨淑婷从 1976 年 3、4 月间在同一组工作,逐渐产生暧昧关系。1979 年 6 月某日,宋印生与杨淑婷在天坛公园发生了两性关系。此后,宋多次到杨的家中奸宿。宋印生之妻察觉后,曾到珐琅厂找杨吵闹。1980 年 12 月宋妻病逝。此后,宋多次到杨家奸宿,曾被杨母遇见,并到该厂告发。该厂领导对宋、杨进行教育,但宋并不悔改。1982 年 11 月 6 日,宋在杨家夜宿。自诉人李富廷从外地回京,7 日清晨 5 时到家敲门。杨将宋藏在床下,开门后叫李到外边去打洗脸水,趁机将宋放走。1983 年 8 月 2 日,杨到延庆县李富廷的住处休探亲假。事先宋、杨约好在杨休假期间二人在一起住 3、4 天。8 月 13 日,杨以治病为名,从延庆县返回北京找宋。次日,宋、杨一起乘火车到山西大同,在宋的妹妹家中姘居,共住 6 天,发生两性关系 3 次。二人共同生活,游览名胜,如同夫妻。8 月 20 日,宋、杨回到北京。当天,李富廷从延庆县来到北京找杨,在天安门前 116 路公共汽车站巧遇宋、杨二人。8 月 22 日,李富廷向北京市崇文区人民法院自诉。

北京市崇文区人民法院审理认定,被告人宋印生明知杨淑婷是现役军人的配偶而与之长期通奸,并将杨带到外地同居,已构成破坏军人婚姻罪。1983 年 11 月 30 日,依照(旧)刑法第 181 条的规定,判处被告人宋印生有期徒刑 2 年。

案例三

熊贤辉破坏军人婚姻案

自诉人陈春声,男,29岁,中国人民解放军福州军区32347部队后勤处军械助理员。

被告人熊贤辉,男,24岁,湖南省常德市东效供销社营业员。

被告人熊贤辉于1979年3月在常德市东效供销社任副食柜营业员。同年8月,自诉人之妻严若枝(27岁,常德市东效供销社营业员)由该社棉布柜调到副食柜工作。熊、严同柜工作后,熊见严和其他男女职工常开玩笑、打打闹闹,就主动与严接近。一次,严和同柜的青年赵××(男)、李××(女)嬉戏打闹,熊帮赵将严按倒在地,乘机摸严的身上,严没有反感。同年12月,熊问严:"你结婚后为什么没有生小孩,是不是爱人有病?"严说:"不知道。"熊说:"那就是种不好,我给你配种。"严表示:"要得。"有一天上班后严要熊帮助她修理收音机(未坏)。熊借口独自在严的宿舍修理收音机,有所不便,要严去作伴。熊到严的宿舍后,主动与严发生两性关系。此后,熊经常秘密进入严的宿舍与严发生两性关系。为了避免被他人发觉,从1980年3月起,熊拿了严的房门钥匙,自己开门潜入,熊在严的宿舍过夜约10次(熊承认6次),还有时两人发生两性关系后熊即离去。后来,二人转移到常德行署第一招待所旁的小屋、常德市水运公司仓库后面的厕所等偏僻地方多次发生两性关系。熊先后给严饭票10余斤、连衣裙1件、工作服1件、棉鞋1双。严先后给熊25元钱、1双袜子、的确良布和涤纶布各1块。严把200元存折交给熊,要熊帮她买自行车。1980年6月1日至30日,自诉人陈春声来常德市探亲期间,熊继续与严在上述地点通奸,并对严进行挑拨说"你莫理他(指自诉人),不要同他睡,快些离婚"。"你同他离了就同我结婚。""你故意找他的岔子,要闹就狠些闹。"熊还帮助严起草离婚申请书。严在熊的挑拨下,多次借故与陈吵闹扭打,先后3次将脏水、温开水泼在陈的身上,甚至将陈的饭碗甩在地上,不许他吃饭。有一天晚上,陈跟着严回到娘家,严将陈轰出门外。陈探亲1个月,严与陈同宿只有5夜,还吵着要离婚。严的这些行为,引起陈的怀疑。他借探亲假期已满要回部队为由,隐居在其兄家中,对严暗地进行观察。严因与熊通奸怀孕,于 7 月 2 日前往石门县蒙泉区医院做了人工流产,7 月 3 日返回常德。当晚 8 时许,熊与严在常德市水运公司仓库后面幽会时,被陈当场抓获。熊、严同时停职反省,交代了上述事实。

1980 年 7 月 7 日,陈春声向常德市人民法院自诉。市法院审理认定,被告人熊贤辉与现役军人之妻通奸,情节恶劣,但不构成破坏军人婚姻罪。1980 年 12 月 20 日裁定,驳回自诉。陈春声不服,提出上诉。常德地区中级人民法院裁定,维持一审法院的裁定。

案例四

赵松祥破坏军人婚姻案

自诉人陆占全,男,35 岁,中国人民解放军 5116 部队军医。

被告人赵松祥,男,35 岁,内蒙古包头市第二建筑公司劳资科副科长。

自诉人陆占全与马玉兰(女,35 岁,内蒙古包头市第二建筑公司卫生所医生),原是包头市医专学校同学,毕业后建立恋爱关系,1977 年元旦结婚,婚后感情尚好。

被告人赵松祥从 1978 年 2 月起,与现役军人陆占全之妻马玉兰通奸,起初每个月 1、2 次,后来日渐频繁,每星期就有 2、3 次和马在一起住宿,持续 3 年之久。1978 年 4 月以来,马向陆提出离婚。并拒收陆从部队寄给她的钱和物。经建筑公司和部队派人多次调解,马仍坚持离婚。1981 年 6 月 7 日上午 10 时许,陆占全从外地回家,发现院门反锁着,就从邻院越墙进屋。这时,赵松祥已躲进里屋,马玉兰正在穿衣裳。马借口屋里闷热,要陆一起到院里谈谈。出去后,马提出去饭馆吃饭,途中借口取粮票,回家将赵放走。陆在胡同里与赵相遇,随即返家,与马发生口角。同年 6 月 12 日,陆占全向包头市东河区人民法院自诉。

东河区人民法院审理认定:赵松祥与现役军人之妻马玉兰长期通奸,后果严重,影响极坏,但不构成破坏军人婚姻罪,于 1981 年 8 月 15 日裁定,驳回自诉。陆占全不服,提出上诉。包头市中级人民法院于1982年9月13日裁定,驳回上诉,维持一审法院的裁定。

以上4个案例,均发生在旧刑法时代。旧《刑法》第181条规定:"明知是现役军人的配偶而与之同居或者结婚的,处3年以下有期徒刑。"其中对构成要件的表述,与现行刑法完全相同。众所周知,旧刑法规定了类推适用制度。起先,对于与现役军人配偶通奸造成严重后果的行为,是适用类推程序认定为破坏军婚罪,逐级报请最高人民法院核准的。后来,最高人民法院于1985年7月18日印发了《关于破坏军人婚姻罪的四个案例》(即上述4个案例)的通知,并就每个案例后写了"按",供下级人民法院参照办理。案例一的按语是:"被告人徐旭清与现役军人的配偶同居,原审人民法院认定其行为构成破坏军人婚姻罪,依照《刑法》第181条的规定予以判处,是正确的。"案例二的按语是:"被告人宋印生与现役军人的配偶长期通奸,经教育不改,并将女方带到外地姘居,共同生活,如同夫妻。原审人民法院认定宋印生的行为构成破坏军人婚姻罪,依照《刑法》第181条的规定予以判处,是正确的。"案例三的按语是:"被告人熊贤辉明知严若枝是现役军人的配偶而与之长期通奸,并挑拨、唆使女方与军人离婚,以便与他结婚。其行为破坏了军人的婚姻家庭,造成军人夫妻关系破裂的严重后果,已构成破坏军人婚姻罪。由于过去在审判实践中对属于这种情况的案件可否适用《刑法》第181条在理解上不够明确,当时未予定罪的,现在不必重新追究刑事责任。今后在办理破坏军人婚姻案件中遇到类似情况的,应当适用《刑法》第181条的规定予以判处。"案例四的按语是:"被告人赵松祥明知马玉兰是现役军人的配偶而与之长期通奸,破坏军人的婚姻家庭,造成军人夫妻关系破裂的严重后果,已构成破坏军人婚姻罪。由于过去在审判实践中对属于这种情况的案件可否适用《刑法》第181条在理解上不够明确,当时未予定罪的,现在不必重新追究刑事责任。今后在办理破坏军人婚姻案件中遇到类似情况的,应当适用《刑法》第181条的规定予以判处。"问题是,倘若上述四个案例发生在现行刑法实施之后,能否适用现行《刑法》第259条以破坏军婚罪论处?显然,焦点在于如何解释法条中的同居?质言之,同居与通奸的界线何在?

由于男女双方自愿发生一次性交,也可能被人们称为"同居",故对本条中的同居的解释,依赖于论理解释,依赖于处罚范围的合理确定。

如前所述,现行刑法关于破坏军婚罪的构成要件表述,与旧刑法相同。首先,在现行刑法之下,事实婚姻能否构成重婚罪还存在争议,但在旧刑法时代,事实婚姻没有争议地构成重婚罪。所以,可以认为,同居不需要达到事实婚姻的程度,否则,在旧刑法中,只需要将破坏军婚罪的构成要件表述为"明知是现役军人的配偶而与之结婚"即可。概言之,将同居解释为事实婚姻并不合适(当然,达到事实婚姻状态的,无疑成立破坏军婚罪)。其次,将同居解释为通奸也明显不当。一方面,将通奸行为作为犯罪处理,是法律伦理主义的表现,也明显扩大了刑法的处罚范围。另一方面,如果立法机关认为对于与现役军人配偶通奸的行为,也成立破坏军婚罪,就会在法条中使用更为明确的"通奸"一词,而不会使用同居概念。最后,合理的结论是,同居应是介于通奸与事实婚姻之间的一种行为状态。既需要有通奸行为,也必须有其他共同生活的事实。行为人为了照顾现役军人的生病的妻子,与其同住一室,即使外表上如同夫妻,但没有通奸行为的,不能认定为同居。基于同样的理由,即使行为人与现役军人配偶有性交以外的猥亵行为,外表上如同夫妻,也不宜认定为同居。另一方面,除了通奸行为外,没有其他共同生活事实的,即使通奸次数再多,也不能认定为同居。

关键是,如何理解和认定"共同生活"。可以肯定的是,"共同生活"不是指单纯的共同性生活。例如,行为人为了与现役军人配偶发生性关系,于晚上进入现役军人配偶的住宅,发生性关系后,仍然与现役军人配偶同睡一床;半夜,行为人为现役军人配偶盖被子,甚至端茶送水,次日早晨离开的,依然只是一种共同性生活,难以认定存在"共同生活"事实。

本书认为,共同生活具备以下条件:第一,有长期、多次发生性关系的事实。第二,有共同居住的事实。亦即,即使不发生性交,也共同居住在一起。共同居住的时间不必很长,但是仅共同居住一两天的,难以认定为共同居住。共同居住是否具有公开性,不对同居的认定产生影响。第三,在经济上或者生活起居上有共同关照的事实。亦即,即使不发生性交,双方也在经济上或者生活起居上像配偶、家庭成员那样关心、照顾对方,形成某种程度的相互依赖关系。至于周围群众对二人关系的认识,只是一种判断资料,而不是决定性的判断根据。但是,一般来说,当周围群众合理地认为二人是夫妻关系时,二人之间一定具有同居事实。

上述最高人民法院公布的四个案例中,第一个案例可以认定为同居,其他三例都难以认定为同居。在案例一中,被告人徐旭清与孙蔚芸来往频繁,多次发生性关系;二人还以旅行结婚的名义,在旅社同住,孙不慎摔伤后,徐在孙家中住了多日;徐经常到孙的宿舍,给孙买煤、买米、买菜、做饭等,帮助孙料理家务事。正因为如此,周围群众才以为徐是孙的丈夫。所以,徐与孙的关系已经接近于事实婚姻,认定是同居是合适的。

在案例二中,被告人宋印生虽然多次到杨淑婷家中奸宿,二人也曾在宋的妹妹家中姘居,共住 6 天。但在经济上、生活起居上没有共同关照的事实。换言之,二人的所谓共同居住,也只是为了发生性关系。二人"游览名胜,如同夫妻"只是短暂时间的外表形式,不能据此认定"二人共同生活"。所以,不应认定二人已经同居。

案例三与案例四都只是长期通奸而已,这是判决与最高人民法院"按"得出的结论。既然如此,就不能认定为同居。另一方面,就案例三与案例四而言,即使认为通奸行为造成了严重结果,也不能据此认定为同居。因为破坏军婚罪所要求的行为是同居或者结婚,而同居并不等于"通奸+严重后果"。将长期通奸造成严重后果的认定为同居,是一种整体思维的表现,是变相的类推解释。有人指出:"从司法实践来看,鉴于群众的监督和社会舆论的制约,那种明知是军人的配偶,而与之以夫妻关系共同生活或结婚的犯罪分子甚为罕见,大量构成破坏军婚罪的案件,其表现形式都是行为人与军人的配偶长期通奸,情节恶劣,造成了严重后果。最高人民法院法[研]发(1985)16 号文件《关于破坏军人婚姻罪的四个案例》中,有 3 例的被告人均是长期与现役军人的配偶通奸,情节恶劣,并且造成了军人婚姻家庭关系破坏的严重后果,法院对被告人均以破坏军婚罪定罪处罚。笔者认为,最高人民法院的这四个案例是对审判工作中认定构成破坏军婚罪的司法解释。因此,如果我们仅仅只强调故意与军人配偶'结婚'、'同居'这两种明显的并不多见的犯罪行为,而把故意与军人配偶长期通奸,造成军人婚姻家庭破裂这种隐蔽的又是多见的行为排除在外,就会使那些故意与军人配偶长期通奸的破坏军婚的犯罪分子逍遥法外,得不到应有的打击,这样无论给个人、家庭、军队还是社会都会带来不容低估的社会危害性,有的案件因得不到及时处理,致使受害者孤注一掷,引发恶性案件,不但影响了国防建设,也影响了社会的安定团结。"①从立法论上而言,这种观点是否妥当另当别论,但从解释论上来说,不能采取这种观点。

由上可见,在现行刑法之下,不能再以最高人民法院公布的上述四个案例中的后三个案例为指导认定破坏军婚罪。否则,便违反了罪刑法定原则。

五、财　　物

案例一

2004年6月,胡某在www.163.com网站上申请了一个个人主页,将"密码解霸"程序链接在上面。同年8月,胡某利用该程序在互联网上窃取了某公司员工曹某在工商银行开设的银行账户和对应的牡丹灵通卡号及密码,并多次在互联网上窥视其账面情况。2004年12月,胡某再次侵入工商银行网上银行系统,从曹某账户上盗转2万元到其预先开设的账户上。胡某尚未取出存款时,即被抓获。由于胡某只是将他人的存款转移到自己的存折上,并没有取出存款,即没有取得狭义的财物,在德国、日本、韩国不能认定为盗窃罪,而应认定为使用计算机诈骗罪。那么,在我国能否认定为盗窃罪?

---

① 潘胜忠:《破坏军婚罪若干问题探讨》,载《政法论坛》1998年第4期,第41页。

案例二

2007年2月22日19时许,张某在某超市的自动取款机旁拾得一个活期存折(存款人为刘某),存折上显示尚有7.8万元存款。次日,张某用刘某的姓名和自己的照片伪造了一张身份证,然后到银行进行密码挂失。一周后,张某通过银行职员将刘某存折上的7.8万元转入自己的存折。张某尚未取出存款时,即被查获。在本案例中,行为人所取得的只是财产性利益,而没有取得狭义的财物,那么,行为人是否成立诈骗罪?

根据我国《刑法》第264条、第266条的文字表述,盗窃、诈骗罪的对象为"财物",将财产性利益纳入财物中,是否属于类推解释呢?① 所谓财产性利益,大体是指狭义(普通)财物以外的财产上的利益,包括积极财产的增加与消极财产的减少。例如,使他人负担某种债务(使自己或第三者取得某种债权),使他人免除自己的债务(不限于民法意义上的债务),使债务得以延期履行,如此等等。现在要探讨的是,我国刑法中的财物是否包含财产性利益?本书的观点是,作为盗窃、诈骗罪对象的财物包括财产性利益。

关于盗窃罪对象,德国、日本、韩国、意大利等大陆法系国家刑法都限定为财物,而不包括财产性利益。此外,这些国家的刑法都设专条规定"电也视为财物"。如何理解和认定财物,虽然在刑法理论上存在争议,但可以肯定的是,盗窃财产性利益的行为,并不成立盗窃罪。

关于诈骗罪对象的立法,外国刑法存在以下几种体例:

一是将财物与财产性利益分别规定。如《日本刑法》第246条规定的诈骗罪对象仅限于"财物",但该条第2项规定:"以前项方法,取得财产上的不法利益,或者使他人取得的,与前项同。"因此,一方面,"财物"不包含财产性利益。另一方面,如果没有"二项犯罪"的规定②,则侵犯财产

---

① 本节关于"财物"概念的解释,基本上也适合于"侵犯财产罪"一章中其他条文所使用的"财物"概念。

② 在日本刑法分则关于财产犯罪的规定中,如果某种犯罪的对象既可以是财物,也可以是财产性利益,那么,分则条文通常是在第一项规定对财物的犯罪(一项犯罪),在第二项规定对财产性利益的犯罪。所以,对财产性利益的犯罪被称为"二项犯罪"。但也有个别条文例外。如其第246条之二(只有一项)规定的使用电子计算机诈骗的对象就是财产性利益,但难以称为二项犯罪。

性利益的行为不成立犯罪。例如,《日本刑法》第 235 条规定的盗窃罪对象仅限于"财物",故盗窃财产性利益的行为不构成盗窃罪。英国 1968 年的《盗窃罪法》也将诈骗财物与诈骗财产性利益分别规定(其第 15 条规定的是诈骗财物,第 16 条规定的是诈骗财产性利益)。

二是将财物与财产性利益规定在同一款中。如《韩国刑法》第 347 条第 1 款,规定诈骗罪的对象为"财物"或者"财产上之利益"(其第 329 条所规定的盗窃罪对象仅限于"财物")。《俄罗斯联邦刑法典》第 159 条第 1 款规定的诈骗罪对象包括"他人财产"与"他人财产权利"(其第 158 条所规定的盗窃罪对象仅限于"财产")。

三是以"财产"、"不正当利益"等概念包含财物和财产性利益。例如,《德国刑法》第 242 条与第 249 条规定的盗窃罪与抢劫罪的对象限于"动产"(或"可移动的物品"),而第 263 条所规定的诈骗罪对象是"财产",其中的"财产"便包含了动产、不动产等财物以及财产性利益。再如,《意大利刑法》第 624 条与第 628 条规定的盗窃罪与抢劫罪的对象仅限于"他人的动产",但第 640 条规定的诈骗罪对象则为"不正当利益",后者显然包括财物与财产性利益。

上述三种体例形式有异,但实质相同:其一,财物与财产性利益(或财产上的利益、不正当利益)是两个不同的概念。如果刑法明文规定的对象为财物或动产,侵犯财产性利益的行为就不构成犯罪。根据上述所列规定,在日本、韩国、德国、意大利等国,盗窃财产性利益不成立盗窃罪;至于抢劫财产性利益的行为是否成立犯罪,则取决于刑法分则有无明文规定。① 其二,诈骗罪对象宽于盗窃罪对象,即盗窃罪对象仅限于财物,而诈骗罪对象包含财物与财产性利益。单从财物的角度来说,如果说盗窃罪对象仅限于动产,诈骗罪对象则还包含不动产。在本书看来,在上述立法例中,诈骗罪对象之所以宽于盗窃罪对象,主要原因在于:盗窃罪是违反被害人意志而转移占有,但一般而言(特别是在没有计算机的时代),

---

① 例如,日本、韩国刑法将抢劫财产性利益的行为规定为犯罪,而德国与意大利刑法没有规定财产性利益可以成为抢劫罪的对象(可以成为敲诈勒索罪的对象,但其规定的敲诈勒索罪可能包含我国刑法中的抢劫罪的部分情形)。

未经被害人同意,几乎不可能转移不动产与财产性利益,即使在某些情形下转移了不动产或财产性利益,也难以产生实际效果,况且很容易通过民事手段恢复原状;但诈骗罪则不同,由于转移不动产或财产性利益的行为,得到了受骗者或被害人的同意(尽管存在瑕疵),行为人不仅能够取得不动产或财产性利益,而且难以通过民事手段补救。由此可见,诈骗罪对象宽于盗窃罪对象的立法例具有合理性。

我国刑法分则第五章的标题为"侵犯财产罪",但第264条、第266条以及该章的其他条文都仅使用了"财物"一词。于是,需要回答以下问题:作为盗窃罪、诈骗罪对象的"财物"是否包含财产性利益?① 如果作出否定回答,是否符合法益保护的目的与客观现实?倘若得出肯定结论,是否违反罪刑法定原则?

依笔者之见,主张盗窃、诈骗罪对象包含财产性利益具有合目的性与具体的妥当性。

首先,刑法分则第五章规定的是侵犯财产罪,反过来说,刑法分则第五章的目的在于保护财产(当然需要具体化)。刑法分则中的章节标题,对理解章节之下的法条的保护法益,具有不可低估的指导意义。例如,刑法分则第四章是为了保护公民的人身权利与民主权利,故该章具体法条的保护法益,必须在各种人身权利与民主权利中予以确定。因此,得到被害人有效承诺的诬告陷害行为,虽然侵犯了司法活动,但由于没有侵犯公民的人身权利与民主权利,不得认定为诬告陷害罪。刑法分则第五章的标题,指明了其保护的法益为财产。"财产一词在各国立法和法学著作中,往往具有多重的含义。第一,财产是指有货币价值的权利客体,在这个意义上,财产和有体物是相通的。第二,财产是指人们对物享有的所有权,在这个意义上,财产与没有权利归属的物是相对的,一个没有形成权利的而仅仅是被事实上占有的物,并不是财产,财产就是指所有权,德文

---

① 在诈骗罪对象是否包含财产性利益的问题上,我国刑法理论存在两种对立观点。否定说认为,诈骗罪"侵犯的对象,限于各种具体的公私财物"(杨春洗、杨敦先主编:《中国刑法论》,北京大学出版社1998年第2版,第504页);肯定说认为,"凡是有价值或有效用的财物,甚至财产性利益都可作为诈骗罪的对象"(高铭暄、马克昌主编:《刑法学》(下编),中国法制出版社1999年版,第906页)。但是,刑法理论上对此并没有展开充分争论。

的'Eigentum'、英文的'Property',既可以译为财产,又可以译为所有权。在英美法系国家,法律和法学中很少使用所有权的概念,更多地使用了财产的概念。第三,财产还可以用于指物和权利的总和,在这个意义上,所有权不过是一种财产。"① 我国法律在不同的意义上使用"财产"概念。《民法通则》第五章第一节标题为"财产所有权和与财产所有权有关的财产权",其中的"财产"指财物,而《继承法》第3条规定的"遗产是公民死亡时遗留的个人合法财产"中的"财产",则泛指有体物、财产权利与财产义务。事实上,现代社会对财产的衡量,已由对实物的占有让位于主体实际享有利益的多寡,财产权表现为庞大的权利系统,并可抽象为具有财产性质的利益。换言之,财产是主体在物上的权利或加于其他人的非人身性权利,前者包括主体在物上的所有权或其他排他性权利,后者则包括债权和其他含有财产内容的请求权。② 既然如此,从逻辑上说,作为刑法分则第五章的保护法益,当然不能排除财产性利益。进一步而言,既然刑法分则第五章标题表明其保护的法益是财产,那么,对该章各个法条所述"财物"就应当作为财产的表现形式来理解,即应当将财物解释为"具有财产性质的利益",包括财物与财物以外的具有财产价值的能够满足人的需要的利益。③

其次,财产性利益是法所保护的一种重要利益,将其作为盗窃、诈骗罪对象,具有现实的妥当性。因为财产性利益与狭义的财物对人的需要的满足,没有实质的差异;况且,财产性利益具有财产价值,甚至可以转化为现金或其他财物。如果不将财产性利益作为盗窃、诈骗罪的对象,就会导致处罚的不公平。例如,甲使用欺骗手段取得他人1万元现金;乙采用欺骗手段使他人免除自己1万元的债务;丙利用欺骗手段使银行职员将他人1万元的存款转入自己的账户。可以说,甲、乙、丙三人的行为都是

---

① 王利明等:《民法新论》(下),中国政法大学出版社1988年版,第33页。
② 以上参见马俊驹、梅夏英:《财产权制度的历史评析和现实思考》,载《中国社会科学》1999年第1期,第90页以下。
③ 财产性利益的概念,在广义上包含财物,是财物与财物以外的财产性利益的上位概念;但在刑法理论上,一般不认为财产性利益包含财物,而是在狭义上理解财产性利益(一般财物之外的财产性利益)。

给他人造成了1万元的财产损害,法益侵害性质与程度没有区别。如果对甲的行为以诈骗罪论处,对乙、丙的行为只是追究民事责任,则违反了刑法的公平正义性。正因为如此,司法实践中,一般将盗窃、骗取财产性利益的行为认定为盗窃罪、诈骗罪。例如,在司法实践中(即使在旧刑法时代),对盗打电话的行为一直以盗窃罪论处;而盗打电话所取得的只是财产性利益。再如,根据最高人民法院2002年4月10日《关于审理非法生产、买卖武装部队车辆号牌等刑事案件具体应用法律若干问题的解释》第3条第2款的规定,"使用伪造、变造、盗窃的武装部队车辆号牌,骗免养路费、通行费等各种规费,数额较大的,依照诈骗罪的规定定罪处罚"。所谓"骗免"养路费、通行费等各种规费,实际上是指使用欺骗方法,使他人免除自己的债务;债务的免除意味着行为人取得了财产性利益。

再次,从刑法与民法的关系来考察,刑法也应当保护财产性利益。根据刑法的谦抑性原则,凡是适用其他法律足以抑制某种违法行为,足以保护法益时,就不要将其规定为犯罪。据此,如果民法能够抑制所有侵犯财产的行为,刑法就没有必要将侵犯财产的行为规定为犯罪。但民法对所有权、债权及其他财产性利益的保护不是万能的;民法不足以保护债权及其他财产性利益的情况是大量存在的;在财产关系极为复杂的当今社会,认为完全可以通过民法补救被害人的债权、财产性利益的损害,也是不现实的。前述外国立法例肯定了财产性利益可以成为诈骗罪、敲诈勒索罪的对象,也说明民法并不足以保护债权及其他财产性利益。所以,当民法不足以保护所有权、债权及其他财产性利益时,就需要刑法保护。如果认为只有财物才能成为侵犯财产罪的对象,那便意味着:只有当民法不足以保护所有权时,才由刑法保护;而当民法不足以保护债权及其他财产性利益时,不能由刑法保护;这显然不利于保护财产。另一方面,我国《刑法》第2条宣布保护财产,第13条宣布侵犯财产的行为构成犯罪,《刑法》第20条、第21条也间接表明刑法保护财产。所以,当民法不足以保护债权及其他财产性利益时,由刑法予以保护实属理所当然。

最后,刑法的相关规定表明财产性利益可以成为盗窃、诈骗罪的对象。例如,《刑法》第224条规定的合同诈骗罪的表现形式之一是,"收受对方当事人给付的货物、货款、预付款或者担保财产后逃匿"。货物、货款、预付款都是财物,但担保财产则不限于狭义财物,而是包括了债权等财产性利益。可见,合同诈骗罪的对象可以是财产性利益。再如,《刑法》第210条规定:"盗窃增值税专用发票或者可以用于骗取出口退税、抵扣税款的其他发票的,依照本法第264条的规定定罪处罚。""使用欺骗手段骗取增值税专用发票或者可以用于骗取出口退税、抵扣税款的其他发票的,依照本法第266条的规定定罪处罚。"增值税等发票本身虽然是有形的,但上述规定并不是旨在保护这种有形的发票本身,而是保护有形发票所体现的财产性利益(抵扣税款、出口退税)。或许人们认为,上述规定属于法律拟制。即财产性利益原本不是盗窃罪、诈骗罪的对象;只是在有拟制规定的情况下,财产性利益才能成为盗窃罪、诈骗罪的对象;而拟制规定的适用范围必须受到严格限制,只能在法条明文规定的特定范围内适用。诚然,拟制规定的内容不能"推而广之",只能在特定范围内适用。但是,如果认为《刑法》第264条条、第266条所规定的盗窃、诈骗罪对象本身包含财产性利益,那么,第210条的规定就不是法律拟制,而是注意规定。① 既然将财产性利益解释为财物具有合目的性与具体的妥当性,那么,就应认为《刑法》第264条、第266条所规定的财物原本包含财产性利益,故第210条只是注意规定,而不是法律拟制。②

问题在于,将财产性利益解释为财物是否属于类推解释?是否违反罪刑法定原则?

如果认为,《刑法》第264条、第266条规定的"对象是'财物',尽管

---

① 至于第210条第1款的规定是法律拟制还是注意规定,则取决于对第264条的解释。换言之,认为第210条第2款是注意规定,并不意味着该条第1款也是注意规定。

② 此外,有的教科书主张诈骗的"犯罪对象仅限于公私财物,不包括其他利益",同时认为,敲诈勒索的犯罪对象包括"动产与不动产、有形财产与无形财产"(王作富主编:《刑法》,中国人民大学出版社2004年第2版,第436、446页。"无形财产"显然包含了财产性利益)。但诈骗罪与敲诈勒索罪的基本结构相同:前者是行为人使用欺骗手段使被欺骗者产生认识错误进而处分财产,后者是行为人使用恐吓手段使被恐吓者产生恐惧心理进而处分财产;既然敲诈勒索时对方可能处分财产性利益,那么,诈骗时对方也可能处分财产性利益。所以,认为敲诈勒索罪的对象可以是财产性利益,而诈骗罪的对象不能是财产性利益,可能缺乏理由。事实上从外国刑法的规定也可以看出,敲诈勒索罪的对象与诈骗罪的对象是完全相同的。

'财物'只限于有体物与无体物,但为了满足处罚的需要,对于骗取财产性利益的行为,也应定罪量刑",那么,这显然是类推解释的思维。因为,如果解释者明知窃取、骗取财产性利益不包含于刑法规定的"财物"之中,仍然主张以盗窃、诈骗罪论处,就意味着解释者明知刑法没有将盗窃、诈骗财产性利益的行为规定为犯罪,但鉴于处罚的需要以及财产性利益与财物的相似性,主张以犯罪论处。在这种思维中,即使刑法没有明文规定的行为,也可能成立犯罪。但是,以上讨论明显不是这种思维,而是认为,《刑法》第264条、第266条的"财物"包含有体物、无体物与财产性利益。所以,问题的关键在于:认为财产性利益属于"财物",是否属于类推解释因而违反罪刑法定原则?或者说,将"财物"解释为包含财产性利益,是被允许的扩大解释,还是被禁止的类推解释?疑问显然是存在的。①

如果同时从罪刑法定原则的形式侧面与实质侧面出发,本书以为,将盗窃、诈骗罪对象的"财物"解释为包含有体物、无体物与财产性利益,并不违反罪刑法定原则。其一,如前所述,盗窃、诈骗数额较大的财产性利益的行为具有处罚的必要性,所以,有必要对"财物"作广义或扩大解释。其二,由于盗窃、诈骗财产性利益的行为本身具有明显的法益侵犯性,将其作为盗窃、诈骗罪处罚,容易被一般人接受,因而不会侵犯国民的预测可能性。其三,将盗窃、诈骗罪对象的"财物"解释为包含财产性利益,与刑法的相关规定(《刑法》第2条、第13条)是协调的,不产生任何矛盾。为了证明本书的观点,下面再举若干条文予以说明。

《刑法》第92条规定:"本法所称公民私人所有的财产,是指下列财产:(一)公民的合法收入、储蓄、房屋和其他生活资料;(二)依法归个

---

① 正如有的教科书所言:"有的学者主张,勒索的对象除财物外,也可以是'财产性利益',例如,用威胁或要挟方法强迫他人为自己无偿提供劳务(如开荒、种地、修建房屋、下海捕捞等)。我国刑法对此无明文规定。我们认为,用勒索的方法迫使他人交付具有经济价值的财物,同用同样的方法迫使他人无偿提供劳务,占有其劳动价值相比较,前者行为人的财产增加了(积极增加),后者行为人应当付出而不付出,实质上是以另一种方式使财产增加(消极增加),二者没有本质区别。但是,因为我国刑法没有规定'财产性利益',而且这一概念的内涵、外延不易确定,从贯彻罪刑法定原则考虑,上述主张是否可行,还有待研究"(高铭暄主编:《新编中国刑法学》下册,中国人民大学出版社1998年版,第802—803页)。

人、家庭所有的生产资料;(三)个体户和私营企业的合法财产;(四)依法归个人所有的股份、股票、债券和其他财产。"显然,公民私人所有的财产实际上包含了财产性利益。第92条虽有"本法所称私人所有的财产"的表述,但分则条文却没有类似"私人财产"的术语,相反,侵犯财产罪的对象都被表述为"公私财物"。此外,倘若刑法严格区分财产与财物,就不会将分则第五章归纳为侵犯"财产"罪,却在相应的法条中一概使用"财物"一词。在本书看来,侵犯财产罪对象的"公私财物"就是指财产;这样理解,才能使刑法的总则与分则保持协调。另一方面,《刑法》第115条、第133条规定的结果之一是"使公私财产遭受重大损失",《刑法》第338条、第339条、第408条规定的结果为"致使公私财产遭受重大损失",《刑法》第304条、第397条、第403条规定的结果为"致使公共财产、国家和人民利益遭受重大损失",还有二十余个条文将使各种利益遭受重大损害规定为构成要件的结果或者法定刑升格的条件,这说明刑法保护"财物"与"利益"。既然如此,就不能认为侵犯财产罪的对象只能是财产中的狭义财物。换言之,没有理由认为,刑法分则有关其他犯罪的规定(如上述第338条、第339条、第408条、第304条、第397条、第403条)保护公私财产、保护财产性利益,而关于侵犯财产罪的规定反而不保护财产性利益。相反,只有认为侵犯财产罪的对象包括财产性利益,才能使侵犯财产罪与其他相关犯罪相协调。既然将财产性利益解释为财物与刑法的其他条文相协调,就不应认为这种解释属于类推解释。

如前所述,某种解释是扩大解释还是类推解释,应当根据本国的刑法及其用语进行判断,而不能根据外国刑法用语得出结论。例如,日本有学者认为,具有事务管理可能性的利益或价值也是财物,根据这一学说(事务管理可能性说),像债权这样的权利也是财物。[①] 这种观点之所以在日本没有得到认可,是因为日本刑法明文将财产罪的对象区别规定为财物与财产性利益。既然如此,当然不能认为财产性利益属于财物。再如,韩国刑法也区别规定了财物与财产性利益,盗窃罪的对象不包括财产性利

---

① 参见〔日〕牧野英一:《刑法各论》下卷,有斐阁1951年版,第614页以下。

益,所以,韩国大法院的判例指出:"擅自使用他人电话通话的行为,是利用电信事业者的通信线路和电话交换机等电信设备,以及通过电信技术电话用户,和对方通话的行为。甲使用他人电话通话的行为,是不当利用电信事业者给用户提供的音响收发机能的行为。由于电信服务只不过是无形利益而不是物理的管理对象,因此不是财物,因而不能成为盗窃罪的对象。"①不难看出,日本、韩国等国刑法理论与审判实践认为"财产性利益"不包含在"财物"的概念中,是因为其刑法明文并列规定了"财物"与"财产性利益"。在我国刑法没有将财物与财产性利益分别并列规定的情况下,就不应当照搬日本、韩国的解释。直截了当地说,在刑法明文区分财物与财产性利益的情况下,不可能将财产性利益解释为财物;但在刑法没有明文区分财物与财产性利益的情况下,反而可能将财产性利益解释为财物。所以,不能以国外刑法将财产性利益排除在财物之外为由,否认我国刑法中的财物概念包括财产性利益。

况且,即使在刑法分则条文明确区分了财物与财产性利益概念的国家,也存在将财产性利益(如债权)解释为财物的判决。例如,瑞士1971年刑法没有规定计算机诈骗罪,其《刑法》第141条规定的侵占罪对象为财物(动产)。著名的 Nehmad 案的案情是,被告人没有将他人误转入其存折中的3万瑞士法郎返还给他人(也没有取出存款)。瑞士联邦法院指出,《刑法》第141条侵占罪中的财物概念(sache,chose,cose)不限于有体物,也包括债权。理由是,刑法概念具有不同于民法概念的独特性,从经济方面来说,从一个存折到另一个存折的债权转移,可以与现金的支付等同看待。②这一判例对我国刑法理论与刑事司法上处理财物与财产性利益的关系具有借鉴意义。③

实际上,在我国刑法条文中,财物与财产两个概念并没有明显区分,

---

① 〔韩〕吴昌植编译:《韩国侵犯财产罪判例》,清华大学出版社2004年版,第2页。
② 〔德〕Ulrich Sieber:《计算机犯罪与刑法 I》,西田典之、山口厚译,成文堂1986年版,第204页。
③ 不可否认,在严格区分了财物与财产性利益的立法例下,将债权解释为财物,大体上属于类推解释;但在没有区分财物与财产性利益的立法例下,将债权解释为财物,则不属于类推解释。

甚至可以认为,二者基本上是在相同意义上使用的概念。例如,《刑法》第64条规定:"犯罪分子违法所得的一切财物,应当予以追缴或者责令退赔;对被害人的合法财产,应当及时返还;违禁品和供犯罪所用的本人财物,应当予以没收。没收的财物和罚金,一律上缴国库,不得挪用和自行处理。"其中"犯罪分子违法所得的一切财物"当然包括狭义财物以外的财产与财产性利益;不可能只追缴狭义财物而不追缴财产性利益[①];将其中的"一切财物"理解为财产,正好与后述"对被害人的合法财产,应当及时返还"的表述相一致。"供犯罪所用的本人财物",也应当包含狭义财物以外的其他财产性利益。例如,行为人为了骗取贷款100万元,用自己真实的10万元存单和伪造的90万元存单做担保的,对其中的10万元存单也应当没收。既然刑法并未严格区分财物与财产概念,那么,认为财物包含财产性利益,就不属于类推解释。

综上所述,作为盗窃、诈骗罪对象的"财物",可以包含财产性利益,上述案例一与案例二分别构成盗窃罪与诈骗罪。

六、毁　　坏

案例一

宋玉英与刘玲菊是同事,又同在一家国际信托投资公司炒股,两人平时关系非常要好。三年前的一天,宋玉英因为工作太忙,来不及炒股,就把自己的股票资金账号和密码告诉刘玲菊,委托她帮自己交易过一只股票,之后两人更是相互信任。2003年年底,刘玲菊由于投资上的失误,股票亏损了两万多元,股票市值仅剩6万多元,这让她一直闷闷不乐。一次,出于好奇心理,刘玲菊想看看宋玉英的股票交易情况,由于她记着宋的股票资金账号和密码,在未经宋玉英允许的情况下,擅自进入了宋玉英的股票交易账户。进去以后,刘玲菊发现宋玉英的股票市值将近9万元,

---

① 联系刑法第395条的规定,也应认为违法所得的一切财产都应追缴。

这让她心里很不平衡。在嫉妒心的驱使下,刘玲菊产生了邪念,心想既然自己亏损了这么多,好姐妹应该亏损得比自己更多。刘玲菊不再顾念姐妹之情,多次擅自进入宋玉英的股票交易账户,私自高进低出,将宋玉英一些正在看涨的股票以低价抛售。从 2003 年 12 月份到 2004 年 3 月份,刘玲菊随意将宋玉英原有的"创元科技"、"工大首创"、"黄河旋风"等 6 只股票高买低卖,并修改密码,直到宋玉英的股票市值降到和自己差不多才停手,给宋玉英造成直接经济损失达 50904.26 元。2004 年 3 月 21 日,刘玲菊被公安机关刑事拘留。法院经审理认为:被告人刘玲菊出于给他人造成财产损失的目的,采用高进低出股票的恶意交易方法,使他人的财产蒙受损失,数额巨大,其行为已经构成故意毁坏财物罪,公诉机关指控其罪名成立。法院判决:刘玲菊犯故意毁坏财物罪,判处有期徒刑 3 年,缓刑 4 年。

案例二

被告人武某在被害人丁某住宅杀害被害人后,为了伪造丁某系被入室抢劫的犯罪人员杀害的假象,找到丁某的手机、黄金戒指等物以及丁某驾驶的捷达轿车的车钥匙和汽车手续,然后随身拿走。次日,武某回到丁某所住小区,将丁某停放在小区地下车库的轿车驶离该小区,停放到某公园停车场内。为便于他人将该车开走,以达到嫁祸于人的目的,武某故意将车钥匙留在该车后备箱内,并将汽车手续、丁某的钱包等物放在车内。武某将丁某的手机、戒指等物藏匿在武某居住的家中阳台上的花盆内,欲伺机扔弃到其他地方。

在司法实践中,与案例一类似的案件与判决并不少见;案例二虽然少见,但对于解释《刑法》第 275 条的"毁坏"具有价值。中外刑法理论对如何理解"毁坏"还存在不同看法。① 我国的刑法教科书,一般没有对毁坏进行规范性解释,而只是列举毁坏的表现形式。如有的教科书在论述故

---

① 案例一还涉及如何理解"财物"的问题。如前所述,在我国刑法中,财产性利益属于财物,故在此仅讨论毁坏的含义。

意毁坏财物罪时指出:"犯罪客观方面表现为毁灭或者损坏公私财物,数额较大或者情节严重的行为。损毁财物的方法有多种,包括砸毁、撕毁、压毁等。"① 根据这样的论述,显然难以明确案例一中刘玲菊和案例二中武某的行为是否属于毁坏。

关于毁坏财产罪(毁弃罪)中的毁坏,在国外刑法理论上存在不同主张。

效用侵害说认为,凡是有害财物的效用的行为,都属于毁弃、损坏。因为毁弃罪的核心就是损害财物的效用;财物的效用的减失与财物的物质性的破坏,在反价值性上是完全等同的,都是导致财物不能使用。② 其中,又可以分为一般的效用侵害说与本来的用法侵害说。效用侵害说是日本的通说。

有形侵害说认为,通过对财物的有形的作用,毁损财物的无形的价值,以及毁损财物的物体的完整性的行为,就是毁弃、损坏。③ 有形侵害说是德国的通说。

有形侵害说旨在限制毁弃罪的处罚范围。但是,这种学说存在明显的缺陷:其一,"行使有形力的含义及其界线并不十分明确。例如,关于隐匿财物的行为,木村龟二博士认为没有行使有形力,不是毁损;与之相对,青柳文雄博士则认为行使了有形力,是毁损"④。其二,有形侵害说就具体案件得出的结论并不协调,有损刑法的正义性。例如,根据有形侵害说,向被害人的餐具里小便的行为,构成毁坏财物罪(因为对餐具行使了有形力),但打开他人鸟笼的门让鸟飞走,或者打开他人鱼池的水闸让鱼

---

① 高铭暄、马克昌主编:《刑法学》,北京大学出版社、高等教育出版社2007年第3版,第588页。
② 参见〔日〕平野龙一:《刑法概说》,东京大学出版会1977年版,第235页;〔日〕大塚仁:《刑法概说(各论)》,有斐阁2005年第3版增补版,第135页;〔日〕西田典之:《刑法各论》,弘文堂2007年第4版,第256页;〔日〕前田雅英:《刑法各论讲义》,东京大学出版会2007年第4版,第357页;〔日〕山口厚:《刑法各论》,有斐阁2005年补订版,第345页。
③ 参见〔日〕木村龟二:《全订新刑法读本》,法文社1967年版,第111页。
④ 〔日〕田中久智:《毁弃、隐匿罪》,载〔日〕阿部纯二等编:《刑法基本讲座》(第5卷),法学书院1993年版,第350页。

游走的行为,反而不构成毁坏财物罪(因为没有对鸟、鱼本身行使有形力)。① 然而,这样的结论明显有失均衡。德国的判例与通说采取有形侵害说,但其对具体案件的处理并不协调。例如,在德国,一般认为将他人鸟笼的门打开让鸟飞走的行为,不成立故意毁坏财物罪②;但是,将他人汽车轮胎的气放掉的行为,成立故意毁坏财物罪。③ 然而,在前一种情况下,被害人完全丧失了所有物(鸟),不可能挽回损失,却不成立犯罪;在后一种情况下,被害人向轮胎充气后并不影响汽车的使用,反而成立犯罪。其三,有形侵害说就某些案件得出的结论,也不一定以行为是否对财物行使了有形力为根据,而是另有理由,但其理由并不妥当。例如,"德国的有形侵害说认为,使他人的鸟、鱼逃走,将他人的戒指扔入河海中等行为,不成立毁坏器物罪,但其理由不只是没有对财物的物体(物质)行使有形力,更加重视的是,这样的行为并没有导致不能按照财物本身(客体)的本来的用法予以使用。'这些行为(侵害占有)所造成的侵害,是对财物的所有者的权利的侵害,而不是对财物自体的侵害'"④。显然,这种观点采取的已经不是有形侵害说,而是物质的毁损说了(将他人的戒指扔入河海中的行为,无疑对戒指行使了有形力)。况且,这种解释不当地造成了处罚空隙:使他人丧失财物的所有权进而将财物转移给自己的,成立犯罪(盗窃、诈骗等罪),虽没有使他人丧失所有权但造成财物本身的侵害的,成立故意毁坏财物罪;其中间的没有造成财物本身的侵害,但使他人丧失财物所有权的行为,却不构成任何犯罪。此外,故意毁坏财物罪是对个人法益的犯罪,既然行为人导致所有人丧失了财物本身,就可以评价为使所有人的财物遭受了侵害。其四,根据毁坏一词在我国的基本含义,难以认为,"有形的作用"这一限定源于"毁坏"或"毁弃"一词的用语含

---

① 〔日〕木村龟二:《全订新刑法读本》,法文社1967年版,第111页。
② 德国的主流观点认为,将他人饲养的鸟放飞的行为只是一种不受处罚的纯粹使他人脱离占有的行为。也有少数观点认为,对所有权人确定的用途目的的任何挫败,都属于破坏或者损坏(参见〔德〕约翰内斯·韦塞尔斯:《德国刑法总论》,李昌珂译,法律出版社2008年版,第27页)。
③ Claus Roxin, Strafrecht Allgemeiner Teil, Band I, 4. Aufl., C. H. Beck 2006, S. 486.
④ 〔日〕田中久智:《毁弃、隐匿罪》,载〔日〕阿部纯二等编:《刑法基本讲座》(第5卷),法学书院1993年版,第350—351页。

义。换言之，为了限制处罚范围所提出的"有形的作用"这一条件，在我国并无文理根据。

物质的毁损说（物理的毁损说）认为，从物质上（物理上）破坏、毁损财物的一部或者全部，因而侵害财物的本来的效用的行为，才是毁弃、损坏。理由是，毁弃、损坏概念的本来的意义，不在于有形的作用、有形力的行使这种手段、方法自身的有形，而在于通过这样的方法物质性地破坏、毁损财物的全部或者部分，从而造成侵害财物的效用的结果。①

诚然，从毁坏一词的日常用语含义来说，采取物质的毁损说是具有一定道理的。但是，根据物质的毁损说，许多应当以犯罪论处的行为，却不成立犯罪，导致不当缩小了处罚范围。为了避免这种批判，物质的毁弃说不得不作了反论，但是，要么反论的结局靠近了效用侵害说，要么反论的理由比较牵强。

例如，被告人将他人的房屋抬高3米左右，平移10多米。持物质的毁损说的学者认为，这种行为伴随有物质的损坏，故成立故意毁坏财物罪。可是，一方面，认为这种行为存在物理的毁损，是比较牵强的。另一方面，这种结论已经靠近了效用侵害说。

再如，根据物质的毁损说，当行为人不以非法占有为目的而转移他人财物，导致他人不能利用该财物的，不成立故意毁坏财物罪。这显然不合适。例如，被告人陈某被水产品个体户赵某聘为司机，负责为赵某提供某县至杭州的水产品运输（车为赵某所有）。某日，陈某向车主赵某提出，将自己的女友随车带往杭州游玩，被赵某拒绝，陈某遂怀恨在心。至杭州后，赵某将出售水产品的8.5万元现金，用塑料袋分扎成两包，放置于驾驶室工具箱内。次日夜，陈某在驾车返回途中，乘赵某等人在车上熟睡之机，心生报复之念，将8.5万元现金扔出窗外五米远的草丛中。案发后，陈某一直拒不承认，直至第三天，才作如实供述，后公安人员将其押往扔钱现场广为搜寻，才将货款全部找回。根据效用侵害说，陈某的行为构成故意毁坏财物罪。即使持物质的毁损说的学者，也难以认为陈某的行为

---

① 参见〔日〕曾根威彦：《刑法的重要问题（各论）》，成文堂1996年补订版，第260页。

无罪;于是,充其量只能认为,盗窃罪不要求以非法占有为目的,故陈某的行为可能成立盗窃罪。① 但是,认为只要对财物进行场所的转移,即使没有非法占有为目的,也成立盗窃罪的观点,难以被人接受。而且,按照物质的毁损说,原本不成立故意毁坏财物罪的行为,反而成立更重的盗窃罪,这恐怕不合适。

况且,物质的毁损说,的确可能不当缩小处罚范围。例如,根据物质的毁损说,将他人钻石戒指扔入大海的行为,既不成立故意毁坏财物罪,也难以成立盗窃罪。一方面,行为人没有对钻石戒指造成物质的毁损,没有毁坏行为;另一方面,行为人只是破坏了他人的占有,而没有建立新的占有关系,没有窃取行为。但是,这样的结论难以被人接受。

本书赞成效用侵害说。对《刑法》第275条所规定的"毁坏"的理解,不能单纯以人们的日常用语含义为根据,而应注重刑法规定故意毁坏财物罪所要保护的法益。虽然对毁坏的解释超出了日常用语含义,但只要没有超出该用语可能具有的含义,又能实现刑法的目的,就应当采取这种解释。效用侵害说正是如此。正如日本学者平野龙一所言:"器物的'毁弃'一词,虽然其通常的用语含义是指物理性的破坏,但判例将在餐具中撒尿而使餐具不能使用的行为,也认定为'毁弃'。这是考虑到毁弃行为所引起的法益侵害的实质在于'使器物丧失效用',而对毁弃一词所作的扩大解释。因此,在解释刑法时,不是仅进行单纯条文的文理解释,而是必须考虑其背后的实质,特别是该规定所要保护的法益是什么进行解释。"②

日本持物质的毁损说的学者针对在他人餐具撒尿的案件指出:"在这种场合,餐具并没有被破坏、被毁损,消毒后也并非绝对不能作为餐具使

---

① 不过,按照持物质的毁损说学者的观点,陈某的行为也不一定成立盗窃罪。因为持这种观点的学者指出:"根据不法领得意思不要说的立场,在侵害了他人的占有,而且设定为自己或者第三者占有的场合(转移占有),只要伴随有对该物的财产价值的转移,即使出于隐匿的意思,也可以认定盗窃罪的成立。"(〔日〕曾根威彦:《刑法的重要问题(各论)》,成文堂1996年补订版,第261页)。在本案中,还难以认定陈某已经将赵某的现金设定为自己或者第三者占有,更不能认定陈某转移了财产价值,故不应认定为盗窃罪。但是,对于陈某这样的行为不认定为犯罪,恐怕难以被人接受。

② 〔日〕平野龙一:《刑法概说》,东京大学出版会1977年版,第21页。

用。也不能否定不知情的第三者(一般人)使用的可能性。"①国内有人指出:日本"大审院的这一解释是类推解释,而不是扩大解释。在一般国民的意识中,损坏器物是对器物的物理功能的破坏,而使器物丧失了原来应有的功能,如果器物还具有原来的功能,说明没有损坏器物。行为人只是在供顾客饮食用的斟酒器中小便,在一般人看来,斟酒器仍然能够使用,没有损坏器物。行为人的行为,至多构成了民事侵权,不能构成犯罪"②。但是,其一,姑且不论餐具的占有者、所有者是否在消毒后使用该餐具,即使消毒后能够使用,那也是由被害人事后挽回财产损失的结果,而不意味着该行为没有毁坏财物。其二,一种财物能否继续使用,不能仅从物理上、物质上考虑,还要从感情上考虑。要求被害人消毒后使用曾装有大小便的餐具,对被害人并不公平。其三,财物是占有者、所有者的财物,而不是第三者的财物;不知情的第三者是否使用,不意味着占有者、所有者能否使用。其四,即使占有者、所有者不知情而使用了曾装有粪便的餐具,也不妨碍将被告人的行为认定为毁坏。如同财物的被害人没有发现财物被盗,而不影响行为人的行为成立盗窃罪一样。

效用侵害说在国外被少数学者认为过于扩大了毁弃罪的成立范围。姑且不论是否如此,但至少在我国,采用效用侵害说,不至于不当扩大故意毁坏财物罪的处罚范围。理由之一是,国外刑法规定的毁弃罪不以财物的数额较大与情节严重为条件,而我国刑法所规定的故意毁坏财物罪以数额较大或者情节严重为条件。

根据效用侵害说,高进低出买卖股票使他人财产受到损失的行为,属于毁坏财物。有学者指出:"关键问题在于:这一解释结论是否超出了罪刑法定原则下刑法解释所应有的限度?如果本案高进低出买卖股票使他人财产受到损失的行为可以解释为毁坏,那么,刑法规定的毁坏一词就丧失了界线功能,故意毁坏财产罪就演变成故意使他人财物遭受损失的犯

---

① 〔日〕田中久智:《毁弃、隐匿罪》,载〔日〕阿部纯二等编:《刑法基本讲座》(第5卷),法学书院1993年版,第345页。

② 行江:《试论刑法学中类推解释与扩大解释的区别》,载《甘肃政法学院学报》2007年第1期,第150页。

罪。无论对毁坏一词作何种宽泛的解释,高进低出买卖股票的行为都难以为毁坏一词所涵摄。在此,存在一个符合普通公众语言习惯,因而具有法的可预期性的问题。"[1]其一,将故意毁坏财物罪解释为故意使他人财物遭受损失的犯罪,并无不当。倘若采取物质的毁损说或者有形侵害说,就意味着只有造成财物物理性的毁损或者行使有形力导致他人财物遭受损失的才成立犯罪,采用其他方法导致他人财物遭受损失的,都不成立犯罪。这会导致刑法的不协调。其二,能否将高进低出买卖股票评价毁坏,需要将规范向事实拉近,将事实向规范拉近,而将二者拉近时需要考虑事物的本质。当高进低出买卖股票导致他人遭受数额较大的财产损失(丧失了应有价值),刑法规定故意毁坏财物罪就是为了保护他人财产免遭损失(保护他人的财产价值)时,就有必要将毁坏解释为使他人财物(股票)价值减少或者丧失的行为。其三,对刑法概念不可能完全按照普通公众语言习惯作出解释,否则,刑法没有必要由法官、法学家解释,完全由普通公众解释即可。但事实上不可能如此。将使他人遭受财产损失的行为解释为毁坏财物,也不会损害国民的预测可能性。因为使他人遭受财产损失的行为,是一种自然犯,其可罚性不会在国民心中产生怀疑。其四,普通公众的语言习惯也会在法官、法学家解释的引导下发生变化;法官、法学家应当作出合理的解释以正确地引导这种变化。例如,日本法官对"窃盗"的解释,就使国民意识到公开拿走他人财物的行为成立盗窃罪;日本法官对"毁弃"的解释,使国民意识到在他人的建筑物上乱贴广告的行为也成立故意毁坏财物罪;我国立法机关与刑法理论关于信用卡的解释,使普通公民都意识到借记卡、储蓄卡属于信用卡。所以,普通用语与规范用语也存在一个相互拉近的问题,完全按照普通公众语言习惯解释规范用语,不仅导致规范用语丧失应有意义,而且不能充分发挥刑法的法益保护机能。

  案例二中的武某的行为,表现为抛弃、隐匿他人财物。根据物质的毁损说,不能认定武某的行为成立故意毁坏财物罪,充其量只能认定为盗窃

---

[1] 陈兴良:《形式与实质的关系:刑法学的反思性检讨》,载《法学研究》2008 年第 6 期,第 111 页。

罪。如上所述,这种观点的前提是,盗窃罪的成立不需要非法占有为目的。但是,本书不赞成这种观点。国内或许有人既采取物质的毁损说,同时又认为盗窃罪必须以非法占有为目的,进而否认武某的行为构成犯罪。原因是武某的行为没有对丁某的财物造成物理性的毁损,就财物的社会总量而言,没有任何减少。但是,故意毁坏财物罪不是对社会法益的犯罪,而是对个人法益的犯罪。虽然武某的行为没有给财物造成物理性的毁损,但被害人已经丧失了对财物的利用可能性,丧失了财物的应有价值。换言之,武某的抛弃、隐匿行为,仍然是使他人财物丧失应有价值、使他人遭受财产损失的行为。所以,武某的行为成立故意毁坏财物罪。

七、伪　　造

案例

刘某购买若干短途普快火车票后,将车票变造为从起点到终点的长途火车票,然后以高于短途火车票的价格出卖给他人,获利1万余元。刘某的行为是否构成伪造、倒卖伪造的有价票证罪?

《刑法》第227条第1款规定:"伪造或者倒卖伪造的车票、船票、邮票或者其他有价票证,数额较大的,处2年以下有期徒刑、拘役或者管制,并处或者单处票证价额1倍以上5倍以下罚金;数额巨大的,处2年以上7年以下有期徒刑,并处票证价额1倍以上5倍以下罚金。"最高人民法院2000年12月5日《关于对变造、倒卖变造邮票行为如何适用法律问题的解释》规定:"对变造或者倒卖变造的邮票数额较大的,应当依照刑法第227条第1款的规定定罪处罚。"据此,刘某的行为成立伪造、倒卖伪造的有价票证罪。但是,一种观点指出:刑法分则一般将伪造与变造相并列,而《刑法》第227条仅规定了伪造,没有规定变造,伪造与变造的含义也不相同。"最高人民法院的解释,将这两者不加以区分,显然是类推解释。"[①]本书则认为,最高

[①]　行江:《试论刑法学中类推解释与扩大解释的区别》,载《甘肃政法学院学报》2007年第1期,第150页。

人民法院的上述司法解释并非类推解释,刘某的行为构成伪造、倒卖伪造的有价票证罪。

"伪造"概念的使用率在刑法分则中很高(11个具体罪名中含有"伪造"概念)。在国外刑法与刑法理论中,伪造这一概念具有不同含义。例如,就与伪造文书相关联而言,伪造具有四种不同含义:最广义的伪造,是指伪造、变造文书、制作虚假文书以及使用伪造、变造或制作的虚假文书的一切行为。广义的伪造,是指伪造、变造文书与制作虚假文书的行为,即只是不包含最广义的伪造中的使用行为。这个意义上的伪造包括有形伪造与无形伪造。有形伪造,是指制作不真正的文书,即没有制作权限的人制作他人名义的文书;无形伪造,是指制作虚假文书,即具有制作权限的人,制作违反真实内容的文书。其中的有形伪造也包括了有形变造,无形伪造包括了无形变造。狭义的伪造,仅指广义伪造中的有形伪造,即没有制作权限的人伪造或者变造他人名义的文书的行为。最狭义的伪造,则是指不包括变造的有形伪造行为。①

我国刑法分则中,没有上述最广义的伪造概念,但存在上述广义的、狭义的与最狭义的伪造概念。可是,我国刑法理论与司法实践在理解伪造概念时,常常只是将伪造限定为有形伪造,而无意中将无形伪造排除在外。这便不恰当地限制了处罚范围。换言之,在我国刑法分则中,伪造的概念可能出现以下几种情况:

第一,包括有形伪造与无形伪造。在刑法分则条文并列规定了伪造与变造概念,或者就同一对象在不同条文中规定了伪造行为与变造行为时,其中的伪造便不可能包含变造,但却包含了有形伪造与无形伪造。例如,《刑法》第177条规定了伪造、变造金融票证罪,其中的伪造虽然不包括变造,但包含无形伪造。例如,银行的储蓄工作人员,具有制作存单的权限。但是,只有存在储蓄事实时,才能制作相应数额的存单。如果该工作人员在没有储蓄事实的情况下制作存单,则属于伪造存单,成立伪造金融票证罪。再如,《刑法》第280条规定了伪造、变造、买卖国家机关公文、

---

① 参见〔日〕大塚仁:《刑法概说(各论)》,有斐阁2005年第3版增补版,第444—445页。

证件、印章罪,其中的伪造也包括有形伪造与无形伪造。即具有制作权的国家机关工作人员,制作内容虚假的国家机关公文,是无形伪造,应以伪造国家机关公文罪论处。由于行为人是国家机关工作人员,其制作的公文的虚假性难以被识破(特别当其盖有真实的印章时);与此同时,由于该虚假公文出自国家机关工作人员之手,不仅导致国家机关公文的公共信用丧失殆尽,而且引起人们对国家机关本身的不信任。在此意义上说,无形伪造的危害性重于有形伪造的危害性,因而更值得科处刑罚。但是,就特定的公文而言,如果刑法特别规定了无形伪造,那么,《刑法》第280条的伪造便不包括对该特定公文的无形伪造。

第二,包括无形伪造与无形变造。例如,《刑法》第412条第1款规定:"国家商检部门、商检机构的工作人员徇私舞弊,伪造检验结果的,处5年以下有期徒刑或者拘役;造成严重后果的,处5年以上10年以下有期徒刑。"《刑法》第413条第1款规定:"动植物检疫机关的检疫人员徇私舞弊,伪造检疫结果的,处5年以下有期徒刑或者拘役;造成严重后果的,处5年以上10年以下有期徒刑。"这两个条文所规定的"伪造",仅限于无形伪造与无形变造。首先,不符合上述主体要件的人,单独伪造商品检验结果或者检疫结果的,不成立商检徇私舞弊罪与动植物检疫徇私舞弊罪,而应成立伪造国家机关公文、印章罪。其次,国家商检部门、商检机构的工作人员是具有制作商品检验结论的人员,其伪造检验结果的行为,便是无形伪造;同样,动植物检疫机关的检疫人员,也是具有制作检疫结论的人员,其伪造检验结果的行为,也属于无形伪造。最后,当具备上述主体要件的甲工作人员制作了真实正确的商品检验文书、检疫文书后,具备上述主体要件的乙工作人员,对该文书进行加工,使其内容具有虚假性的,则属于无形变造,也应适用上述规定,认定为犯罪。正因为如此,最高人民检察院2006年7月26日《关于渎职侵权犯罪案件立案标准的规定》指出,商检徇私舞弊罪是指出入境检验检疫机关、检验检疫机构工作人员徇私舞弊,"采取伪造、变造的手段对报检的商品的单证、印章、标志、封识、质量认证标志等作虚假的证明或者出具不真实的证明结论的",应予立案。

第三，包括有形伪造与有形变造、无形伪造与无形变造。这往往是因为刑法分则条文仅使用了伪造一词，根据刑法理念、处罚的必要性，而不得不将该伪造解释为包括了有形变造与无形变造的情况。例如，《刑法》第227条第1款仅使用了"伪造"概念，而没有将"变造"与伪造相并列。但是，许多变造有价票证的行为，也严重侵害了有价票证的公共信用，值得科处刑罚。所以，本条的"伪造"不仅包括有形伪造与变造，而且包括无形伪造与变造。例如，具有邮票制作权限的人，制作虚假的邮票或者对真正的邮票进行加工，数额较大的，也应以犯罪论处。

不可否认，当刑法就同一性质的行为明确区分了伪造与变造，而又明文规定仅处罚持有、使用、倒卖伪造的物品时，不宜将持有、使用、倒卖变造的物品的行为，认定为犯罪持有、使用、倒卖伪造的物品的犯罪。例如，刑法分则第三章、第四章明确区分了伪造货币罪与变造货币罪，同时只规定了使用伪造的货币罪（使用假币罪），没有规定使用变造的货币罪；而且是在规定了"使用伪造的货币"之后才规定变造货币罪。所以，对于使用变造的货币数额较大的行为，不应认定为使用假币罪。①

但是，当刑法分则就同一性质的行为并没有明确区分伪造与变造时，将伪造解释为包含变造在内，并不属于类推解释，因而并不违反罪刑法定原则。

第一，在刑法仅使用伪造概念时，完全可能认为该伪造概念包括了变造。例如，俄罗斯刑法分则条文只使用伪造概念，刑法理论仍然认为伪造包含变造，这种解释并不被认为是类推解释。② 但是，不能认为刑法分则的多数条文将伪造与变造并列时，只规定了伪造的条文就不包括变造在

---

① 对这种行为也不应作无罪处理。因为这种行为明显具有严重的法益侵害性与非难可能性。本书认为，对这种行为宜认定为诈骗罪（以具备诈骗罪的构成要件为前提）。不过，以诈骗罪处似乎造成处罚的不协调：因为诈骗罪的法定刑（最高刑为无期徒刑）高于使用假币罪的法定刑；使用变造的货币的行为法益侵害较轻，却反而可能判处重于使用伪造货币行为的刑罚。但本书认为，事实上不可能形成这种局面。因为使用变造的货币的行为，几乎不可能达到判处无期徒刑的数额标准。另一方面，即使使用变造的货币数额特别巨大，法官在量刑时也必须考虑其与使用假币罪的关系，不得判处无期徒刑。

② 〔俄〕斯库拉托夫、列别捷夫主编：《俄罗斯联邦刑法典释义》，黄道秀译，中国政法大学出版社2000年版，第503、809页。

内。一方面,刑法用语具有相对性,一个用语在不同条文中完全可能具有不同的含义。另一方面,即使刑法条文有时将伪造与变造并列,但在法条仅使用伪造概念时,倘若变造行为仍然具有处罚的必要性,就完全可能认为后一种情形中的伪造包括变造。

第二,伪造与变造原本就是难以区分的。例如,就伪造、变造文书而言,国外刑法理论所称的变造,是指没有变更权限的人,就真正成立的他人名义的文书的非本质部分进行不法变更。如果行为人就真正成立的他人名义的文书的本质部分进行变更,使之具有新的证明力,则属于伪造。故伪造与变造的关键区别在于是否对文书的本质部分进行变更。例如,对某种证件中的姓名进行变更就属于对本质部分的变更,因而是伪造。[①] 但是,本质部分与非本质部分的区分是困难的。正因为如此,大多数国家(如德国、法国、意大利、日本等)刑法将伪造与变造规定为一个犯罪,因而没有必要严格地区分伪造与变造。

第三,从刑法用语可能具有的含义出发,达到保护法益的刑法目的,是刑法解释的基本路径与方向。不超出刑法用语可能具有的含义,旨在实现刑法的人权保障机能,以保护法益为解释方向,旨在实现刑法的法益保护机能。就法益侵害程度而言,变造有价票证与伪造有价票证并没有质的区别。既然如此,上述司法解释就既没有超出伪造一词可能具有的含义,也实现了法益保护目的,是正确的解释。基于同样的理由,变造、倒卖变造的其他有价票证的行为,都成立变造、倒卖变造的有价票证罪。

八、卖　　淫

案例

2003年1月至8月,李某以营利为目的,先后伙同刘某、冷某等人经预谋后,采取张贴广告、登报的方式招聘"公关先生"并制定制度进行管

[①] 参见〔日〕西田典之:《刑法各论》,弘文堂2007年第4版,第330页。

理，在其经营的"金麒麟"、"廊桥"及"正麒"酒吧内将"公关先生"介绍给同性嫖客，由同性嫖客带至南京市"新富城"大酒店等处从事同性卖淫活动。同年8月17日，李某被警方抓获归案，检方在起诉书中查明列举了7次卖淫活动，从中牟取暴利12.47万元。此前，检察机关在警方提请批捕后，对其行为的定性有过一些争议。我国《刑法》第358条规定的"组织他人卖淫"对组织同性卖淫行为没有明确的界定，按照"法律无明文规定不为罪"的法律原则，李某等人应当"无罪释放"。于是，检察院起初作出了不批捕的决定，当时李某等人的拘留时间已满，警方在向检察院申请复议的同时，将李某等人释放。可是检察院复议的结果仍然维持原有意见。鉴于案件的特殊性，检察院、警方将此案向上级部门汇报，江苏省政法部门召开了案件研讨会。会议决定立即由江苏省高级人民法院向最高人民法院请示，最高人民法院随即向全国人大常委会作出汇报，最终由全国人大常委会作出口头答复：组织男青年向同性卖淫，比照组织卖淫罪定罪量刑。法院经审理认为，刑法中"组织他人卖淫"中的"他人"既指女性，也包括男性，遂以组织卖淫罪判处李某有期徒刑8年，罚金人民币6万元。

　　本案涉及的问题是，如何解释卖淫？同性之间能否存在卖淫行为？

　　认为李某的行为不构成组织卖淫罪的观点认为，有罪判决是"复活"了类推制度，违反了罪刑法定的原则，理由是："组织卖淫罪的'卖淫'一词，我国刑法理论界的权威解释是以与他人发生不正当性关系，以出卖肉体为代价，换取各种物质或非物质利益的行为，通常表现为妇女向男子卖淫，有时也可以是男子向妇女卖淫（《刑法学》，高铭暄主编，北京大学出版社1998年版）。同时，大众对卖淫一词的通常理解是妇女出卖肉体。（《现代汉语词典》1985年版）无论是大众的理解，还是权威的解释，都没有把'同性向同性提供性服务的行为'理解或认可为组织卖淫罪中的'卖淫'行为。"①

　　笔者认为，认定李某的行为构成组织卖淫罪并非类推解释。

　　第一，"一个词的通常意义是在逐渐发展的，在事实的不断出现中

---

① 王北京：《"类推定罪"借同性卖淫"复活"？》，载《南方周末》2004年2月26日，第6版。

形成的。因此,当一个看来是属于某一词的意义范围内的事物出现时,它好像就被自然而然地收纳进去了。这个词语的词义会逐渐伸展、逐渐扩张,直到人们根据事物本身的性质将应归入这个词名下的各种事实、各种概念都包含了进去"①。例如,在刑法制定后才出现的一种新型的具有杀伤力的工具,很自然地被人们认为是刑法中的"凶器"。所以,"人们可以这样形象地说:概念就像挂衣钩,不同的时代挂上由时代精神所设计的不同的'时装'。词语的表面含义(= 挂衣钩)是持久的,但潮流(概念内容)在不断变化"②。各国刑法的适用现实也说明了刑法的真实含义是不断变化的。例如,有的国家刑法制定了近百年。近百年来,无数的学者、法官、检察官、律师都在解释刑法;而且,只要该刑法没有废止,还将继续解释下去。之所以如此,并不是难以寻找立法原意,也不是难以揭示刑法用语的客观含义,而是因为生活事实在不断变化,刑法用语的含义也在不断变化。"一个制定法的解释一定不必永远保持相同。谈论什么某个排他性的正确解释,一个将从这个制定法的一开始到其结束都是正确的含义,这是彻底错误的。"③所以,不能认为刑法条文具有固定不变的含义。法官应当正视法律文本的开放性,懂得生活事实会不断地填充法律的含义,从而使法律具有生命力。以往,卖淫一般都表现为女性向男性卖淫,所以,旧刑法规定的是引诱、容留妇女卖淫罪、强迫妇女卖淫罪。后来,不只是女性向男性卖淫,男性也可能向女性卖淫,于是,《关于严禁卖淫嫖娼的决定》以及现行刑法,将"妇女"改为"他人",肯定了男性也可以成为卖淫者。但是,随着同性恋的增加,妇女向妇女提供性服务以换取财物、男子向男子提供性服务以换取财物的现象,也随之增加。既然如此,就应当认为卖淫一词的通常含义在发生变化。况且,公安部2001年1月28日下发的《关于对同性之间以钱财为媒介的性行为定性处理问题的批复》就指出:"不特定的异性之间或者同性之间以金钱、财物为媒介发生不正当

---

① 〔法〕基佐:《欧洲文明史》,程洪逵、沅芷译,商务印书馆1998年版,第7页。
② 〔德〕伯恩·魏德士:《法理学》,丁小春、吴越译,法律出版社2003年版,第80页。
③ 柯勒(Kohler)语,转引自〔美〕本杰明·卡多佐:《司法过程的性质》,苏力译,商务印书馆1998年版,第51—52页。

性关系的行为,包括口淫、手淫、鸡奸等行为,都属于卖淫嫖娼行为,对行为人应当依法处理。"概言之,同性向同性提供性服务事实的出现,使得卖淫的含义也随之发生变化。在当今时代,认为同性之间存在卖淫嫖娼,已不可避免。

　　第二,人们习惯于认为,卖淫是指通过发生性交以获取经济利益,又认为,同性之间不可能发生性交,所以认为同性之间不可能存在卖淫。但是,这种观点也存在疑问。(1)将卖淫限定为狭义的性交行为本身就不合适。换言之,卖淫,是指以营利为目的,满足不特定对方的性欲的行为,包括与不特定的对方发生性交和实施类似性交行为(如口交、肛交等)。或者说,卖淫包括实施性交行为与某些猥亵行为。① 同性之间完全可能实施口交、肛交这类行为。(2)退一步说,即使认为卖淫仅限于性交,但性交概念的内涵也会发性变化。国外以及我国台湾地区刑法规定都将强奸罪改为强制性交罪。强制性交罪的被害人不限于妇女,相反,妇女对男性、男性对男性、妇女对妇女都可以实施强制性交罪。其中的"性交",包括了肛交、口交等行为。例如,《西班牙刑法》第 179 条规定:"如果性侵犯(指使用暴力或者胁迫手段侵犯他人性自由的行为——引者注)是通过阴道、肛门或者口腔等肉体途径,或者以阴道和肛门的接触进行的,构成强奸罪,处 6 年以上 12 年以下徒刑。"再如,澳大利亚刑法典第 268.14 条将强奸罪定义为未经同意的性插入行为,该条同时规定:"性插入是指:(a)将某人身体的任何部分或由某人操纵的任何物体插入(任何程度地)他人的生殖器或肛门;或(b)将某人的阴茎插入(任何程度地)他人的口中;或(c)(a)项和(b)项所定义的性插入行为的继续。"台湾地区刑法关于强制性交罪的规定也是如此。(3)不仅如此,一些国家刑法也不再严格区分强奸罪与强制猥亵罪。例如,《德国刑法》第 177 条将强行与被害人的性交以及类似的性行为都归入强奸行为。概言之,性交概念的变化,以及性交与猥亵的相对性,决定了同性之间完全可以存在卖淫

---

　　① 为了限制处罚范围,在刑法上,组织他人单纯为异性手淫的,或者组织女性用乳房摩擦男性生殖器的,不应认定为组织卖淫罪。

行为。

第三,刑法分则条文并非界定具体犯罪的定义,而是以抽象性、一般性的用语描述具体犯罪类型。① 刑法分则所描述的犯罪类型虽然有一个固定的核心,但没有固定的界线。即使立法者当初根本没有想象到的事实,经过解释也可能完全涵摄在刑法规范中;或者相反。因为"立法者难以预见到社会生活中涌现出来的大量错综复杂的、各种各样的情况"②。为了使法律满足一个处在永久运动中的社会的所有新的需要,法官在面对某种崭新的生活事实,同时根据正义理念认为有必要对之进行刑法规制时,总是将这种生活事实与刑法规范相对应,使刑法规范与生活事实交互作用,从而发现法律、作出判决。刑法所规定的组织卖淫罪,也是一种犯罪类型;刑法条文没有给卖淫下定义;卖淫一词虽然有一个固定的核心,但并没有固定的界线。即使立法者在制定刑法时并没有预想到同性卖淫的事实,但由于卖淫一词并没有固定的界线,故完全可能将组织同性卖淫涵摄在组织卖淫罪中。

第四,为了从生活事实中发现法律的真实含义,解释者必须正确对待自己的先前理解。"相对于裁判的字义,法官在案件中有着先前判断与先前理解。法官有这些判断或理解,并不必对其责难,因为所有的理解都是从一个先前理解开始,只是我们必须把它——这是法官们所未作的——开放、反思、带进论证中,而且随时准备作修正。"③大部分刑法用语都具有多种含义,其可能具有的含义也会比较宽泛,而法官总是对刑法用语(尤其是并不陌生的用语)存在先前理解,但是,法官不可固守先前理解,而应当将自己的先前理解置于正义理念之下、相关条文之间、生活事实之中进行检验。如果这种先前理解符合正义理念、与相关条文相协调、能够

---

① 许多法官总是觉得法律太抽象、不具体,总是希望自己面临的一切案件都可以在法律的字面上找出适用根据;如果找不到字面上的适用根据,就认为法律有缺陷、不妥当。事实上,这是对法律、法律适用的严重误解。
② 〔法〕亨利·莱维·布律尔:《法律社会学》,许钧译,上海人民出版社1987年版,第63页。
③ 〔德〕亚图·考夫曼:《法律哲学》,刘幸义等译,台湾五南图书出版有限公司2000年版,第58页。

公平地处理现实案件,便可以坚持这种先前理解。但是,当自己的先前理解有悖正义理念(或违背普通的正义标准)时,必须放弃它;当先前理解与刑法的相关条文存在矛盾与冲突时,也必须放弃它;当自己的先前理解不能公平地处理现实案件时(按先前理解处理案件不能被一般人接受时),必须放弃它。放弃先前理解之后,应当寻求新的解释结论,再将新的解释结论置于正义理念之下、相关条文之间、生活事实之中进行检验,直到得出满意的结论为止。易言之,法官必须注意到正义的诸多层次,各种不同的可能。面对有疑问的条文时,应当想到各种可能的意义,提出各种不同的假设,对各种观点进行充分论证、反复权衡,看哪一种解释结论最符合正义理念。所以,解释者不能固守将卖淫限定为异性之间的先前理解,而应适应不断变化的社会生活事实,要善于从社会生活事实中发现法。

第五,不可否认,在现实生活中,一般是向异性卖淫,而且主要是女性向男性卖淫。但是,这只是事实,而不是规范。从生活事实中发现法律的真实含义,绝不意味着将某些事实强加于规范、以某种事实限制法律规范。"将熟悉与必须相混淆"是人们常犯的错误。[①] 人们在解释具体犯罪的构成要件时,习惯于将自己熟悉的事实视为应当的事实,进而认为刑法规范所描述的事实就是自己熟悉的事实。例如,当人们熟悉了二者间的诈骗时,便习惯于认为诈骗罪的构成要件只包含二者间的诈骗,而将三角诈骗(诉讼诈骗是三角诈骗的典型形式)排除在外。当人们熟悉了秘密窃取财物的盗窃行为之后,便习惯于认为盗窃罪的构成要件不包括公开盗窃的情形。同样,认为卖淫只限于异性之间的观点,就是将自己熟悉的事实变成了刑法规范,使刑法规范只在自己熟悉的事实的范围内发挥作用。这种以有限事实限制规范含义的做法,与从生活事实中发现法律的真实含义大相径庭。现实生活中不断出现新的犯罪,即使是传统犯罪,也不乏新的手段与方式。所以,人们所熟悉的只是部分有限的事实。而构

---

① David Nelken, *Contrasting Criminal Justice*, England: Ashgate Publishing Ltd., 2002, p. 241.

成要件所描述的是犯罪类型,只要属于某犯罪类型,就被描述该类型的构成要件所涵摄。所以,将规范的涵摄范围限定为法官所知的有限事实,并不合适。

第六,笔者注意到,李某案有一个细节,即江苏省高级人民法院向最高人民法院请示,最高人民法院随即向全国人大常委会作出汇报,最终由全国人大常委会作出口头答复:"组织男青年向同性卖淫,比照组织卖淫罪定罪量刑。"人们一想到"比照"就想到了类推(解释),于是认为违反了罪刑法定原则。姑且不论全国人大常委会的口头答复是如何表述的,即使使用了"比照"一词,也不意味着将组织同性向同性卖淫认定为组织卖淫罪是一种类推解释。在笔者看来,认定组织同性向同性卖淫成立组织卖淫罪,充其量只能认为是经过类比推理得出的结论,而不是通过类推解释得出的结论。

第七,认定同性卖淫的成立,并不产生与刑法相关法条不协调的问题;即使存在处罚空隙,也不是承认同性卖淫造成的。而且刑法条文之间的协调,是指合理的协调,而不是处罚空隙的协调。(1)男性之间的强制性行为,如同性之间强制性鸡奸、口交等行为,女性对成年男性的性侵犯行为,除了构成侮辱罪、非法拘禁罪、故意伤害罪等之外,不能以强制猥亵罪、强奸罪论处。但这不是承认同性之间存在卖淫造成的,而是刑法仅规定了强制猥亵、侮辱妇女罪,以及强奸罪的对象仅限于女性造成的。①(2)如前所述,妇女与幼男自愿发生性交的,成立猥亵儿童罪。这与是否承认同性之间存在卖淫也没有关系。(3)刑法规定嫖宿幼女罪与引诱幼

---

① 《刑法》第236条所规定的强奸罪的对象为妇女与幼女,这是否意味着刑法分则其他条文中所规定的"强奸"对象仅限于女性,还是值得讨论的问题。例如,《刑法》第358条规定"组织他人卖淫或者强迫他人卖淫的"构成犯罪,该条第1款第4项将"强奸后迫使卖淫的"规定为法定刑升格条件之一。既然强迫卖淫罪包括强迫男性卖淫,既然第4项并没有限定为"强奸妇女后迫使卖淫",就有可能认为,女性使用暴力等方法强行与男性发生性交后迫使男性卖淫的,也能适用"强奸后迫使卖淫的"规定(不存在文理解释的障碍,只存在观念上的障碍)。持反对观点的人会认为,在刑法中"强奸"就是指强奸妇女,不存在强奸男性的问题。其实,强奸妇女是仅就《刑法》第236条而言(《刑法》第259条第2款属于注意规定,行为对象也仅限于现役军人的妻子)。随着性观念与生活事实的变化,"强奸"一词的内涵与外延也必然发生变化,这是不以人们的意志为转移的。

女卖淫罪,是基于对幼女的特殊保护。在承认同性卖淫的同时,必然遇到如何处理嫖宿幼男与引诱幼男卖淫行为的问题。根据现行刑法,嫖宿幼男的行为,当然成立猥亵儿童罪;引诱幼男卖淫的行为,当然成立引诱他人卖淫罪。

有人指出:"在一个多变的社会中,法律形式主义必然会和能动的司法保持一种平衡,而刑事法律相比民事法律而言应该有更严格的解释限制,如果说'他人'中的'男人'和'女人'都需要司法解释的话,那么从'异性恋的卖淫'到'同性恋的卖淫'更需要司法解释。"①言下之意,如果没有司法解释,基层法院就不能认定李某的行为成立组织卖淫罪。其实,司法解释与立法解释都必须遵循罪刑法定原则,而不可以作类推解释;换言之,违反罪刑法定原则的学理解释结论变成司法解释或者立法解释时,依然违反罪刑法定原则。所以,认为只有司法解释与立法解释的根据才能定罪的观点,并不合适。

认为同性之间不存在卖淫的观点指出:"我们的传统对同性恋有着'无视其存在'的宽容,这样的传统曾经避免了基于性倾向而定罪(像西方很多国家)的侵犯人权的历史,而到今天,这样的宽容已经远远不够了,不仅仅是因为我们的法律已经穷于应付同性之间的性侵犯以及'有伤风化'的行为,更因为当人权写进宪法的时候,我们的法律不得不考虑这样一群人的权利。当我们站在这样一个背景下来看这个案子就没有那么乐观了,刑法在制裁同性间'有伤风化'性行为的时候该考虑要如何保护他们之间'无伤风化'的性行为了。……如果这样的比照定罪可以成立,那么同性婚姻也可以比照异性婚姻吗?我们显然要面对这样的质疑,为什么惩罚可以比照而保护却不能比照?"②在笔者看来,这种观点没有区分两个不同性质的问题。刑法是否保护同性恋是一回事,刑法应否将组织卖淫的行为规定为犯罪是另一回事,不能因为应当宽容同性恋就否认李某的行为构成组织卖淫罪。法律从来没有干涉异性恋,但将组织异性间

---

① 郭晓飞:《对一起同性卖淫案的法理学解读》,载《开放时代》2004 年第 5 期,第 137 页。
② 同上书,第 142 页。

卖淫的行为规定为犯罪;以前的法律干涉同性恋(可能被处以流氓罪),现行法律也不干涉同性恋,但这不意味着法律不得禁止组织同性卖淫。换言之,法律不制裁异性恋,但可以禁止异性间的卖淫;同样,法律不制裁同性恋,也可以禁止同性间的卖淫。从解释论上说,在刑法已经规定了组织卖淫罪的情况下,没有理由只是禁止组织异性间的卖淫,而不禁止组织同性间的卖淫。

九、淫秽物品

案例一

吴某于2007年6月用个人计算机建立了"天下中文网论坛"网站,先后在网上传播淫秽帖子221条,淫秽小说171篇,淫秽图片269幅,淫秽电影30部,形成点击数35252次。某法院以传播淫秽物品罪判处吴某2年有期徒刑,并没收吴某犯罪用的计算机、服务器各一台。

案例二

方某失业在家,一次偶然的机会,她看到网络上真人演绎的激情视频后,觉得这是一条发财的好途径,便买来了摄像头,开始从事裸聊生意。方某订立了一套收费标准,不同级别,不同价码,"生意"迅速在全国铺开。法院审理查明,从2006年11月到2007年5月案发,方某的裸聊生意遍及全国22个省、市自治区,通过电脑上的聊天记录就查证有三百多名观众,网上银行汇款记录达千余次,计2.4万元。某法院以传播淫秽物品牟利罪判处方某有期徒刑6个月,缓刑1年,并处罚金5000元。

将打开电脑才能看见,而关闭电脑则不能看见的淫秽视频认定为淫秽物品,是否属于类推解释,是需要讨论的问题。先来看看日本刑法理论与判例的观点与做法。

《日本刑法》第175条规定:"散布、贩卖或者公然陈列淫秽的文书、图画或者其他淫秽物的,处2年以下惩役或者250万日元以下罚金或者科料。以贩卖为目的持有该类物品的,亦同。"但日本刑法没有对淫秽物作解释性规定。日本的判例认为,淫秽的图画包括尚未显影的电影胶片与录像带,其他淫秽物,包括淫秽的录音带,用与拨号Q2相连接的数字信号而制成的录音再生机;还有判例将储存了电脑网络中的淫秽图像的电脑硬盘本身认定为淫秽的图画或者其他淫秽物。日本也有判例认为,不应将作为有体物的电脑硬盘认定为淫秽物,而应直接将"作为信息的图像数据"本身认定为淫秽物。①

问题在于,能否将"作为信息的图像数据"本身认定为淫秽"物"？对此,刑法理论上存在不同观点。一种观点认为,既然刑法规定的是淫秽"物",那么,将作为信息的图像数据也解释在内,就超出了解释的界线。而且将作为信息的图像数据认定为淫秽物,导致不能区分公然陈列淫秽物与贩卖淫秽图画。② 另一种观点则认为,作为信息的图像数据本身也是淫秽物。③ 日本刑法理论之所以存在这种争议,是因为只有能够称得上"物"的东西,才有可能进一步称为淫秽物,而物一般是指有体物,但作为信息的图像数据,是否属于有体物,肯定会见仁见智。

我国《刑法》第367条第1款规定:"本法所称淫秽物品,是指具体描绘性行为或者露骨宣扬色情的诲淫性的书刊、影片、录像带、录音带、图片及其他淫秽物品。"单从这一规定来看,还不能直接肯定淫秽视频本身就是淫秽"物品"。第九届全国人民代表大会常务委员会2000年12月28日审议通过的《关于维护互联网安全的决定》(以下简称《决定》)第3条第5项规定:"在互联网上建立淫秽网站、网页,提供淫秽站点链接服务,或者传播淫秽书刊、影片、音像、图片的,依照刑法有关规定追究刑事责任。"此后,最高人民法院、最高人民检察院2004年9月3日《关于办理利用互联网、移动通讯终端、声讯台制作、复制、出版、贩卖、传播淫秽电子信

---

① 参见〔日〕山口厚:《刑法各论》,有斐阁2005年补订版,第501页以下。
② 参见〔日〕西田典之:《刑法各论》,弘文堂2007年第4版,第366页。
③ 参见〔日〕堀内捷三:《英特网与色情画》,载《研修》第588号,第3页。

息刑事案件具体应用法律若干问题的解释》第9条规定:"刑法第367条第1款规定的'其他淫秽物品',包括具体描绘性行为或者露骨宣扬色情的诲淫性的视频文件、音频文件、电子刊物、图片、文章、短信息等互联网、移动通讯终端电子信息和声讯台语音信息。"①这些规定似乎使人们对淫秽视频、音频等是否为淫秽物品,不再产生怀疑。其实,能否将视频、音频解释为淫秽物品,是值得研究的。

这里首先涉及的一个问题是,上述《决定》的规定,是什么性质。有学者提出:"网络中的淫秽图片、视频动画本身乃是淫秽电子信息,其是否属于淫秽'物品',对此日本刑法理论存在争议。因为,在罪刑法定原则之下,将'信息'解释为'物品',这是值得怀疑的。从表面来看,中国刑法似乎并不存在这一问题,因为与日本不同,我国2000年12月全国人大常委会《关于维护互联网安全的决定》第3条中明文规定'在互联网上建立淫秽网站、网页,提供淫秽站点链接服务,或者传播淫秽书刊、影片、音像、图片',要追究刑事责任。可是,中国刑法其实面临着同样的问题:'淫秽网站、网页'以及通过网络传输的'淫秽书刊、影片、音像、图片'本身仅是淫秽电子信息,其属于刑法典中的淫秽'物品'吗?如果回答是肯定的,则意味着《决定》的规定是一个注意规定,其明文提示法官,刑法典中的淫秽物品不但包括以实物为载体的淫秽物品,而且包括不以实物为载体的淫秽电子信息;如果回答是否定的,则意味着《决定》的规定是一个特别规定,其扩大了刑法典中淫秽物品的范围,将淫秽电子信息也视为淫

---

① 此外,最高人民法院、最高人民检察院2004年9月3日《关于办理利用互联网、移动通讯终端、声讯台制作、复制、出版、贩卖、传播淫秽电子信息刑事案件具体应用法律若干问题的解释》第1条规定:"以牟利为目的,利用互联网、移动通讯终端制作、复制、出版、贩卖、传播淫秽电子信息"的,以制作、复制、出版、贩卖、传播淫秽物品牟利罪定罪处罚。其中的淫秽电子信息包括淫秽的视频文件、音频文件、电子刊物、图片、文章、短信息等;"利用聊天室、论坛、即时通信软件、电子邮件等方式"制作、复制、出版、贩卖、传播淫秽物品的,也构成犯罪。第4条规定:"明知是淫秽电子信息而在自己所有、管理或者使用的网站或者网页上提供直接链接的",构成犯罪。第7条规定:"明知他人实施制作、复制、出版、贩卖、传播淫秽电子信息犯罪,为其提供互联网接入、服务器托管、网络存储空间、通讯传输通道、费用结算等帮助的,对直接负责的主管人员和其他直接责任人员,以共同犯罪论处。"

秽'物品'。"①

笔者认为,《决定》的上述规定只是一种注意规定,而不是特别规定。换言之,《决定》的上述规定,不是特别刑法。现行刑法实施以来,其他法律都没有对刑法的规定作出修改与补充。所以,当其他法律只是针对某种行为规定"依照刑法有关规定追究刑事责任"时,只有当行为完全符合刑法规定的构成要件时,才能追究刑事责任。反过来说,不能因为其他法律针对某种行为规定了"依照刑法的规定追究刑事责任",就直接将该行为认定为犯罪。否则就会违反罪刑法定原则。所以,上述《决定》并没有修改、补充刑法关于淫秽物品的规定,只是一种提示性规定。

不过,既然上述《决定》的规定属于提示性规定,就意味着网络中的淫秽图片、视频动画本身,可能属于淫秽"物品",否则,立法机关不会作出如此注意规定。尽管如此,我们依然必须论证淫秽视频等属于淫秽"物品"。

撇开上述《决定》与司法解释,单就《刑法》第367条第1款的规定而言,是由"物品"一词出发,理解影片、图片,还是从列举的内容出发,理解"物品",就成为问题。倘若采取前一种做法,进而认为物品只能是有体物,就容易否认淫秽视频、音频属于淫秽物品;倘若采取后一种做法,则容易承认淫秽视频、音频属于淫秽物品。

笔者采取后一种做法。(1)根据同类解释规则,对其他淫秽物品的理解,应当以法条在此之前列举的具体内容为根据;而不能事先确定概括性用语的内容,然后再限制解释在此之前列举的具体内容。例如,就《刑法》第263条而言,解释者不能先解释"其他方法",然后再以对"其他方法"的解释结论为根据解释在此之前列举的"暴力、胁迫"。(2)虽然《刑法》第367条第1款所列举的"书刊、影片、录像带、录音带"是有体物,但其列举的"图片"则不限于有体物。因为在汉语中,将

---

① 李立众编:《刑法一本通》,法律出版社2007年第4版,前言。

某个视频称为图片,没有超出图片一词可能具有的含义,不会损害国民的预测可能性。(3)既然《刑法》第 367 条第 1 款所列举的"图片"包括无体物,那么,"其他淫秽物品"也能包括无体物,所以,淫秽的音频文件属于淫秽物品。

  基于上述理由,上述案例一与案例二的判决是可取的(当然,倘若案例二的裸聊内容,只是裸露上身,则不能认定为"淫秽")。就案例二而言,并不是说方某的裸体本身是淫秽物品,而是说其通过电脑传送至他人电脑中的淫秽图片是淫秽物品。①

---

  ① 2005 年 9 月 15 日,B 市的家庭主妇张某在家中利用计算机 ADSL 拨号上网,以 E 话通的方式,使用视频与多人共同进行"裸聊",后被公安机关查获。对于本案,B 市 S 区检察院以聚众淫乱罪向 S 区法院提起公诉,后又撤回起诉。在笔者看来,认定本案成立聚众淫乱罪明显不合适。至于张某的行为是否构成传播淫秽物品牟利罪,则取决于"裸聊"的内容是否达到淫秽程度。倘若得出肯定结论,也应认定为传播淫秽物品牟利罪。